永康縣志

康熙十一年

永康文獻叢書

【清】徐同倫 等 纂修

盧敦基 校點

圖書在版編目(CIP)數據

(康熙十一年)永康縣志 /(清)徐同倫等纂修；盧敦基校點. —上海：上海古籍出版社，2022.12
(永康文獻叢書)
ISBN 978-7-5732-0537-7

Ⅰ.①康… Ⅱ.①徐… ②盧… Ⅲ.①永康—地方志—清代 Ⅳ.①K295.54

中國版本圖書館CIP數據核字(2022)第216582號

永康文獻叢書
(康熙十一年)永康縣志
[清]徐同倫 等纂修
盧敦基 校點
上海古籍出版社出版發行
(上海市閔行區號景路159弄1-5號A座5F 郵政編碼201101)
(1) 網址：www.guji.com.cn
(2) E-mail：guji1@guji.com.cn
(3) 易文網網址：www.ewen.co
浙江新華數碼印務有限公司印刷
開本710×1000 1/16 印張20 插頁7 字數250,000
2022年12月第1版 2022年12月第1次印刷
印數：1—2,300
ISBN 978-7-5732-0537-7
K·3299 定價：118.00元
如有質量問題，請與承印公司聯繫

永康文獻叢書編纂成員名單

指導委員會

主　任　　　　章旭升　胡勇春

副主任　　　　施禮幹　章錦水　俞　蘭　盧　軼

委　員　　　　呂振堯　施一軍　杜奕銘　王洪偉　徐啓波　肖先振

　　辦公室主任　　　施一軍
　　副主任　　　　　朱俊鋒
　　成　員　　　　　徐關元　陳有福　應　蕾　童奕楠

顧問委員會

主　任　　　　胡德偉

委　員　　　　魯　光　盧敦基　盧禮陽　朱有抗　徐小飛　應寶容

編輯委員會

主　編　　　　李世揚

委　員　　　　朱維安　章竟成　林　毅　麻建成　徐立斌

永康縣志叙

郡邑有誌猶國有史由來著述言之詳矣永邑雖小絕長補短古侯國也舊誌代修代易不一其人而成於前令尹吳公文仲鄉先生應公仁鄉者則在明萬曆之初迄于今且將百年

（康熙十一年）《永康縣志》叙

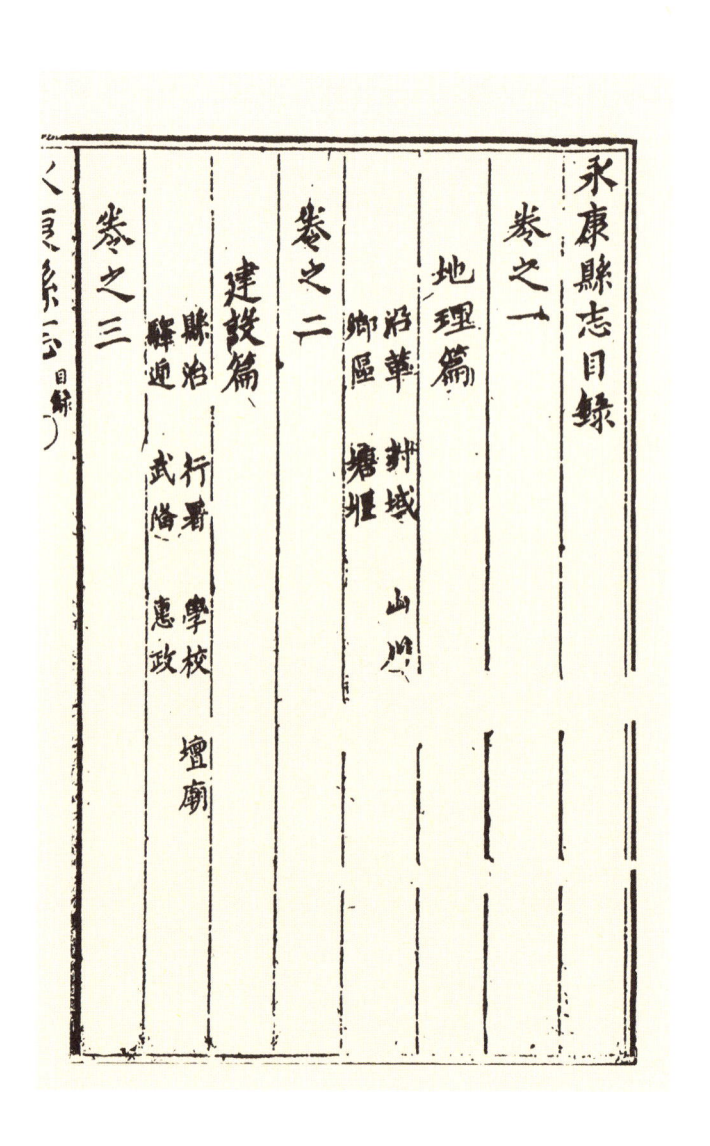

永康縣志目錄

卷之一
地理篇
沿革　封域　山川
鄉區　塘堰

卷之二
建設篇
縣治　行署　學校　壇廟
驛遞　武備　惠政

卷之三

（康熙十一年）《永康縣志》目錄

總　序

永康歷史悠久，人文薈萃。

據南朝宋鄭緝之《東陽記》載，永康於三國赤烏八年（245）置縣。建縣近1800年來，雖經朝代更替，然縣名、治所及區域，庶無大變，風俗名物，班班可考，辭章文獻，卷帙頗豐。

魏晉南北朝至隋唐，是中國經濟重心由北向南轉移的準備階段，永康的風土人情漸次載入各類典籍。北宋以降，永康即以名賢輩出、群星璀璨而著稱婺州。名臣高士，時聞朝野；文采風流，廣播海內。本邑由宋至清，載正史列傳20餘人，科舉進士200餘名。北宋胡則首開進士科名，爲官一任，造福一方；徐無黨受業於歐陽修，深得良史筆意，嘗注《新五代史》，沾漑後學。南宋狀元陳亮創立永康學派，宣導事功，名播四海；樓炤、章服、林大中、應孟明位高權重，憂國憂民，道德文章，著稱南北。元代胡長孺安貧守志，文采斐然，名列"中南八士"。明代榜眼程文德與應典、盧可久，先後講學五峰書院，傳播陽明之學，盛極一時；朱方長期任職府縣，清廉自守，史稱一代廉吏；王崇投筆從戎，巡撫南疆，功勳卓著；徐文通宦游期間與當時文壇鉅子交往密切，吟詠多有佳作。清初才女吳絳雪保境安民，壯烈殉身，名標青史；潘樹棠博聞強記，飽讀詩書，人稱"八婺書櫥"；晚清應寶時主政上海，對申城拓展、繁榮卓有貢獻；胡鳳丹、胡宗楙父子畢生搜羅鄉邦文獻，刊刻《金華叢書》，嘉惠士林。民國呂公望，早年投身辛亥革命，曾任浙江督軍兼省長，公暇與程士毅、盧士希、應均等人結社唱酬，引領一代文風。抗戰期間，方嚴成爲浙江省政府臨時駐地，四方賢俊，匯聚於此，文人墨客，以筆代口，爲抗日救亡而呐喊，在永康文化史上留下濃重一筆。

據粗略統計，本邑往哲先賢自北宋到民國時期，所撰經史子集各類著作及裒輯成集者，360餘家，近千種。惜年代久遠，迭經兵燹蟲蠹、水火厄害，相當部分已灰飛烟滅，蕩然無存。現國內外公私圖書館藏有本邑歷代著作僅百餘部，其中收入《四庫全書》及存目、《續修四庫全書》者20餘部。這是歷代先賢留給我們的寶貴精神財富，也是我們傳承文化基因、汲取歷史智慧的重要載體，更是一座有待開發的文化寶藏。

爲整理出版《永康文獻叢書》，多年以來，我市有識之士不懈呼籲，社會各界紛紛提議，希望開展此項工作。新時代政治清明，百業興盛，重教崇文。爲弘揚優秀傳統文化，拓展我市文化內涵，提升城市文化品位，推進永康文化建設，永康市委市政府因勢利導，決定由市委宣傳部牽頭，文廣旅體局組織實施，啓動《永康文獻叢書》出版工程。歷經一年籌備，具體工作於2021年3月正式展開。

整理出版《永康文獻叢書》，以新時代中國特色社會主義思想爲指導，以中共中央《關於整理我國古籍的指示》爲指針，認真貫徹國務院《關於進一步加強古籍保護工作的意見》，繼承與發揚永康學派的優良傳統，着眼永康文化品位、學術氛圍的營造與提升，系統梳理傳統文化資源，讓沉寂在古籍裏的文字鮮活起來，努力展示本邑傳統文化的獨特魅力，積極推進永康文化建設。現擬用八至十年時間，動員組織市內外專業人士和社會各界力量，將永康文學、歷史、哲學、法學、經濟學、社會學、教育學諸方面的重要古籍資料，分批整理完稿；遵循"精選、精編、精印"的原則，總量在50部左右，每年五至六部，分期公開出版，並向全國發行。

《永康文獻叢書》原則上只收錄永康現有行政區域內，自建縣以來至中華人民共和國成立之前的文獻遺存。注重近代檔案及其他文史資料的收集整理。在永康生活時間較長,或產生過較大影響的外邑人士的著作,酌情收入。叢書的采編,以搶救挖掘地方文獻中的刻本以及流傳稀少的稿本、抄本爲重點;優先安排影響較大、學術價值較高、原創性較強的著作;對在永康歷史上產生過重大影響的家族譜牒,也適當篩選吸收。

本次叢書整理,在注重現存古籍點校的同時,突出新編功能。一些重要歷史人物的著述已經完全散逸,但尚有大量詩文見諸他人著作或志牒之中,又屢屢被時人和後人提及,則予以輯佚新編。一些歷史人物知名度不高,但留存的詩文較多,以前從未結集,酌情編輯出版。宋元以來,我邑不少先賢,雖無著述單行,但大多有零散詩文傳世,爲免遺珠之憾,也擬彙總結集。

歷史因文化而精彩,文化因歷史而厚重。把永康發展的歷史記錄下來,把永康的文獻典籍整理出來,把優秀傳統文化傳承下去,關乎永康歷史文脉的延續,關乎永康精神的傳承,關乎五金文化名城軟實力的提升。因此,整理出版工作必須堅持政府主導、社會支援、專家負責的工作方針,遂分別建立指導委員會、顧問委員會、編輯委員會,各司其職,相互配合,以確保叢書整理出版計劃的全面落實與高品質實施。

《永康文獻叢書》整理出版的品質,在很大程度上取決於編纂人員的學識、眼光、格局,也取決於編纂人員的工作態度和敬業精神。爲此,編纂團隊將懷敬畏之心、精品意識、服務觀念、奉獻精神,抱着"爲古人行役"的理念,以"功成不必在我"的境界和"功成必定有我"的歷史擔當,甘於寂寞,堅守初心,知難而進,任勞任怨,將《永康文獻叢書》整理好、編輯好、出版好。

《永康文獻叢書》是永康建縣1800年來,首次對本邑古籍文獻進行系統整理,是一套"千年未曾見,百年難再有"的大型歷史文獻,是對永康藴藏豐富的文化資源的深入挖掘、科學梳理和集中展示,是構築全國有影響的文化高地的有效途徑,對於推進永康文化的研究、開發和傳播,有着不可估量的可持續發展潛力。它是一項永康傳統文化的探源工程、搶救工程,是一項功在當代、惠及千秋的傳承工程、鑄魂工程,是一項永康優秀傳統文化的建設工程、形象工程。我們要在傳承經典中守好文化根脉,在扎根本土中豐富精神内涵,在相容並濟中打響文化品牌,爲實現永康經濟社會發展新跨越,爲打造"世界五金之都,品質活力永康",提供強大的精神動力和文化支撑。

《永康文獻叢書》編委會
2021 年 10 月

前　言

永康在東吳赤烏八年(245)建縣,縣志修纂則始於宋嘉泰年間。宋、元、明的永康縣志修纂情況,康熙十一年(1672)刻成的《永康縣志》卷首開列了"歷代修志姓氏",據此整理後的簡表是:

時　間	主要修纂人	今日存佚
南宋嘉泰年間 (1201——1204)	陳昌年	佚
元延祐年間 (1314——1320)	陳安可	佚
明成化年間 (1465——1487)	歐陽汶、尹士達	佚
明正德辛巳年 (1521)	吳宣濟、胡楷、李伯潤等	存
明嘉靖年間 (1522——1566)	洪垣	佚
明萬曆年間 (1573——1620)	吳安國 胡以準 應廷育	佚。今存萬曆辛巳年(1589)吳安國序、胡以準跋。

康熙十一年《永康縣志》(以下簡稱"徐志"),由徐同倫領銜纂修。徐同倫,此志卷六"國朝知縣名表"記載:"號甕源。湖廣安陸府京山

縣人。由己亥(1659)進士。康熙六年(1667)任。"雍正《湖廣通志》卷三十六"選舉志·皇清舉人"中"順治八年辛卯(1651)鄉試榜"載其名。雍正《河南通志》卷三十六載徐同倫康熙十七年(1678)任禹州知州。康熙三十七年(1698)《永康縣志》卷九"宦蹟"云：

  徐同倫，號鼉源。湖廣京山進士。康熙六年任。立法便民，糧完刑省，尤造士綏衆，多所興革。康熙十一年夏災，力請上憲奏蠲錢糧。十三年，閩逆變亂。單騎招撫，安輯地方，供應征閩王師。永邑境内，兵不血刃，保全婦子，安堵如故，民咸尸祝。升禹州知州，卒。二十六年，合邑士民追思公德，請崇祀以慰輿情。前學院王批行仰府如例，送主入祠。後未果，有待將來云。

  同時，尚登岸也是該志的主纂者之一。志中有不少段落後標"尚登岸識"。雍正《湖廣通志》卷三十六"選舉志·皇清舉人"云："尚登岸，京山人。""順治八年(1651)辛卯鄉試榜。"卷三十三"選舉志·皇清進士"云："康熙九年(1670)庚戌蔡啓樽榜。"據志跋，志書初稿應出於徐同倫之手，尚登岸與徐同倫爲同鄉，此時正好來永康，不過是雲遊，還是受邀，並沒有直接信息可以斷定。他用了幾個月時間，參與了編定工作，留下了不少勞績。同治《宿遷縣志》卷十六"宦蹟傳"云：

  尚登岸，號末山。京山人。進士。康熙十七年任縣事。宿地濱大河，疊罹水患，土荒民逃。登岸甫下車，即以糧田永沉、決口地廢、逃亡人丁三案繪圖，陳請蠲免。又請逋賦分年帶徵。又以宿不產稻，遠糴秋糧，久爲民累，力請改徵粟米。宿人至今賴之。復倡修學宫，獎拔寒畯。旋以事解任，留監河務，升泇河同知。建橋壩，築堤防。民指其憩息處曰惠正庵，尸祝之。

同爲主要編纂者的還有俞有斐，雍正《浙江通志》卷一百四十三"選舉二十一·國朝·舉人""順治八年(1651)辛卯科"下有："永康人，辛丑(1661)進士。"康熙《瑞金縣志》卷六"官制"云："康熙九年任。以患病致仕。"清嘉慶刻本《兩浙輶軒録》卷二云："永康人，順治辛丑進士，官瑞金知縣。"並收其詩《登絶塵山》一首：

絶巘岧嶢萬仞間，森森古木映霞關。捫蘿徑險疑無徑，到壑山深復有山。數畝白雲呼鹿起，一池青靄釣魚還。相逢野老渾閒事，茅屋清風好駐顔。

宋至明代，永康縣志編過六種，但除正德志外，餘皆佚。而這一部清代的徐志，現下國内也已無存。端賴徐林平、江慶柏兩先生，從日本搜羅稀見浙江方志，成《日本藏稀見浙江方志叢刊》，2019年由上海科學技術文獻出版社出版，這部《永康縣志》列全書最後之第二十七、二十八册。整理者有題記，現全文照録於下：

十卷六册。清徐同倫修，俞有斐等纂。日本國立公文書館藏清康熙十一年(一六七二)刊本。書高二十四點五釐米，寬十七點七釐米。框高二十二點八釐米，寬十五點五釐米。有界欄，每半葉九行，行十九字，小字雙行，白口，無魚尾，四周雙邊。卷首有康熙壬子徐同倫序，附萬曆辛巳吴安國、應廷育二舊序，其次爲凡例、目録、歷代修志姓氏及永康縣輿圖。卷尾有陳泗、胡以準及尚登岸跋。卷端後五行署"知縣事雲杜徐同倫豐源重修，楚人尚登岸未庵、邑人俞有斐晛蒼彙輯，儒學訓導虞輔堯允欽校正，邑人徐光時東白編纂，徐宗書廣生參閱，王世鈇柳齋、程懋昭潛夫編纂，汪弘海校梓"。卷内鈐印有"秘閣圖書之章"。

徐同倫，號豐源，安陸京山(今湖北京山)人，一説華亭(今上海松江）人，進士，康熙六年任永康知縣，後官禹州知州。俞有斐，永康人，順治辛丑（一六六一）進士，嘗官瑞金知縣。是志創修於康熙十年，次年修成。共十卷，分地理、建設、貢賦、户役、風俗、秩官、選舉、人物、藝文、遺事十門，共四十目，約二十萬字，記事止於康熙十年。是志分目齊備，材料豐富，於明末清初之經濟、社會史等研究有一定史料價值。是書國内無藏。

其中徐同倫爲上海華亭人一説確定無據，蓋徐在自己主修的縣志卷六中有明言也。這個錯誤很可能來自對縣志主持人的誤記，因爲接徐志的後一部縣志的主持者沈藻，即上海華亭人。

中國古代文獻散失的狀態其實十分驚人。僅説永康縣志，明朝正德年前修過三部，正德志的修纂者都是見到過並將其作爲修志基礎的，但到了康熙十一年時，正德前的三部縣志都已經佚失了，當時所見正德志也非全本。（徐志的卷末，收有正德志的跋，旁注："前序不全不刻。"）嘉靖志則完全没有提到。徐志所依據的舊志，實際上主要是正德志和萬曆志兩種，而以萬曆志爲主。所以，徐志的凡例開首就説："前志例分十則，嚴正簡括，因悉仍舊。"正德志爲八卷，這裏的前志十卷，指的就是萬曆志。萬曆志的序言，還刻在這部徐志中，明言爲十卷，而且記録了各卷的名稱。遺憾的是，今天我們已看不到萬曆志的原書全本了。

萬曆志的序言明確道出了整部志書分卷的整體構想："地理以經之，建設以紀之，貢賦以徵之，户役以庸之，風俗以齊之，秩官以董之，選舉以興之，人物以表之，藝文以飾之，遺事以綜之。撰厥典常，細大畢舉，縣之文獻，於是乎備。"如果將其與共八卷的正德志比較，内容大體還是相近的。萬曆志將貢賦與户役分列，風俗單列爲一卷，這樣，八卷就變爲十卷了。

詳而言之，則徐志共十卷。卷一爲地理篇，下列沿革、封域、山川、鄉區、塘堰五個子目。卷二爲建設篇，下列縣治、行署、學校、壇廟、驛遞、武備、惠政、津梁八個子目。卷三爲貢賦篇，下列税糧（加派附）、歲進、歲辦（雜辦附）、課程、户口食鹽五個子目。卷四爲户役篇，下列里長、糧長、均徭、驛傳、民壯、老人六個子目。卷五爲風俗篇。卷六爲秩官篇，下列治官、教官兩個子目。卷七爲選舉篇，下列進士、鄉舉、歲貢、例貢、辟薦、恩蔭、封贈、掾史八個子目。卷八爲人物篇，下列名賢、士行、耆壽、民德、女貞五個子目。卷九爲藝文篇，下列詩、文兩個子目。卷十爲遺事篇，下列坊巷（井附）、祥異、古蹟（丘墓附）、土產、遊寓、遺德、仙釋、傳疑八個子目。

徐志全盤繼承了萬曆志的體例，並作了一些補充修訂。這些新動作中其實頗體現了新時代的一些新精神。下面試述徐志這些新的精神。由於該志的藍本萬曆志今天無法見到，間或會使用正德志作爲對照材料。

徐志的新特點之一，是求實。衆所周知，明代在中國學術史上並不是一個最受推崇的時代，尤其是陽明心學流行以後，主體精神得到張揚，客觀事實爲人漠視。明末清初，顧炎武、黄宗羲、閻若璩、胡渭等學術大家都反對明代學術風氣，向實學方向轉變。徐同倫看來也是浸染了實學風氣的士人，他對那些不實的套語毫不留情地予以删除。比如正德志卷一"沿革"，開頭自然是交代永康的地理狀況，並兼及天文："永康爲金華屬縣，去府城東南一百一十里。在《禹貢》揚州之域，蓋荒服也。天文爲女宿。"徐志開卷第一子目，則爲"建置沿革"，追溯永康自《禹貢》以來所屬，再列"封域"，即列出永康全縣的四至以及至府和京師等的行程里數，而徑直删去了"天文爲女宿"五字。徐志爲何作此改動？編者在子目"山川"的末尾解釋説：

> 歷按他志，首列建置沿革，重制治也。舊志寓沿革於封域之内，似嫌於略。今爲析，揭於篇首。至其不載星野，始焉疑之。

志曰以吾邑而上當元象,此杪忽之餘也。茲不贅。

在卷一的末尾,編者就此重申己意云:

> 其勿及天文,何也?以吾邑而上當元象,猶黑子之著於面耳。此杪忽之餘也,將何以稽乎?是故可略也。抑亦示務民義而不輕誣天道云。

中國古人將天象劃片,將地理劃片,並將天象與地理一一對應。到康熙年間,隨着地理知識的增多和求實精神的流行,人們對此產生了合理的疑問:永康一個小小的縣,拿什麽去與浩瀚的天象對應?對得上嗎?既然對不上,那這種套話就要毫不留情地刪去。而且也正要借此告訴百姓,不要動不動就把人間的事扯到天意上去。從某種意義上説,萬物並非一體,人天自是殊途,那種無根據的任意的相互聯繫是不合乎事實的。這種觀點今日自是常識,但放在那個時代,確是值得稱讚的。

考訂有時是求實的一大方法。清代學術重考訂,特點是基本上局限於從文獻取材。但即便如此,也已體現了一些求實的精神。如卷一"山川"下關於石城山和歷山的記載:

> 石城山:距縣一十四里,高二百丈。群峰巉岏,駢列如城堞。舊志引張氏《土地記》云:昔黃帝嘗遊此山。按郭璞注《山海經》:石城山,在新安歙縣東。則黃帝所遊,或未必其爲此石城也。《一統志》云:縉雲縣仙都巖,其上有鼎湖,人指爲黃帝上仙處。審爾則其龍馭固當歷此矣。又按《史記·封禪書》云:黃帝采首山之銅,鑄鼎於荆山下。鼎成,有龍垂鬍髯,下迎黃帝升天。後世因名其地爲鼎湖。《內經》啓元子王冰注云:群臣葬衣冠於橋

山,墓今猶在。則《一統志》所云又未之敢質也。今堪輿家因其群峰羅列於學宫之前,配以佳名:中曰展誥,左曰天禄,右曰天馬,乃鄉俗俱稱爲天馬山,而石城之名,蓋有莫之知者。

遍引群籍,對黄帝遊石城山之説提出了質疑。今人狃於一知半解,隨意比附,比之康熙年間,竟有所不如矣。

關於歷山:

歷山:距縣二十五里,高二百丈,周四十里。……歷山有池,廣畝餘,深五尺,曰歷山潭,歲旱於此迎龍禱雨者多驗。又有田,人謂曰舜田。有井,人謂曰舜井。因而立祠,曰舜祠。按《一統志》,舜所耕歷山在今山西蒲州。人因其名之偶同也。

鄉人亦有以爲歷山乃舜帝躬耕之所。當然,關於三皇五帝的故蹟,國内甚多,其間原因複雜,值得探究。但徐志言"偶同",比那些盲目相信堅執難移的人已經中肯很多了。

關於金勝山,更是極考證之能:

金勝山:一名金豚山。横列於縣治前,若几案然。舊志引《太平寰宇記》云:昔有人得金豚於此,故名。又云:金勝,舊名。按《禮》有犧尊、象尊,故或有以金鑄之者。若鑄豚,將何以用?蓋傳録者偶訛勝爲豚,久乃相沿弗察,而好異者並訛著其事以實之也。三豕渡河,自非得意於言表者,孰省其爲己亥之訛乎?

爲求實,有時模糊一些爲鄉土增光添彩的久遠舊説。如"壽山"條:"巖上有朱書'兜率臺'三大字,人傳爲晦翁筆。"不斷爲朱熹所題,而以"人傳"爲辭,分寸感佳。(正德志亦用"俗傳")

又,以上列舉中的舊志,指的應該就是至今已佚的萬曆志。正德志記歷山、石城山皆只及自然地理。

徐志的新特點之二,是詳盡。縣志隔數十年一修,爲常例。"清朝政府就曾下令,各地志書六十年一修。而湖南省則有規定過各地縣志十五年一修。"①這就是爲了增添新事的緣故。宋元以來,方志體例逐漸定型,重修志書,重點就是增加續記上一部志書之後發生的新事。所以徐志凡例言"貢賦"、"户役"兩卷,"舊志所載,因革甚詳。自鼎新,條編彙一,而清丈均里,間有異同,每條先舊後新。今昔眉列,庶纖悉瞭然"。正德志中的"賦"和"課利",占四頁。"役法",僅兩頁。而徐志的"貢賦篇"和"户役篇"皆各整整一卷,加在一起近五十頁,開列各種大類及類下名目皆甚詳盡。爲何如此?"貢賦篇"云:

> 以一人而統四海,其利之以爲富者,貢賦而已爾。合四海以奉一人,其效之以爲忠者,亦貢賦而已爾。是故貢賦,有縣之首政也。輸之以時,而上無病國;徵之以制,而下無病民。其在良有司乎!

"徵之以制","制"當然是制度。但漢語一字多義,"制"在這裏完全可以兼有節制的意思。徐志不厭其煩,十分精細地開列賦役種種,不也有一點點開列"負面清單"的意思在嗎?在此之外的賦役應該都是不合法的。當然,"黄宗羲定律"也證明這種節制最後都會崩潰,這也是中國古代政權崩潰的總根源所在。但是徐同倫的良苦用心和悲憫情懷,仍值得後人欽敬學習。

其他方面,編者認爲十分重要的,也不惜筆墨詳加論列,如白瀛

---

① 倉修良《方志學通論》,華東師範大學出版社,2014年,第14頁。

山,正德志中無記,此處云:

> 白瀺山:乃入東陽縣界,高聳爲大盆山。大盆之麓旋而西南爲馬鬃嶺,距縣二百二十里,蓋縣之極東鄙也。逾嶺達於仙居縣。嘉靖三十三年,倭寇犯台城縣,於嶺上築砦屯兵以備焉。適寇軼境,鄉之義勇陳百二先官兵之未至,率衆迎戰於破岡嶺,挫其前鋒,寇遂走東陽,而縣境賴以無擾……夫自馬鬃至縣二百里,其所經由,皆重山峻嶺、深坑累塹,此兵家所謂重地,利禦寇不利爲寇者。但合孝義一鄉三都强壯之力,固足以禦之有餘矣。

這一段,就是"凡例"中所言"凡溪山有關地勢者並悉著之,亦申畫慎守要務也"之意。

有時候,附錄一些原始文獻,當使歷史更爲立體全面,更能見出編者的良苦用心。如卷二"建設篇"子目"武備"下,簡述永康縣城城墻之興廢,而附"答知縣楊公詢訪築城利害書"。此書按理應爲應廷育本人所作。知縣楊公爲誰,無明言。明代楊姓知縣有二:"楊軾,湖廣人,監生。成化初年(1465)任。""楊德,武進人,進士。隆慶六年(1572)任。莅官清謹,士民思之。"揆之情理,以後者可能較大。此時永康之城墻已蕩毀,知縣考慮是否動工修城,此文則細緻描繪永康縣治地形,申明修城之地勢限制:"縣之地形,縱長而衡縮,大略如龍舟之狀。東迫大溪,西臨深田,其南面並列縣治、城隍廟、儒學三公宇,僅及一里,別無餘地矣。"清代永康知縣沈藻完全不同意此觀點,以爲此文是僞托應廷育之名刊行。但書之所述,亦足使後人想見當日情狀也。而且據今人的研究,在宋代,許多在中國腹地的小城市確實不曾修建城墻。[①] "選舉篇"也有了許多更詳盡的記錄:"分類續編外,兼

---

① 來亞文《宋朝腹地"郡縣無城"與"小城大市"現象研究》,《史林》2021年第4期。

查《登科考》以補前志所遺。又萬曆十四年始復建文年號,今特分建文鄉舉科,分歲貢年分。"還有一些較爲重要的機構,如"醫學"、"陰陽學"、"道會司"、"僧會司",正德志中皆僅記載開設年月,徐志增加了一些具體的内容。

第三值得標出的,是對待故實的態度。卷七《選舉篇》篇末有一段話説得極好,值得在此徵引:

> 《選舉》,二志(指宋、元二志)俱傷略,至歐陽志乃詳遠而能詳,其搜羅亦足尚已。論者謂其多總人家銘譜而别無徵據,詳而近誣,固不如略之近核也。於是正德新志反之,多所刊削。論者又謂其徒憑宋、元二志無能改,於其略而當詳者並疑而缺焉,過疑而近苛,又不如存疑之近厚也。彼此違異,竟無定論。於是洪令續志又多取歐陽爲準,無能改於其誣,而當刊削者亦從而存焉。論者於是愈不知所以折衷矣。今所修者,參考諸志,而益以各史及諸大家文集,詳略存缺,皆有徵據。信則從核,疑則從厚。筆削之際,實留意焉。

接着,徐志説:

> 此應志舊文也。今日續修,無以易其言矣。

萬曆年應廷育等修的縣志,爲徐志所衷心推崇。從這段話來看,確名副其實。應廷育等應該可以見到原先的所有縣志,他們如何對待許許多多没有確切依據的歷史故實?多記,顯得荒唐無稽;少了,可能遺漏有重要價值的資訊。何況今人以爲荒唐但後人可能發現有大用。所以才有這麽一個看法:"過疑而近苛,又不如存疑之近厚也。"厚,厚道,寬容也。當然,最理想的方式,是"信則從核,疑則從厚"。徐志也是貫徹了這條原則的。由於萬曆志今已佚,所以這裏特別說明。

今人讀起來可能覺得特別有興味的,是"風俗"一卷。正德志的"風俗"不足一頁,在此擴爲整整一卷。但從"凡例"看,徐志的這一卷基本上來自萬曆應廷育的舊志:"《風俗篇》。舊《志》亦云詳該,今雖積習變遷,稍有異轍,姑從舊文。"

志書絕大多數是按條目記載人物事件,但這一卷"風俗"則純由一篇文章構成,前後連貫,渾然一體,從閱讀上就能給人一種整體的快感。而且文章內容豐富,分析科學,心態較爲客觀,跟今天的風俗也有千絲萬縷的聯繫,所以值得在此特別一提。

"風俗"卷首先非常實際地分析了正德志的相關記載,指出它的不盡準確處。如正德志引《漢書·地理志》的"信鬼神,重淫祀",徐志就指出這是就當時整個揚州而言。而引《隋書·地理志》的"君子尚禮,庸庶敦龐"和《宋史·地理志》的"風聲氣習,一變淳厚",徐志則指出是針對整個金華而言。最後肯定了正德志最後一段關於風俗的描述,認爲那才是針對永康本地的。

該卷分析永康風俗,用了兩個解釋性的視角:一是用了永康的地理狀況來解釋永康人的習性:永康"多山少水,故其民多重質而少權憬,好剛果而乏深沉。僻在東南,灘澀嶺阻,非舟車之所轄、商賈之所聚,故其民安土而不輕轉徙,敦本而罕事懋遷。壤瘠而狹,生理艱難,故其民儉嗇而不競繁華,勤苦而不甘遊惰,勤儉相師,無淫靡之誘,故遠於邪僻。奮而尚義,安居相聚,無主客之分,故恥於屈伏,激而喜爭。"第二個視角更爲具體,從接壤鄰縣的習性來看它們對永康的可能影響:"且一縣之内,四境之俗,亦復不同。縣東邊東陽,南邊括,西邊武義,北邊義烏。東陽之俗文,其弊也飾。括之俗武,其弊也悍。武義之俗質,其弊也野。義烏之俗智,其弊也黠。"概括一縣之俗,都只用一個字,何等簡潔明快,而且感覺還是相當準確的!

该志记载的社会状况，像笔者这般年纪的人读来犹觉栩栩如生："吾县之农，盖四时俱劳，不遑逸乐者也。缘地陿不能多得田，且壤瘠不能多得谷，稍惰则无以糊口矣。""民鲜技巧，工多粗劣，持斧凿者不及雕镂，操机杼者不及锦绮，秉针线者不及絺绣，攻泽饰者不及文章。其欲为奇淫以悦耳目者，则倩江右与徽人为之，而县民不能也。商贾鲜百金之赉，其徼利他乡惟米谷……若四业所不能容者，则又多去为僧、道，为店歇。未暇远论，若各郡属以及诸寺观，其揽词讼与披缁戴黄者，大率多吾县人也！"接着还谈到性别观："其内外之限甚严，妇女有终身不出房闼者，惟清明一祭扫于墓而已。然性颇妒悍，虽富贵鲜畜妾媵，甚至有因而无后者。"

该卷还用不少篇幅记载了永康各种礼仪情状，如婚礼、丧礼、祭礼。记岁时节令，如大年初一情状云：

> 元旦夙兴，放火爆，乃启门，然香烛，望空而拜，次乃拜祖考，次乃尊卑长幼以序而拜，曰团拜。拜毕，出大门，避三煞及退方，向吉而行，百余步乃返，曰转脚。自此宗族亲戚互相往拜，至六七日而止。

又记立春、清明、四月八日、五月五日、六月六日、七月七日、七月十五、八月十三、九月九日、冬至、十二月二十五日等节日习俗。

该卷最后指出永康有八大恶俗，不能不尽力去之。一曰淹女，即溺毙女婴。二曰火葬，当时以为悖于儒家礼法。三曰健讼，四曰起灭，说的都是司法情弊。五曰扛帮，六曰揽纳，说的是拉帮结派包揽各事的情形。七曰聚集，即打群架聚众斗殴。八曰投兵，在当时人看来是不安于农动摇国本。尤其近二十年，师巫之风兴盛，对社会风气戕害甚大矣。

翻检康熙年间两部《永康县志》，其"风俗"内容大致相同，更可见萬曆志此卷内容精確,難以移易也。今日讀之,或仍可供參考。

康熙十一年《永康縣志》的整理,以日本國立公文書館藏清康熙十一年(1672)刊本爲底本。其間因水平限制和疏漏造成的錯訛,責概自任。誠祈高明垂教。

盧敦基
2021年8月18日初稿
2022年1月18日二稿

目　　録

總　　序 …………………………《永康文獻叢書》編委會　1
前　　言 …………………………………………盧敦基　1
永康縣志敘 ……………………………………………… 1
舊　　序 ………………………………………………… 2
舊　　叙 ………………………………………………… 4
永康縣志書凡例 ………………………………………… 5
歷代修志姓氏 …………………………………………… 7
永康縣輿圖 ……………………………………………… 8

永康縣志卷之一 ………………………………………… 1
地理篇沿革　封域　山川　鄉區　塘堰 ……………… 1
　　建置沿革 …………………………………………… 1
　　封域 ………………………………………………… 2
　　山川巖、嶺、泉、洞各類附 ……………………………… 2
　　鄉區 ………………………………………………… 11
　　塘堰 ………………………………………………… 13

永康縣志卷之二 ………………………………………… 22
建設篇縣治　行署　學校　壇廟　驛遞　武備　惠政　津梁 …… 22
　　縣治 ………………………………………………… 22
　　行署 ………………………………………………… 24

學校 ·· 25

　　壇廟 ·· 29

　　驛遞 ·· 32

　　武備 ·· 33

　　惠政 ·· 34

　　津梁 ·· 35

永康縣志卷之三 ·· 39

貢賦篇 稅糧加派附　歲進　歲辦雜辦附　課程　戶口食鹽 ·· 39

　　稅糧 ·· 39

　　歲進　歲辦 ·· 47

　　雜辦 ·· 52

　　課程 ·· 57

　　戶口食鹽 ·· 58

永康縣志卷之四 ·· 60

戶役篇 里長　糧長　均徭　驛傳　民壯　老人 ·· 60

　　坊里長 ·· 61

　　糧長 ·· 62

　　均徭 ·· 63

　　驛傳 ·· 68

　　民壯 ·· 69

　　老人 ·· 70

永康縣志卷之五 ·· 72

風俗篇 ·· 72

永康縣志卷之六 ·· 78

秩官篇 治官　教官 ·· 78

　　治官名表 ·· 78

治官列傳	98
教官名表	100
教官列傳	107
附華溪驛驛丞	108

永康縣志卷之七 … 110

選舉篇 進士 鄉舉 歲貢 例貢 辟薦 恩廕 封贈 掾史 … 110

進士	110
鄉舉	121
歲貢	130
例貢	141
辟薦	151
選尚	158
恩廕	158
封贈	160
掾史	168

永康縣志卷之八 … 181

人物篇 名賢 士行 耆壽 民德 女貞 … 181

名賢列傳	182
士行列傳	202
耆壽列傳	205
民德列傳	207
女貞列傳	209

永康縣志卷之九 … 215

藝文篇 詩 文 … 215

| 詩 | 215 |
| 附錄詩 | 220 |

書 …………………………………………………………… 227

永康縣志卷之十 ………………………………………………… 255

遺事篇 坊巷井附　祥異　古蹟丘墓附　土産　遊寓　遺德　仙釋　傳疑 …… 255

　　坊巷 ………………………………………………………… 255

　　祥異 ………………………………………………………… 260

　　古蹟 ………………………………………………………… 263

　　土産 ………………………………………………………… 266

　　遊寓 ………………………………………………………… 267

　　遺德 ………………………………………………………… 268

　　附義民 ……………………………………………………… 271

　　節婦 ………………………………………………………… 272

　　仙釋 ………………………………………………………… 276

　　傳疑 ………………………………………………………… 276

舊跋 ………………………………………………………………… 279

舊跋 ………………………………………………………………… 280

永康縣志跋 ……………………………………………………… 282

永康縣志叙

郡邑有志，猶國有史。由來著述，言之詳矣。永邑雖小，絕長補短，古侯國也。舊志代修代易，不一其人，而成於前令尹吳公文仲、鄉先生應公仁卿者，則在明萬曆之初。迄于今，且將百年。梨棗蠹蝕，不減秦碑漢碣；典畫荒謬，奚啻亥豕魯魚。余不敏，愧未能抽金匱石室之藏，品題軒輊，勒成一代之典，乃於案牘偶暇，廣搜遺文，博綜近事，聞見從新，條例從舊，以提綱則有大書，以評事則有分注，仿簡記于編年，協參稽於輿論，持之慎故察之精，察之精則其書之也頗謂得其實而無歉。昔司馬子長之自為一史也，總要舉凡，原始會終，覽其概略，亦足通其指歸矣。及夫世道之殆忽，政事之得失，載令甲而如新，首利害登耗之數而無爽，即姱即遺烈，或隱而章，章而備，備而當。以至規畫有因革，人才有盛衰，時斷時續，若存若亡。今此無徵已致咎于前此之闕略矣。若不早計，則後此之紕漏，不又致咎於今此之放佚乎！藉曰采錄或遺，睹聞或誤，其未備也，猶愈于存而無論也。正其誤，補其遺，況有待于後也耶！由是而上下古今，可以擅博雅之資；由是而登進風謠，可以觀大化之成。摘辭掞藻，作者斌斌，勿令探藝海者致懕于遺珠也。他日徵文考獻，則典册具在，庶可傳信於千萬世云。

時康熙壬子春三月穀旦，邑令雲杜徐同倫亹源序。

舊　　序

　　史莫重乎古。古者自王朝以至列國，莫不有史，若内史外史，所掌非耶？今之制非古矣，而社稷山川之祭，郡邑之臣得專之，且有政教號令之施，是猶古意也。今之史亡矣，而郡邑之有志，凡城郭宫室、田賦兵戎之類，與夫先賢往哲嘉言懿行之遺法皆得書，是猶古意也。然予竊有感於今之志有難者三，有不可解者四。開館設局，聚訟盈庭，甲可乙否，莫知所從，嫌疑易涉，怨讟滋生，故主者往往苦於執筆。此一難也。地有沿革，人有顯晦，而欲以一人一時，網羅於數千百載之前，稽諸往籍，則涉獵爲煩；廣之輿言，則雌黄易眩。此二難也。自古稱信史者曰不虚美、不隱惡足矣，而《傳》不曰"孝子揚父之美，不揚父之惡"乎？夫秉筆者欲以寸管尺牘之法，奪爲人子孫者之情；而爲人子孫者欲以不容自己之情，撓秉筆者之法，故多相左。此三難也。孔子曰："文勝質則史。"蓋爲史病也。今不務其核，惟務其華，一切誇詡藻飾以爲工，牽連比附以爲富，至使覽者莫辨其域。此其不可解者一也。《春秋》而下必曰遷、固，遷、固傳《循吏》何寥寥也。而人物之志，則自羲、黄以降，可指數矣。今之大書特書者，奚啻倍蓰焉，豈古之人不如今之人耶？抑今之筆不如古之筆也？此其不可解者二也。揚子雲著《法言》，富人載粟乞名不可。鄭子真、嚴君平隱於蓬蒿之下，不求名而名之。今側微者或略，而顯達者彌彰，豈盡賢者貴不肖者賤耶？此其不可解者三也。古之史以善善惡惡即書如南、董，而卿相之貴俛然受之而不辭。今之志直善善耳，善善而一介之士得嘵嘵而議之。此其不可解者四也。永康舊有志，缺而未補，蓋六十餘年矣。若僉憲應公仁卿所修，大抵參攷舊籍，而裁成新例，不徇於人言，不膠於己見。其志謙，故述而不創。其文質，故簡而不肆。其事核，故直而不浮。而公之斟酌損益，閉户數十年以自成一家之言者，其用心亦已勤矣。書未及行，而公卒。予承乏茲邑，懼文獻之湮也，乃稍爲校閲而輯成之，庶可備一邑之典故，而無負於公數十年之苦心乎！刻既成，因詳識予所感，以俟後世筆削之君子，且以爲公解嘲云。

萬曆辛巳清和月，邑令長洲吳安國序。

舊　　叙

　　叙曰：縣之有志，猶國之有史也。政藉是以考成，賢藉是以不朽。杞宋無徵，魯經是醜，爰摭古今，用垂永久，作《永康縣志》，總若千萬言，釐爲十卷：初一曰地理，次二曰建設，次三曰貢賦，次四曰戶役，次五曰風俗，次六曰秩官，次七曰選舉，次八曰人物，次九曰藝文，次十曰遺事終焉。地理以經之，建設以紀之，貢賦以徵之，戶役以庸之，風俗以齊之，秩官以董之，選舉以興之，人物以表之，藝文以飾之，遺事以綜之。揆厥典常，細大畢舉，縣之文獻，於是乎備。凡述作之指，另存于篇。晉庵子曰：其事則稽諸往籍與今聞，其義則以質于令尹公裁定之，其文淺陋者蓋有責焉，觀者幸無罪乎爾！

　　縣人晉庵應廷育仁卿甫題。

永康縣志書凡例

一、前志例分十則,嚴正簡括,因悉仍舊。間有修飾及標清綱目者,各見於篇,兼分大小字行,以便披覽。

一、續修斯志,邑侯以本邑事惟邑中紳士稔悉,絕不與以己意。無論鉅細,悉付公議。故任事者愈加詳慎,稍有見聞未核,寧爲闕文。集中一事一言,皆從輿論確實,無可移易。

一、地理篇。婺宿屬合郡分野,故仍舊不載。止於封域加沿革一條,其壤接東陽之境,列圖補入。凡溪山有關地勢者並悉著之,亦申畫慎守要務也。

一、建設篇。有名存實亡者,仍存其名,以寓不没舊之意。增有北鎮廟、正一道院,備祈禳也;放生潭,示物與也;鳳凰、龍虎二塔,昭人文也;五峰書院,重理學也。

一、貢賦、户役。舊志所載,因革甚詳。自鼎新,條編彙一,而清丈均里,間有異同,每條先舊後新。今昔眉列,庶纖悉瞭然。

一、風俗篇。舊志亦云詳該,今雖積習變遷,稍有異轍,姑從舊文。至於俗尚相沿曩昔未錄者,綴附篇末,惟在上之有以維持化導耳。

一、秩官篇。接續舊志,備列名表,其中政蹟顯著者,因爲作傳。諸所裁革,皆詳書年月,以垂信焉。

一、選舉篇。分類續編外,兼查《登科考》以補前志所遺。又萬曆十四年始復建文年號,今特分建文鄉舉科,分歲貢年分。

一、人物篇。仍舊不立標目，分列四款。所續入者，先采諸邑里，次議於學校。必行實詳確，方爲録入，比别條尤加愼焉。

一、藝文篇。如遊山諸記，無關於治者，概從刪减。有裨名教政事議論不磨者，蒐羅輯入，雖所録無幾，而吉光片羽，蔚然可觀。

一、補遺篇。所載不一，今於祥異則加修救之方，於古蹟則加先賢之墓，於遊寓則加紫陽之席，所以重人事、尊典型、明講學之源流也。新入節孝，各以類附，餘皆因而不改云。

一、刻成計板若干，字共若干，載於交盤册中，藏於公署，永垂不朽。倘有假借刷印，因而私意鐫改數字者，即同增减官文書律，合邑鳴攻申究。

歷代修志姓氏

宋嘉泰年
　　陳昌年　縣令。

元延祐年
　　陳安可　邑人。

明成化年
　　歐陽汶　本縣司訓，江西分宜人。　　尹士達　江西泰和人。

正德年
　　吳宣濟　　　　　胡　楷　　　李伯潤　並縣令。
　　劉　楫　學司教。　劉　珊　　　艾　瓊　並學司訓。
　　章　懋　蘭溪人。　趙懋功　　　徐　訪
　　俞　申　　　　　周　桐　　　曹　贊
　　陳　泗　並邑人。

嘉靖年
　　洪　垣　縣令。

萬曆年
　　吳安國　縣令。　胡以準　學司教。　應廷育　邑人。

永康縣輿圖

山水小序

邑治層巒環列,衆水縈繞。郁郁青芙,星體分五方之秀;洋洋華渚,仙源合兩派之流。不惟代興之彦,本河嶽以篤生;抑亦甸治之賢,指山川而表識。爰綜流峙,匪屬品題。

永康縣輿圖

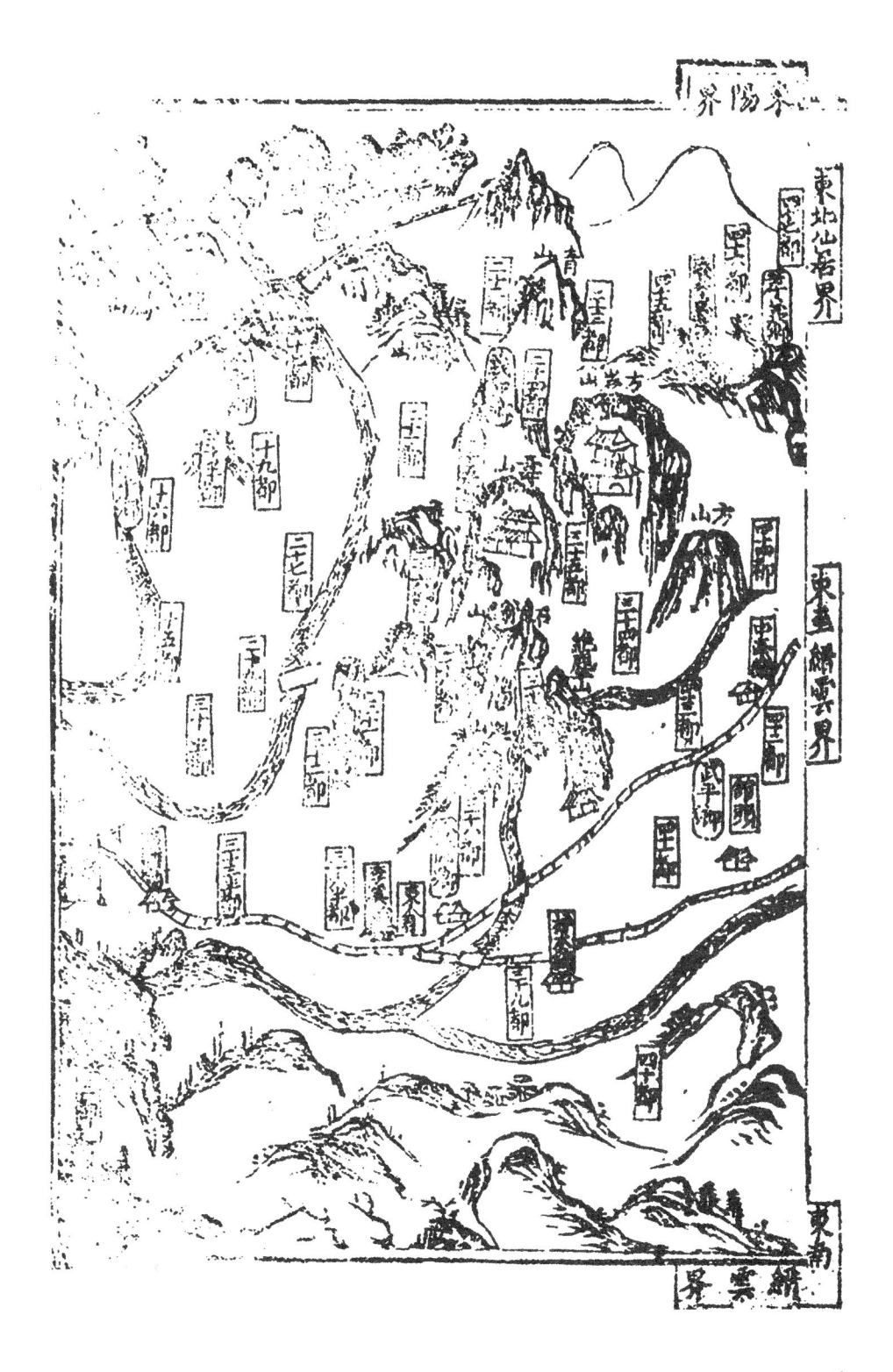

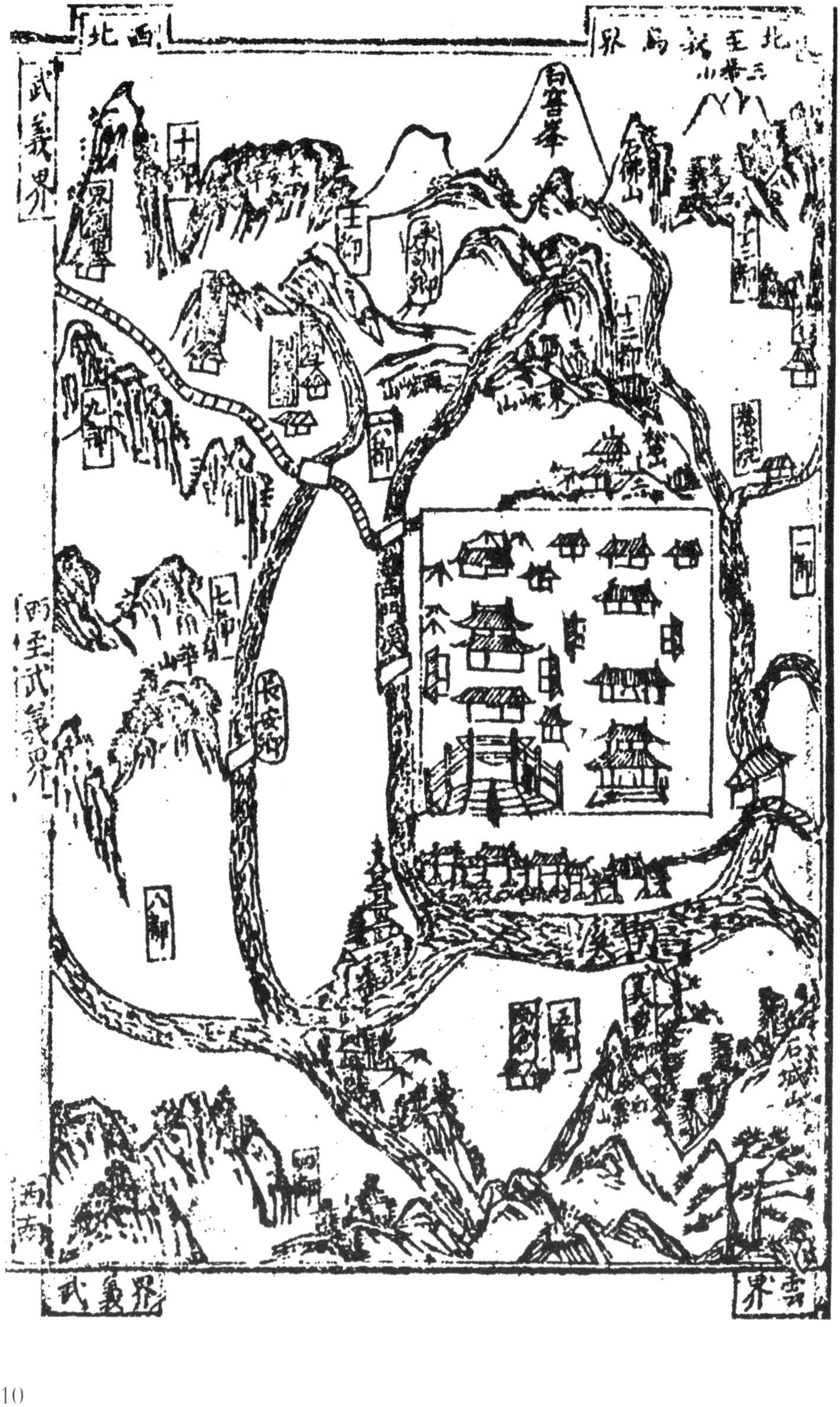
西北
北至義烏界
武義界
白雲峯
十都
七都
八都
長安鄉
一都
西至武義界
石城山
武義界

永康縣輿圖

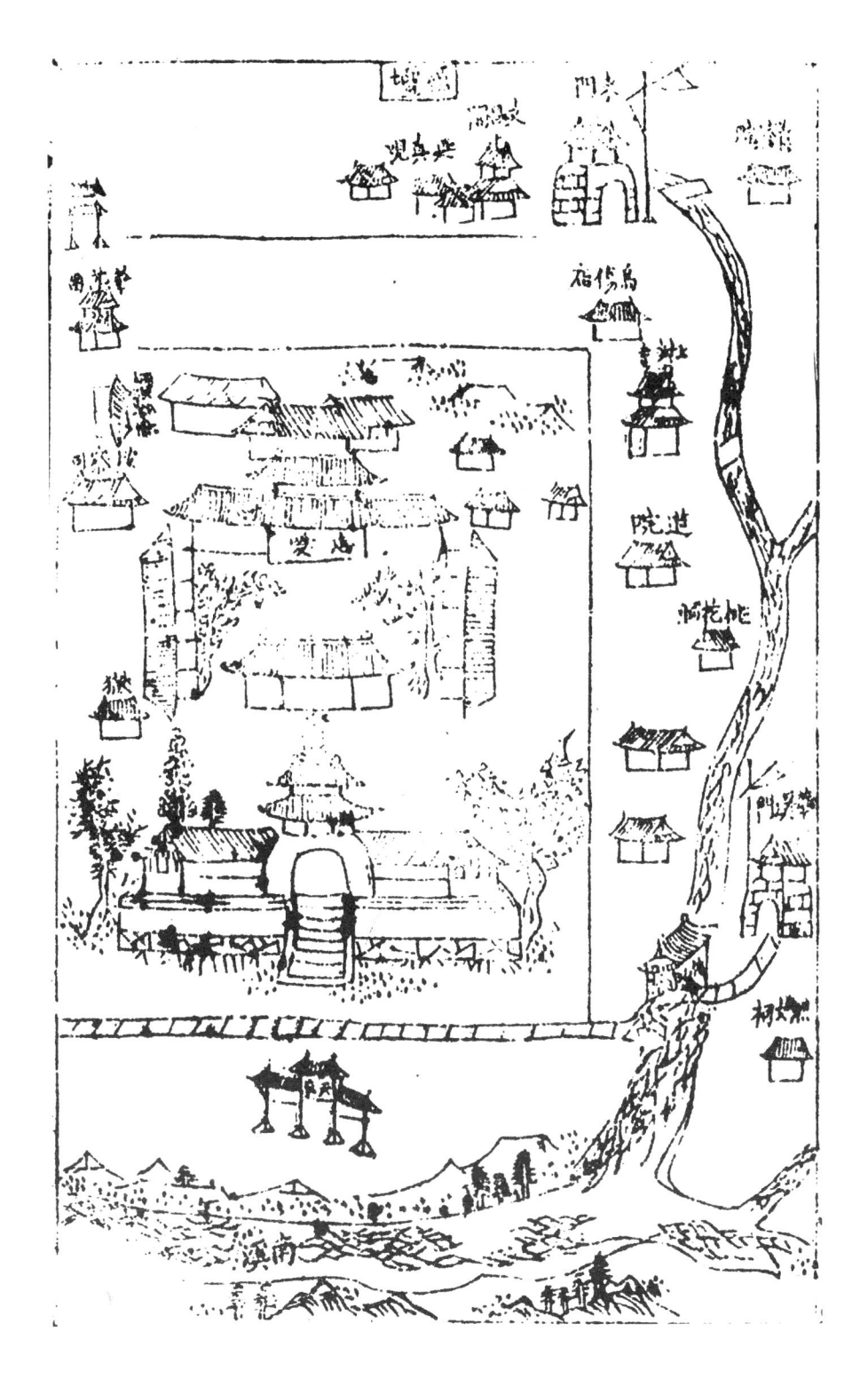

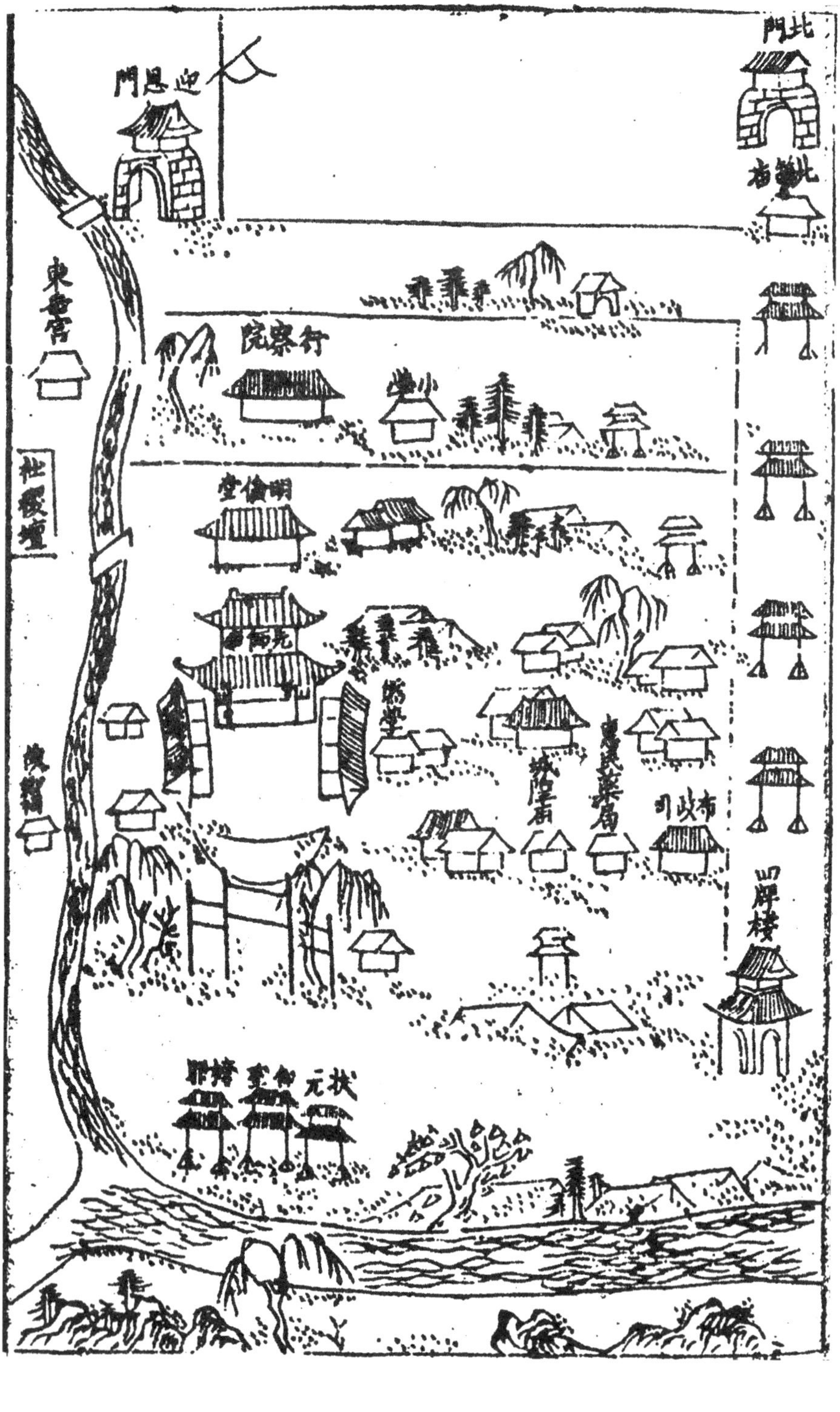

前圖列接壤之境。山高水長,皇華四達於全越;區分界別,井疆條析於十鄉。流峙自昔,原隰攸分。若乃山無伏莽,川無洞溢,耕者歌於田,負者休於路,則圖百里如圖樂郊也,一快也。後圖列出治之原。法署公宫,典祀推隆於神構;望衡比户,夜鈴式靨於重關。市廛靡改,堂奥攸崇。若乃民歌解阜,士萃環橋,飶馨邀神聽之和,閭閈弛夜織之禁。則圖四隅如圖春臺也,又一快也。

永康縣志卷之一

> 知縣事雲杜徐同倫璗源重修
> 楚人尚登岸未庵、邑人俞有斐晛蒼彙輯
> 儒學訓導虞輔堯允欽校正
> 邑人徐光時東白編纂
> 徐宗書廣生參閱
> 王世鈇柳齋、程懋昭潛夫編纂
> 汪弘海校梓

地理篇 沿革 封域 山川 鄉區 塘堰

叙曰：惟后宅民，經野制邑，沿革代殊，山川靡易，裁成其道，政以是出。志地理第一。

建置沿革

永康縣，《禹貢》為揚州之域。春秋為於越之西南鄙。戰國併於楚。秦罷封建，置郡縣，為會稽郡之烏傷縣地。漢因之，分屬會稽西部都尉。三國吳赤烏八年，分烏傷之上浦鄉置永康縣，其有縣始此。寶鼎元年，即會稽之西郡置東陽郡，而縣屬焉。晉、宋因之。梁、陳屬金華郡。金華即東陽改名也。隋開皇九年，縣省入吳寧縣，尋復置。唐武德四年，即縣置麗州，以縣及縉雲縣屬之。八年，州革，縣屬婺州金華郡，隸江南東道。天授二年，析縣之西境，置武義縣。五代吳越屬武勝軍節度府。宋屬婺州保寧軍，隸兩浙東路。元屬婺州路總管府，隸江浙行中書省。戊戌年，明克婺城，縣歸附，屬寧越府。後定，屬金華府，隸浙江布政司。國朝仍明舊制。

封　域

縣在金華府東南上游之地。其四封：東抵洪茂嶺縉雲縣界，六十里；西抵楊公橋武義縣界，三十里；南抵黃碧縉雲縣界，五十里而縮；北抵杳嶺義烏縣界，五十里而贏。其東北抵長塢坑東陽界，五十里而贏；又隨山川之形便抵馬鬃嶺仙居縣界，二百四十里。截長補短，正方約可一百二十里。擬古建侯之制，蓋大國也。自縣至府，馬步一百一十里，舟一百八十里。至司，馬步五百三十里，舟六百二十里。至京師，馬步四千六百里，舟四千七百八十里。

山　川 巖、嶺、泉、洞各類附

環縣四境皆山也。起自南戒岷、峨，歷滇踰湘，穿五嶺而東，循建信以達衢、處之交。一出武義縣，自蔣富山入南溪之陽，盤亙雲南，以爲賓山。一出縉雲縣，自白巖山入南溪之陰，岡隴綿延，回繞縣東北境，接東陽以及義烏之界，聳起爲三峰山。其支南出，融爲縣治。其別出者，盡縣之西北境，界於武義，以爲縣治護衛。

白雲山　南方之望山也。距縣一十五里。員峰聳拔，上際雲表，正當縣治與學宮之前，端峙若賓。每朝有雲氣升騰其巔，則是日必澍雨。人常候之，以爲雨徵。相傳其上爲葛洪煉丹處，石鼎猶存，人因之立葛仙翁祠。

石城山　距縣一十四里。高二百丈。群峰巑岏，駢列如城堞。舊志引張氏《土地記》云：昔黃帝嘗游此山。按郭璞注《山海經》：石城山，在新安歙縣東。則黃帝所游，或未必其爲此石城也。《一統志》云：縉雲縣仙都巖，其上有鼎湖，人指爲黃帝上仙處。審爾則其龍馭固當歷此矣。又按《史記·封禪書》云：黃帝采首山之銅，鑄鼎於荆山下。鼎成,有龍垂鬍髯,下迎黃帝升天。後世因名其地爲鼎湖。《內經》啓元子王冰注云:群臣葬衣冠於橋山,墓今猶在。則《一統志》所云又未之敢質也。今堪輿家因其群峰羅列於學宮之前,配以佳名:中曰展誥,左曰天祿,右曰天馬,乃鄉俗俱稱爲天馬山,而石城之名,蓋有莫之知者。又東傅溪而止爲水峰巖,溪即南溪也。踰溪而東,爲牛金嶺,驛道經馬巖嶺之間,山勢犬牙相錯,中開一罅,僅通溪流,類人工鑿成者,亦造物者之奇也。

大厨山　距縣二十五里。山高聳而方,形如立厨,故名。山之東爲岡谷嶺,嶺上有泉水涓涓,四時不竭,其地亦寬平可居。正統十四年,括寇嘯劫,里人多砦石以避焉。

歷山　距縣二十五里。高二百丈,周四十里。其上員峰屹立,狀如覆釜,又一名釜歷。山有池,廣畝餘,深五尺,曰歷山潭,歲旱於此迎龍禱雨者多驗。又有田,人謂曰舜田。有井,人謂曰舜井。因而立祠,曰舜祠。按《一統志》,舜所耕歷山在今山西蒲州。人因其名之偶同也,遂從而附會之,亦可以見聖化入人之深,雖流俗類知尊慕如此。其東爲紫鳳嶺,西爲交嶺,乃西接武義縣之蔣富山。

金勝山　一名金豚山。橫列於縣治前,若几案然。舊志引《太平寰宇記》云:昔有人得金豚於此,故名。又云:金勝,舊名。按《禮》有犧尊、象尊,故或有以金鑄之者。若鑄豚,將何以用?蓋傳錄者偶訛勝爲豚,久乃相沿弗察,而好異者並訛著其事以實之也。三豕渡河,自非得意於言表者,孰省其爲己亥之訛乎?山少竹木,惟產天門冬。其東麓曰白勘。

絕塵山　俗呼爲東溪山。距縣三十五里。高五百丈,周十里。四面皆峭壁,拔地而起,石峰叢列,如插戟然。一徑縈紆,邪穿巖石間,以達于其巔,有兩石,對峙如門,入其中,周圍如城郭,有田六十畝,地倍之。又有大井,嘗汲不竭。每有寇警,鄉人多依此以避焉,真絕塵之奧區、神仙之窟宅也。舊有寺,曰崇福,今廢。

石室山　高二百丈,四面皆石壁聳起,在絶塵山之北。下東溪流經其下,環繞之。緣巖而上,有石洞,中通若夏屋然,可容數百人。居中有一石柱。又有一巨石,其形如黿。傍有石井,水甚清冽,以烹茶,味極甘美,隨人多寡,汲飲無餘欠。《易·井卦》所謂"無喪無得"者,殆近之。且不甃而不泥不谷,井德之食也。舊即洞爲寺,曰洪福,今廢。其傍近又有巖曰西巖,飛瀑瀉出石壁間,當雨後水盛時噴薄如轟雷。又有郭公巖、烏峰巖,其巖石亦峭拔奇詭。

靈巖　距縣四十里。高二百丈,皆峭壁,拔地而起,略與絶塵同。其南面巖,東西橫列,紫色斑錯,以青蘚枯木嵌之,蒼藤倒挂,若畫屏然。緣巖架石爲梁而升,有石洞,南北相通,軒廠如廣廈,勝石室遠甚。其尤奇者,洞上下及左右壁皆砥平無窊突,有若神功斲削所成,此造物之至巧,所以謂之靈也。舊有寺,曰福善,今廢。

斗潭山　距縣五十里。高八十丈,周五里。其上有三石潭,皆天成不假掘鑿者。水咸清泚不塵,可鑑毛髮。又一名三石山。

芙蓉山　其麓西出曰石郭,舊有寺曰饒益,今廢。其岡隴迢遞,北行傅溪而止,爲館頭嶺。踰嶺八里,入縉雲界。

方山　距縣六十里。高千餘丈。山半有方山廟。西望縉雲、武義,東望東陽、義烏諸縣之境,山如縈蛇,川如曳綫,瞭然在眼界之中。俯觀附近諸名山,纍纍然出于履舄之下,猶禾囷鹽囤也。山頂有寺,曰真寂,路峻絶而遥,遊人罕有至者。

方巖　距縣四十五里。高二百丈,周六里。巖皆平地拔起,四面如峭,惟南通一道,至山腰而絶。疊石爲磴如樓梯而升,曰百步峻。磴上沿巖架石爲棧道,曰飛橋。將至頂,有兩石對峙其上屋之,曰透關,俗呼爲峰門。入關,地更平曠,約數百畝餘。臨池有廟,曰赫靈,祀宋侍郎祐順侯胡則。侯少時讀書此巖,既仕,嘗奏免衢、婺二州身丁錢,人德之,遂因其澤豹之地立廟祀焉。其後陰助王師殄巨寇,累著靈異,宣和中敕封祐順侯之號,後累加"嘉應福澤靈顯",極於八字。

淳祐間，遂進爵爲公，更號"顯應"，尋加"聖惠"。寶祐初，再加"忠祐"。詳見黃文獻公溍所撰《稠巖胡侍郎廟碑陰記》，而人多未之考，故但仍其舊號稱之也。並廟有寺，曰廣慈，久而圮，侯像遷寺中，位于大雄氏之前，寺僧因捐廟祝，以資衣食，廟遂無議葺之者。寺後巖高數仞，有洞，深二丈許，即洞爲樓，曰屏風閣。東邊有坑，深入如井，曰千人坑。相傳昔鄉人避寇巖上，寇至，拔藤升，頓見有蛇，刃揮之，藤斷，寇墜，死者若干人，遂潰去。此坑所由名也。由坑上，西行百許步，下有石谷，泉出谷間，泠泠然如環珮聲。舊有樓曰聽泉，里人胡濟源作，邑大夫士多爲之賦詩，集錄成編，題曰《聽泉樓集》，吕雙泉瀅序之。樓久廢，詩集亦不傳，惟序見《雙泉集》中。又約百許步，巖腰有小石洞，人指爲胡侍郎讀書堂，好事者傍巖架飛甍，爲遊人臨眺之所。路圮，人跡罕至，亦廢久矣。由巖西三里，別有小石洞，曰石鼓寮，朱晦庵嘗遊而樂之，吕東萊欲屋之而未果，蓋時少章題壁云。

橙尖山　方巖東五里。高峰員聳，妍麗可愛，人以擬於金華山之芙蓉峰。山之東爲獨松坑。

壽山　方巖北不三里。山有五峰，皆石壁平地拔起，周圍如城郭，曰固厚，曰瀑布，曰桃花，曰覆釜，曰鷄鳴。固厚之下有大石洞，高厰軒豁，可容千人，其中爲佛刹，曰壽山寺。前爲重樓，樓上爲平臺，周以欄楯，皆即洞支木爲之，不施椽瓦，而雨雪霜露，自然莫及，最爲一方登覽之勝。巖上有朱書"兜率臺"三大字，人傳爲晦翁筆。寺今廢，臺亦就圮矣。西近瀑布，有石洞，視固厚稍屬，舊爲羅漢堂，尚寶丞、應石門典周視壁有陳龍川書識，東萊、晦翁行跡，謂先賢過化之地，宜有表章，乃即堂東偏之隙建祠，以祀朱、吕，又連及于張南軒、陸象山，而龍川配焉，曰麗澤祠。太守姚公文炤爲之記。既而姚公來游，又檄縣尹洪公垣撤去阿羅漢像，直洞之正中建五峰書院，處來學者。洪公陞任，而嗣尹甘公翔鵬繼成之。闕外教以崇正學，人莫不偉三公之功，與兹山相爲悠久也。程松谿待次祭酒家食時，與其友周峴峰桐、應晉庵廷育會聚講學,僉議以祠隘弗稱揭處,且張、陸初未嘗至山,遂定祀朱、呂、陳三先生,即書院爲祠以妥焉。瀑布之上,有龍湫水,四時不竭,直下數十丈如練。及霽久水弱,飄風颺之,濺灑四出,若霧雨然,可望而不可即,亦奇觀也。

　　石翁山　亦五峰相連,中一峰有石柱,高出平巖,若人戴紗幞狀。山之得名以此。近西一峰如螺髻,相傳爲石翁婦,故鄉俗又呼爲公婆巖。其麓有石翁廟。由石翁而西爲虎跳闕,爲大小鷹觜巖,爲老鼠梯,峭立如壁,僅通樵徑,其頂乃更寬平,可容數千居。正統括寇之警,里人避寇者,多依以立砦焉。又西爲峴峰嶺,其陽有將軍巖,兩巖夾道離立,若人捍門。倘海寇由台而來,此亦扼險之一隘也。又迤西迢遞,爲三寶峰,爲石姥巖,爲魁山。

　　魁山　其下爲詩人李草閣曄故居。踰山而南不十里,即絕塵山。

　　銅山　距縣五十五里。山故產銅,宋元祐中置場錢王、窠心二坑,課銅一十八萬八千勖。宣和中以課不及額,廢。紹興中復置,課銅二千三百五十五勖。又以苗脉微眇,采亦無獲,廢。按常州錫山初產錫,後錫絕,更縣名曰無錫。然則山名爲無銅可也。

　　華釜山　在銅山北不五里。高百餘丈,周二十里。其上平曠,中窊而傍高,狀如仰釜。舊有寺曰妙净,今廢。其相近,左爲畫眉巖,右爲棲霞洞。當華釜、棲霞兩山夾處爲金城坑,澗水出焉。朱參政方沿涯種菊,治之爲花澗。由棲霞而東爲黃巖。

　　青山　其相近,左蓮明山,右爲十二巖山,東爲蒻蒲嶺,又南爲八盤嶺。

　　靈山　距縣九十里。其上員峰聳翠,其下左右展兩隴,環抱一巨窟。窟之中爲翠峰寺。其南麓爲故孝義巡檢司廢址。又迢遞而東爲柘嶺,嶺之下爲金仙寺。

　　白瀛山　乃入東陽縣界,高聳爲大盆山。大盆之麓旋而西南爲馬鬃嶺,距縣二百二十里,蓋縣之極東鄙也。踰嶺達於仙居縣。嘉靖三十三年，倭寇犯台城縣，於嶺上築砦屯兵以備焉。逮寇軼境，鄉之義勇陳百二先官兵之未至，率衆迎戰於破岡嶺，挫其前鋒，寇遂走東陽，而縣境賴以無擾。既而寇走紹興，典史吳成器以奇兵扼於柯橋而殲之，無一脫者，實由其鋒先挫於此也。夫自馬鬃至縣二百里，其所經由，皆重山峻嶺、深坑累塹，此兵家所謂重地，利禦寇不利爲寇者。但合孝義一鄉三都強壯之力，固足以禦之有餘矣。喜事之徒，往往虛聲哄喝，驚動城市，彼因得以操爲奇貨，盜取兵餉。明智者慎毋爲所眩惑，不惟耗廩粟，且搖民心也。由馬鬃旋而西，爲黃于嶺。

石霞嶺　西界縉雲，距縣一百三十里。其上有池，曰日月潭，廣畝餘，水澄深莫測。潭上石壁有赤白痕相間，狀類日月，此其所由名也。俗又呼爲百丈潭。凡迎龍禱雨者，極爲靈驗。

五指巖　東北之望其最高者。遠望五峰插天，若人伸手探雲者然。山半巖石赤白斑布，狀類桃花，又一名桃巖。有洞可容數百人。宋儒呂雲溪皓晚年還自荆南，隱居於此。其頂有小洞，曰棲真。

密浦山　距縣五十里。高百丈，周十里。華溪之水發源於此。其上有仙人壇，唐中和五年，洪雅禪師嘗結庵於此山，棲焉。今爲鄉人禱祝之所。

鬭牛山　距縣四十里。高百餘丈，周十里。山背有兩石相觸，狀如牛鬭，又其勢上闔下開如橋，俗呼爲仙人橋。其下爲烏傷侯趙炳祠。炳有神術，其事見《後漢書》，然妖幻不足錄。

石倉巖　在鬭牛山之南五里。緣巖而上，石室玲瓏，澄真寺在焉。相傳爲洪雅禪師入寂處。舊志云：巖頂有小石穴如倉，日出米以餉衆僧，隨多寡，無餘欠。後有貪僧鑿大之，米遂不出。其説雖近怪，然存之亦足以省貪也。

龍窟山　距縣五十里，普明寺在焉。宋狀元陳龍川未第時初進《中興》五篇，又上恢復三書，皆不報，退而藏修其中，與學者講論皇帝王霸之略，棲遲凡十餘年。其陽有小腔峒洞，亦其游息所嘗及也。成化間，里人朱彥宗立龍川書院表之。寺與書院今俱廢，然龍川之學自以文傳，是區區者皆幻迹也。

小崆峒　四山如削，中匯爲澄潭。東側一山，虛其下如箕口，大可半畝，相傳陳同甫欄其外，與朱元晦爲游息之所，未必然也。惟兩傍石底，各有凹處盈尺，以石撞之有聲，若兩人撞之似爲宫商。崆峒之名，或本乎此。今潭淤，叢棘一區，不免爲樵夫牧竪所有矣。

九洩山　在龍窟山之北。自麓至北，有潭凡九，相傳皆龍所嘗棲也。歲旱迎龍禱雨，至第五潭，則必驗。其上三潭皆峻險，人罕有探之者。

鳳山　距縣三十里。高一百三十丈，周五里。一峰拔地聳起，狀如偉人岸幘而端坐，故鄉俗因其形似，呼爲尖山，又名箭山。又傍挾四隴，有如鳳之展翼欲翀舉然。其麓，故有净土寺。邑中萬山皆聯綴牽引，獨此山從平地拔起，無依附之意。生其下者，亦可以自立矣。

三峰山　縣北方之望山，實縣治之祖山也。三峰鼎列，狀如筆架。其左爲挂紙嶺，舊險仄鳥道，因爲往省捷徑，邑人王汾甃之以石。右爲杏嶺，一名豐嶺，人度嶺者已莫不訝其高峻，而此山又高出其上焉，信可謂獨超群山者矣。由三峰山而南，有山正方而高如屏，曰大安坪。

白窖峰　大安坪東麓南出，員峰高聳，挺特妍麗，堪輿家謂之貴人峰，俗呼白窖嶺。歷嵝山，俗呼嵝山，起頂作嶂，曲折南傅華溪而止，即縣治所在。自嶺至城爲縣龍關，係民重開鑿。

石佛山　白窖嶺南腰有石，高二十丈，聳立如菩薩狀。其下舊有興福寺，俗呼曰石佛寺，今廢。

石牛山　石佛山南，其巔有石，狀若牛然。

嵝山　石牛山南，俗爲橫山，自此支隴逶迤，起伏相因，南傅華溪而止，即縣治所在也。

松石山　在縣東北隅，延真觀在焉。舊名寶林寺，題額云"梁大同元年建"。觀前有石，似松，高五尺許，拔地而起，掘地五六尺，尚不及本。相傳唐建中間，道士馬湘指庭前松曰：此松已三千年矣，當化爲石。已而大風雷，松震作數段，皆成石。歷世變，戎馬摧殘之餘，原體已不可認。附近十里，坵中往往有之，然爲好事者所物色，古岸墓門，搜取殆盡，不可得矣。

西石山　一名霞裏山。皆積石所成。逶回東抱，南傅于溪，爲縣治右衛之第一關。人以其巖石崚嶒，與水相激，又名水攻山。其上有故鄉祠，祀梁何烱，唐周某、王某三令尹，俗呼曰三長官祠。歲久傾圮，主遷祔於學宮之名宦祠。其南麓，兵部侍郎王麓泉崇書院在焉。由三峰山而西爲鷹觜巖。

白眉巖　山腰有白石，狀如人之雙眉，故名。有石洞，穹窿如屋，僧人即以爲居。附近四山四合，蒼翠可挹，景象頗佳。自此而西，乃接於武義縣界之八素山。其傍支由大安坪而西爲烏石巖。

赤石峰　烏石巖西，乃挺秀爲皇尖山，又迢遞西行，轉而南，爲界嶺，嶺上有自然石，廣袤數丈，當雨過塵淨時，其文彩燦然如錦，相傳謂之花錦地。皇尖之麓展爲兩支，逶迤而南，前迫大溪，乃轉而東，一聳起爲華山，其下舊有寺，曰永光，今廢。一盤旋爲火爐山。　右山。

華溪　源出縣東北境之密浦山，東流至大平鎮，合壽溪，其居人亦謂之雙溪。又東流，經鳳凰山，出馬石峽，轉而南，至下朱，合樂塢溪。又南流，過古陳橋，至龍明山，合烏江溪。又南，至仙游橋，西合球溪，東合武陵源溪。又南，至諸杜山前，曰鶴鳴溪。相傳昔有望氣者，鑿紫霄觀，山有雙鶴騰起，至此而鳴，至仙溪而止，此溪所由名也。又西南，至金山前，別而爲二：一過羅樹橋，一過下江橋，復合而爲一。又西，至塔海，合酥溪。又西，至縣城之東北隅，合北溪，西行，匯於桃花洞。闠闠之中，兩涯飛甍，鱗次相對，方春花柳繽紛，景象妍麗，故曰華溪。又南，過仁政橋，與南溪會，水始勝舟。歷縣治前，至儒學前，又西，至於水攻山，合縣西門溪，匯爲三長官潭、鳳凰潭。又西，歷

9

陽關,至雙錦,合仙溪。又西,至青龍埠,合三板橋、五錦橋、烈橋溪水。又西,至桐琴,合大桐溪。又西,至護國寺,入于武義縣界。又西,至縣北,合熟溪,至白羊山觜,合白溪。又西,至焦巖,入于金華縣界,謂之永康港。下流至府城西南隅,會義烏港爲雙溪。

南溪　源出縉雲縣土母山。上接麗水蜂窠嶺之水,東流歷貴溪、黃龍、石馬至黃碧,入于縣境,循山而南,抵館頭嶺,轉而東,又轉而北,至于前倉花園山之麓,水石相激,匯爲仙延潭。又東北,至于水峥巖,合李溪,屈曲行巖石間,逆而西流,匯爲石龜潭,其涯爲林樞密別墅故址。轉而東北,匯爲天井潭。又轉而西北,至金勝山之麓,匯爲石鱉潭。又西北,與華溪會,過儒學前,相挾而西。

酥溪　源出二十都峽源坑。西流出坑口,會後渠坑水,爲三渡溪。歷象珠,至清渭,合何溪,徑故净明寺之前,水出兩山間,匯爲龍山潭。南至下楊,合朱明溪。又南至童墩,合西溪。歷長田、曹園、下溪、紫柏,至下桐山,爲酥溪。過橋至塔海,合于華溪。

李溪　源出四十四都峽上,南流至碧湍,合下東溪,轉而北,徑若竹橋,至可投,轉而西,至當渡。又西,至石室山,周其麓圍繞之。又西,抵官山,轉而北,曰李溪。又北,至水峥巖,入于南溪。

烏江溪　原出三十五都銅坑,西流出坑口,合獨松溪。又西北流徑畫眉巖,歷胡庫,至故明梵寺之下,合方巖溪。又西北,入于龍明山,入于華溪。

北溪　又名桃溪,源出石佛山。瀠回出坑,徑穿童宅,南流,轉石牛山下。流東,過水堆頭。又南行天宮寺側,徑俞家橋,至松石山前,過東橋上封寺前,再過梁風橋,入于華溪。

西門溪　源出石和尚頭下盧柴坑。其山有石和尚,故名。南流徑賢良胡長孺祖址。又南流,過胡禄橋,穿橫山峽,因山平岡而並峙,橫列如屏,俗名東崿、西崿。東崿乃縣治之少祖山也。徑流過沈家橋,轉而南曲,東過西門橋,貼縣龍過和尚橋,今名金環橋,繞水攻山前,入于南溪。

歷按他志,首列建置沿革,重制治也。舊志寓沿革於封域之內,似嫌於略。今爲析,揭於篇首。至其不載星野,始焉疑之。志曰以吾邑而上當元象,此抄忽之餘也,兹不贅。他若山川名勝,舊志俱屬鋪叙。今照府志更定,大書細書,以便披覽。先賢如在,其不以余言爲徑庭也。尚登岸識。

鄉　區

川谷異制,辨物而居之異方。縣之有鄉、都,猶司之有府、府之有縣,皆所以明分數、齊紀綱,成其臂指相使之勢,而聽命於腹心者也。縣分十鄉,轄四十七都。明初編户一百二十三里,其後隨時贏縮,贏者析之,縮者併之,定爲一百一十八里。今編里仍舊。

義豐鄉　附郭而南,其里上林。轄隅四:曰東隅一圖,南隅一圖,西隅一圖,北隅一圖。本朝按糧均平,編里析分爲八,皆附郭。郭外爲都五:曰一都四圖,今析爲七;二都三圖,今析爲四;三都四圖,今併爲三;四都三圖,今併爲二;五都五圖,原併爲四,今併爲三。

長安鄉　正西,其里温泉,轄都四:曰六都三圖,今併爲二;七都三圖,今併爲二;八都三圖;九都四圖。

承訓鄉　西北,其里清明。轄都三:曰十都二圖;十一都三圖,今併爲二;十二都四圖,今併爲二。

昇平鄉　正北,其里松山。轄都四:曰十三都二圖;十四都二圖,今折爲三;十五都三圖,今併爲一;十六都三圖。

太平鄉　東北,其里宗仁。轄都四、半都一:十七都三圖,今併爲二;十八都三圖,今併爲二;十九都一圖,今析爲二;二十都二圖;三十半都二圖,今析爲三。

義和鄉　又東北,其里新康。轄都七:曰二十一都二圖;二十二都二圖;二十三都三圖,今併爲一;二十四都三圖,今併爲一;二十五都一圖;二十六都一圖,今析爲二;二十七都三圖。

遊仙鄉　正東,其里石門。轄都六,半都二:曰二十八都一圖;二十九都三圖;二十半都一圖;三十一都二圖;三十二都三圖,原併爲二;三十三半都二圖;三十四都二圖;三十五都二圖。

合德鄉　東南,其里永泉。轄都二、半都二:曰三十三半都二圖,今併爲一;三十六半都一圖;三十七都二圖,今併爲一;三十八都二圖,今析爲三。

武平鄉　又東南,其里碧湍。轄都六、半都一:曰三十六半都一圖;三十九都二圖,今析爲三;四十都三圖;四十一都二圖;四十三都三圖,今併爲一;四十四都二圖。

孝義鄉　又極東,其里咸泰。轄都三:曰四十五都三圖,後併爲二;四十六都二圖;四十七都三圖。圖與里一也,以之居民則曰里,以之著籍則曰圖。《周禮》云:"聽閭里以版圖。"今造册有格眼紙,即所謂圖也。

其稅糧之撥隸也,又有區焉。嘗聞故老言,洪武初,始設糧長,議所以參伍鄉都,而息朋奸之謀者。有老人獻計,摺紙分區,遂用之。然此則又一代之新例也。

第一正北區　即一區,管催十七都、二十一都、二十二都、二十六都、三十五都稅糧。

東北區　即二區,管催二十三都、二十四都、二十五都、四十五都、四十六都、四十七都稅糧。

西南區　即三區,管催遊仙三十三半都、合德三十三半都、三十七都、三十八都、三十九都稅糧。

東南區　即四區,管催四十都、四十一都、四十二都、四十三都、四十四都稅糧。

第二東北區　即五區,管催二十七都、二十八都、二十九都、太平三十半都、三十一都稅糧。

西北區　　即六區,管催十四都、十六都、十八都、十九都、二十都稅糧。

東南區　　即七區,管催一都、十五都、三十二都。

西南區　　即八區,管催坊隅二都、三都、四都稅糧。

第三東區　即九區,管催五都、六都、七都、十二都、十三都稅糧。

西區　　　即十區,管催八都、九都、十都、十一都稅糧。

謹按:明制,稅糧多取辦於江南,不啻居海內之大半。以故直隸蘇、松、常、鎮與浙江、江西特設糧長,專催督之,不併役於里長,蓋不惟參伍鄉都以息朋奸之謀,亦所以參合衆戶以蘇里甲之困,其爲謀蓋深遠矣。近年爲守令者,習見彼土鄉俗,而視糧長爲贅役,遂欲革之,而以催督稅糧併歸於里長。及其催督不前,則又遍令遞年到官召保。夫里長爲一百一十八里,止一百一十八人,若遞年則爲一千一百八十人矣,不愈贅乎?惟明哲者其深思之,則知畫一之所在矣。

邇來考成定例,以錢糧完欠分殿最,故催科遂爲首務。然永邑山徑紆遠,多瘠地,每轉運他方,艱難跋履,以充正課,向緣促限緊比,嚴刑相加,民苦措辦不給,往往重利稱貸,不惜杖錢多費,以救剝膚。且頑戶坐視里長比累,飲泣莫訴,而歲額究多拖欠。知縣徐公諱同倫因立分銀寬限,摘比花戶之法,詳載《放生潭碑記》中,以故不煩敲朴,而如期畢完。雖臨比期,公庭寂若無事,此亦一時催科中撫字。往揆昔人畫一之論,所當改弦爲張,無庸膠柱而鼓也。尚登岸識。

塘　堰

縣之地勢,險夷相屬,多高仰之田,不患浸而患乾。其陂以瀦水,則有塘焉。溝以引水,則有堰焉。瑣屑不可勝記也,記其籍於官者。

義豐鄉塘堰

郭坦塘

新塘

亭塘

鯉魚塘

大塘

雙塘　並一都。

官塘

黃塘

車口塘

劊塘　並二都。

大路塘

仕貴塘　並三都。

皇塘

大塘　並四都。

杜溪塘

菱塘

道士塘

萬工塘　並五都。

回回塘堰

後清堰　順治壬辰里人徐汪領砌石壩。

下馬堰

酥溪堰　並一都。

高堰　崇禎間邑人周鳳岐重開。

石龜堰

江公堰　舊淤，邑人徐可期重開。

上林堰

泜沙堰　並二都。

水雄塘堰

巖塔塘堰

岑家堰

長峰堰

金堰

新湫堰　並四都。

西溪堰

中堰

杜溪塘堰　五都。

長安鄉塘堰

金大塘

鵲巢下塘

大青塘

上餘塘

爐塘　並六都。

童塘

東塘　七都。

烏石橋塘

華山塘

鷺鷥塘

周木塘

學院塘

黃牯塘　並八都。

登塘

石臼塘

水閣塘

新塘　並九都。

崞橋堰

大塘堰　並六都。

五錦堰

東清堰

大丘角堰　並七都。

陳大堰

章堰　並八都。

陳堰

六百堰　並九都。

承訓鄉塘堰

胡公塘

雙蓮塘　並十都。

章塘

南坑塘

龍宿塘

闊塘　並十一都。

龍門塘

烏色塘

長塘

樟塘　並十二都。

呂家邊堰

施公堰　義民童胤元重砌。

三百堰

黃青堰　並十二都。

昇平鄉塘堰

宅青塘

青塘　並十三都。

康胡塘

月塘

胡塘

丁塘　並十五都。

冬青塘　十六都。

西堰

柳墅堰　並十三都。

金婆堰　十四都。

華歷堰

紫柏堰

下邵堰

郭公堰　並十五都。

楊木堰

章公堰

桐郭堰

寺口堰　並十六都。

太平鄉塘堰

蔣塘

下園塘

東塘　並十七都。

太平塘

平安塘

中蓮塘　並十八都。

牌塘

墩塘　並十九都。

金松塘　三十半都。

金畈堰

下陳堰　並十七都。

石胡口堰

大橋下堰　並十八都。

義和鄉塘堰

尚書塘

橫路塘

馬古塘

高塘　並二十一都。

上桐塘

胡孫塘

蓮塘　並二十五都。

楊枝塘

五彩塘

前如塘

吞塘

姚嶺塘　並二十七都。

黃堰　二十一都。

烏石頭堰

寺口堰　並二十四都。

遊仙鄉塘堰

盧討塘

雪塘

大塘

李塘　並二十九都。

弓塘　三十半都。

崇塘

古塘　並三十一都。

游溪塘

李塘

八口塘　並三十二都。

洪杜塘

川山塘　並三十三半都。

上大塘

孔大塘

寨坑塘　並三十四都。

橙塘　三十五都。

前金堰　二十八都。

車馬湖堰

赤溪堰　三十三半都。

苦竹堰　三十四都。

金竹堰　三十五都。

合德鄉塘堰

魁山塘

葛塘　三十三半都。

四大塘

龍眼塘

莊塘　並三十六半都。

棟塘

瓦窑塘

放生塘　並三十七都。

新大塘

姑塘

麻車塘　並三十八都。

李堰　三十六半都。

石宣堰　三十八都。

武平鄉塘堰

吳塘　三十六半都。

石塘　三十九都。

川塘

西塘

葵塘

玉塘　並四十都。

染塘

新塘

大迪塘　並四十一都。

雲青塘

石塘　並四十三都。

石馬堰

上黃堰　並三十九都。

黃公墓堰

黃杜嶺堰

官堰　並四十都。

巖前山堰

館頭堰　並四十一都。

孝義鄉塘堰

柘塘　四十五都。

古楓塘

金仙塘　並四十六都。

金仙堰　四十六都。

李村堰　四十七都。

永邑山多田磽，不憂潦而憂旱。每藉塘堰儲蓄，爲灌溉利。今據舊志列載，不能悉其興廢矣，惟在當事者立勸懲之法，勤開鑿而防淤填，亦惠民禦災之急務也。尚登岸識。

贊曰：志之首，地理也，政之先也。封域所以奠疆也，山川所以別條也，鄉區所以明紀也，塘堰所以盡利也。疆奠而服，斯可正矣。條別而習，斯可齊矣。紀明而民斯可使矣，利盡而財斯可阜矣。賦役由是而均，禮教由是而布，官方由是而秩，賢哲由是而興。四者舉而政行于其中矣。是故志首之也。其勿及天文，何也？以吾邑而上當元象，猶黑子之著於面耳。此杪忽之餘也，將何以稽乎？是故可略也。抑亦示務民義而不輕誣天道云。

永康縣志卷之二

知縣事雲杜徐同倫疊源重修
楚人尚登岸未庵、邑人俞有斐晛蒼彙輯
儒學訓導虞輔堯允欽校正
邑人徐光時東白編纂
徐宗書廣生參閱
王世鈇柳齋、程懋昭潛夫編纂
汪弘海校梓

建設篇 縣治 行署 學校 壇廟 驛遞 武備 惠政 津梁

叙曰：出治敷教，彌節傳命，修祀備戎，暨諸惠政，厥有司存，事於以聽。志建設第二。

縣　治

在華溪之陽，北枕塏壤，南挹白雲峰，東帶花溪，繞出其前，西襟華裏山，風氣攸鐘，盤礴不凡。縣治本在萬山中，至此衍爲平原，而郡山四面環之，其形勝軒豁偉特，真一都會也。

吳赤烏八年始置縣，其治署亦當建於此時，然世遠無考矣。唐武德四年，即縣治爲麗州，縣徙治於城北。八年，州革，仍復舊治。前後更幾廢興，皆不可考。至宋，乃班班焉，由知縣事陳昌年始爲志也。宣和庚子毀於寇。紹興十一年知縣事強友諒復建，首爲樓以奉敕書。十九年，知縣事宋授續建後堂，扁曰"道愛"。嘉泰元年，陳昌年加完葺焉。至元丁丑，又毀於寇。達魯花赤孟伯牙歹再建。延祐八年，達魯花赤沙班、縣尹范儀又拓其址而重新之。至正末，又毀於寇，明知縣呂兼明創建。正統己巳，又毀於寇，知縣何宗海重建。成化十三年，知縣高鑑續建譙樓。正德十六年，樓災。嘉靖五年，知縣李伯潤砌石爲臺，洞其中以通出入。既而圮，知縣毛衢重砌。十年，知縣邵新始樓其上，遷興聖寺鐘懸焉。十三年，知縣洪垣重建廳事，次第有作，而規模遂翼然矣。其制：前爲正廳三間，後爲堂三間，貫其中爲川堂，廳前露臺。又前中道爲戒石亭，又前爲儀門二門，又爲譙樓三間，達於通衢。廳之東爲贊政廳，夾道東西翼之，以廊爲諸吏曹。川堂之東爲儀仗庫，西爲際留倉，廊中下爲架閣庫，西下爲土地祠，其后爲獄。堂之後中爲知縣衙，東爲縣丞衙，西爲主簿衙。直隸丞衙之前爲典史衙，譙樓之東爲吏舍。

縣治西廊，天啓初年毀，知縣谷中秀重建。崇禎二年，谷中秀重葺川堂。十二年，知縣朱露創設縣前照墻。崇禎末年，知縣朱名世於署內內省堂前建露臺三間。公廨、吏廳俱於崇禎末年圮。入國朝，順治八年，知縣張祚先重建大堂及路臺。順治十年，架閣庫毀，知縣吳元襄重建。順治年間，東、西兩廊圮，知縣李灝修葺未就。康熙四年，路臺圮於風，知縣李灝重修。康熙陸年，知縣徐同倫蒞任，重修戒石亭一座，柒年重修東、西兩廊。贊政廳久圮，寅賓館圮，柒年重建。大堂、川堂、譙樓俱於八年重葺。

縣丞衙，舊治：大門一楹，二門一楹，正堂三楹，川堂一楹，東西旁房共六楹，川堂後小房三楹，土地神祠一楹，日久傾頹殆盡。康熙六年，縣丞賈溥到任，捐俸修理整飭如舊，又新建川堂後二門一楹、正房三楹、小房二楹。

主簿衙，官裁於崇禎二年，隨改爲典史衙。康熙八年，典史陸承龍拓廣外垣，重修廳事。典史衙，崇禎二年廢。

譙樓，按右志，成化十三年之前在察院司之門。意即興聖寺夜梵。十三年，遷於此。嘉靖五年作石臺，十年始撤寺鐘於樓上。至崇禎十五年，署縣事馮坪撤去纍石，止架平樓，懸鐘鼓於旁。順治五年，知縣張祚先仍取前石爲臺。

申明亭　在仁政橋東十餘步。洪武六年，縣丞黃紹欽創建，懸教民榜其中，差老人日直亭，剖理民間戶婚、田土爭競小訟，併書其過犯懸焉，遏惡也。初每里各設一亭，今廢多矣。　舊者廢年無考，改於譙樓前西偏。萬曆三十年知縣戴啓鳳重建，崇禎末年圮。

旌善亭　在申明亭右。洪武八年，知縣宋顯創建。凡民間有孝子、順孫、義夫、節婦，皆書其實行，揭于其中，勸善也。《書》曰："彰善癉惡，樹之風聲。"茲二亭也，於縣政實有裨焉，故以附於縣治之後。正德八年，亭災。嘉靖十四年，知縣洪垣重建。　舊者廢年無考，改於譙樓前東偏，萬曆三十年知縣戴啓鳳重建。崇禎末年圮。

行　署

監司行部所居也。宋監司，轉運使謂之漕，提舉常平謂之倉，提典刑獄謂之憲，經略安撫使謂之帥。元以行中書省領宣慰司，行御史臺領肅政廉訪司，與宋制略相出入。明制：承宣布政使司即漕與倉及行省也，提刑按察使司即提典刑獄與肅政廉訪司也。歲各一人，分道按部。由布政司出者，曰分守。由按察司出者，曰分巡。又歲差監察御史總而按焉。暨府官臨縣，各有行署以居，所以嚴體統、肅關防，蓋有不可缺者。國朝仍明舊制。

行察院　在儒學後街，本興聖寺故址。初寄治於按察分司。會例清廢寺，嘉靖十五年，知縣甘翔鵬奉巡按御史某檄撤寺，即其址創焉，其規模亞府城澄清堂，爲七邑行署之冠。圮於順治三年。四年，署縣事鹽運分司魯良才重建大堂並路臺。康熙七年，路臺圮於風，知縣徐同倫重葺，並正房圍垣，悉還舊制。

布政分司　在縣治西三十步，城隍廟堂之東偏。正統二年，知縣葉應誠始創於儒學門左。弘治四年，知縣王秩病其淺陋，改建今所，蓋即故府館址拓而爲之者。 圮於順治初年。今寄治於行察院。

按察分司　在縣治東十許步。洪武三年，知縣魏處直創，久而圮。成化間，知縣高鑑重建，今復圮，寄治於行察院。

小分司　在行察院左，係故僧會司廢址。嘉靖十五年，知縣甘翔鵬改建，以居別道守巡之併臨者。俗以察院爲大司，故稱小以別之，非誠小也。今圮。

府館　在儒學門左。成化四年，知縣高誼始創於城隍廟東偏。弘治四年，知縣王秩拓其址，建布政分司，乃即故布政分司改而葺焉。久而圮，嘉靖三十一年知縣杜廉重建。 圮於萬曆中年，故址見存，居民暫搭房屋開張。

接官亭　二所：西在望京門外三里岡，東在華溪門外烏樓。皆嘉靖三十一年知縣杜廉創建。先是，郊候者率假寓於民居，或曰褻君子，謂茲舉也其可以免於褻矣。 在東者廢年無考，在西者順治初年圮，其址即今三里亭，經堂僧移明知縣張懷琴淳廢祠三間於其地。

五里亭　在縣西金大塘山，建年無考。圮於崇禎末年，址存。

學　校

儒學，猶古之泮宮、大學也。揭之以儒，尊聖統也。社學，猶古之家塾、義庠、小學也。申之以孝悌，皆所以明人倫也。陰陽、醫學，廣道藝也，諸本儒之支流。雖小道必有可觀焉，亦致用所不廢也。僧道會司，戢異教也。其道與儒殊，然相沿於前代，驟然革之，未能也，爲之長以統之，俾無放而爲奸耳。聖人設教，其曲成不遺也蓋如此。

儒學　在縣治西三十七步，本唐先聖廟故址。崇寧元年，詔凡縣皆即廟建學。越四年，有司始克如詔，即今學所在也。政和四年，知縣事周虎臣、紹興十一年知縣事強友諒、紹熙五年縣丞陳駿、寶祐四年攝縣事方夢玉繼建修之。至元二十九年縣尹苗廷瑞、延祐五年達魯花赤沙班復續修焉。其養士俱以田六，則官田有學院田，學即故學田，院即書院田也。明洪武二年，詔天下建學，時知縣魏處直、宋顥即元之故學而葺成之。正統十四年，毀于寇，知縣孫禮重建。天順初，知縣劉珂擬市明倫堂後地建尊經閣，未果，以憂去。成化七年，以監察御史按縣，乃竟市焉。弘治四年，知縣王秩重建兩廡暨齋。十四年，知縣張鳴鳳重建大成殿。正德八年，知縣黎鐸重建明倫堂，者民應天澤暨其兄祥、弟天文捐私貲成之。十四年，清戎御史吳華檄同知張齊重建饌堂、號舍。嘉靖十年，更大成殿曰先師廟，門曰廟門，立木主以易土像。萬曆二年，知縣楊德又捐俸倡厥，學諭盛于唐等葺其頹弊而完焉。唯時方議興工，忽天大雨，水漲學前溪流，衝開久淤積沙，一巨木呈灘上，命工度之，其材適足廟楹之用，蓋實獲天助云。文廟之制，其中爲廟，翼以兩廡，前爲廟門。門南下爲三階，疊石爲磴而升。又南爲泮池，跨池爲橋。又南爲欞星門。學居廟後，中爲明倫堂，翼以兩齋，東曰日新，西曰時習。東齋之東偏北曰講臺，其前相向爲譔堂，左右爲號舍。堂之東爲倉廟，之西爲祭器庫。器久敝壞，而神主牌位亦多殘缺失次。萬曆八年，知縣吳安國捐俸屬學諭胡以準督修之，釐正罔缺，並稱完美。從東齋之南首折而東出，爲進賢門。又折而南出，爲儒學外門，以達於大街。學之後明倫堂之北爲：

敬一亭　中列《敬一箴》及"視、聽、言、動"五箴注。亭之後爲：

啓聖祠　其地即故尊經閣址。

學署　在西齋之西，中爲教諭宅。其前後爲訓導宅。

欞星門外有空地，南屬於溪，舊侵於民居，直逼而西衍。正德十四年，御史吳華檄張同知齊撤而復之未盡。嘉靖十四年，知縣洪垣又募東偏民徙居而西以均之。臨溪爲石埠門，埠之間左建狀元坊，爲宋陳亮立。右建榜眼坊，爲程文德主。嘉靖三十年，知府陳元珂捐俸畀知縣杜廉俾足之，於其中建仰聖興賢坊。

舊志所載儒學規制詳矣，惟自萬曆以迄於今，且將百年，其間興廢不一，有廢久者，有廢而復興者，有廢而久不興者，敗瓦寒烟，識者恫焉。康熙十一年，知縣徐公諱同倫、訓導虞君諱輔堯，毅然以修復爲己任，諮協闔邑諸大姓，分圖建葺，或專屬，或均承，鳩工庀材，黽勉從事，盡向來礫積榛荒之區，聿觀丹楹刻桷之成，可謂力振頽風，功垂名教者矣。碑記另載藝文。尚登岸識。

　　社學　在行察院東。洪武八年，詔有司立社學里各一所，延師儒以教民間俊秀子弟。正統元年，又令各處社學提學官及司府州縣嚴督勸課，不許廢弛。其俊秀向學者，府縣學生員，按歐陽志，在城二所、鄉四所，今俱廢。正德十六年，知縣胡楷始即興聖寺西偏空地建之。嘉靖十五年，寺革爲行察院，知縣事林翔鵬又改建於今所。後圮廢。萬曆八年，知縣吳安國重建。今爲行臺各院經臨，兩道陪行，爲候見之所。康熙九年，知縣徐同倫重修舊廳三間、書屋三間，基存。

　　五峰書院　宋淳熙間，朱紫陽、呂東萊、陳龍川、呂子陽讀書講學處。明正德間，先達應石門、程松溪、李東溪、周峴峰、程方峰、盧一松，共暢王陽明良知之學於此地，石門應子創麗澤祠祀朱、張、呂、陸、陳、呂，以程松谿附。郡守受泉陳公命呂瑗創正樓三楹，額曰"五峰書院"，祀王陽明，以應石門、程方峰、盧一松配。明季，後學周佑德復築學易齋於樓西，祀郡賢何、王、金、許、章，以後學李璜、杜子光、周瑩附。每歲季秋，四方學者講學其中，先是應、程、盧創置會田，以資歲會。近陳、程、王、呂之後，亦稍捐以佐不給，周佑德子祖承復修學易齋於兵火之餘，亦道脉風化之一助也。

　　陰陽學　洪武十八年，設訓術一人，額領陰陽生五人，掌漏刻及雨暘之事。即其家爲署事之所。

　　醫學　明洪武二年初，置惠民藥局，以醫生領之。十七年，開設醫學，而局隸焉。訓科一人，額領醫生五人，掌和藥劑，以療民疾、驗鬥傷者。即局爲署事之所。局在城隍廟東空地，向爲居民王氏稅賃作店。萬曆八年，知縣吳安國查復設局，仍隸醫學，命冠帶醫生葉莑掌之。康熙八年，知縣徐同倫議舉醫生湯學尹，詳憲允准頂帶主之。

僧會司 洪武十五年設僧會一人，掌周知境內僧行之數。初治興聖寺，即今小分司是也。今徙上封寺。其初統寺額存者一十有四。曰上封，在縣東北隅。曰仙遊，地名石門。曰安覺，舊名龍明。曰化成，地名石塘下。曰壽山，舊名桃巖。曰廣慈，地名方巖。曰護法，地名黃巖。曰無垢，地名峽上。曰普利，地名銅山。曰翠峰，地名靈山。曰金仙，地名鹿葱。曰明智，地名黃彈。曰法蓮，地名芙蓉。曰清修，地名仙居。曰光慧，地名上安。曰延福，地名歷山。曰延慶，地名仙峰。曰慈化，地名天宮。曰惠日，舊名觀音。曰長壽，地名太平。曰法輪，地名慶安。曰勝福，地名西興。曰普濟，地名清泉。除額者一，曰東不二。洪武十四年，因寺僧犯法問罪，抄沒其田爲廢寺官田，地曰廢寺地，今六則官田之一也。嘉靖十五年，奉例清查廢寺官賣，除額者二十有一。曰興聖，今改建行察院。曰布金，地名長城。曰興梵，地名櫸樹橋。曰安覺，地名山後。曰定慧，地名净心。曰聖安，舊名乾安。曰明福，舊名清福。曰净勝，地名櫸溪。曰普澤，地名泉口。曰勝福，地名石龜。曰净嚴，舊名華嚴。曰天清，地名清龍。曰永壽，地名□□。曰西覺明，地名□□。曰東覺明，地名朱明。曰興福，地名石佛。曰净明，地名清渭。曰齊雲，地名龍山。曰净土，地名鳳山。曰明性，地名柯楊。曰福善，地名靈巖。續奉軍門清查官賣以助餉，除額者十有一。曰明梵，地名胡庫。曰妙净，地名華釜。曰法華，地名李溪。曰崇法，地名官山。曰崇福，地名東溪。曰洪福，地名石室。曰饒益，地名石郭。曰普明，地名龍窟。曰永光，地名華山。曰西不二，地名廿三里。曰壽山，地名桃巖。其田造册俱名廢寺官田，地亦然。正統中，有僧私復創之。嘉靖十三年遵例復廢。

今攷僧會司所轄者 十有七：曰上封，曰法輪，曰澄心，曰普利，曰護法，曰大通，曰明梵，曰廣慈，曰精修，曰真寂，曰普明，曰翠峰，曰慈化,曰金仙,曰清泉,曰顯恩。查上封於萬曆十年奉文廢,民徐宗祥輸價,仍捨爲寺。餘寺興廢不一,難稽其詳。據僧會司查報,見存有僧者八:曰上封,曰精修,曰法輪,曰澄心,曰普明,曰大通,曰護法,曰廣慈。

道會司　洪武十五年設道會一人,掌周知境内道童之數,治延真觀,其所領觀四。曰延真,地名松石山。曰崇道,地名仙溪。曰紫霄,地名芝英。曰善祥,地名柏山。道院三。曰正一,在桃花洞上。曰修真,地名龍山。曰會真,地名併東嶽宮,地名西石山,及城隍廟領焉。　今查善祥觀廢年無攷,餘仍存。

正一道院　在縣治東北百步,爲地方弭火災立,知縣吳安國建,邑人徐賡熙有紀事刻石。舊係黃姓三宗祖基址。

北鎮廟　爲縣治北障所,不可無。

龍虎塔　在縣治西水口山,邑人徐光時有碑記,見藝文。

鳳凰塔　在縣治水口南。特起,下爲普高庵。自締落成,閱今五十餘年,主僧三易。其初食輪全缺,每資鉢施,僧智和主叢席,多所建置,次第益田若干,不辭力作,香積充然。今綜前後田地基址,勒碑爲此山恒籍,由邑治起見,自宰官紳士及編姓,交有護法之任也。

壇　廟

國典以太社爲大祀,文廟爲中祀,以太社爲天下社也。若縣社則不宜加文廟之上。今以縣所當祀者秩之,首啓聖祠,暨文廟,以啓聖爲文廟所自出也。次社稷壇與風雲雷雨山川壇,次城隍廟,次土地祠,次厲壇,謂之典祀。次名宦祠、鄉賢祠,謂之義祀。非此族也,則爲淫祠。淫祠不錄。

啓聖祠　見儒學。

文廟　見儒學。

社稷壇　自古有之。按元志,在縣西一百步,又遷儒學門外西園。今在縣西二里西石山。明洪武十一年,知縣李均建。其壇制:東西二丈五尺,南北二丈五尺,高三尺,四出,陛各三級,壇下空地,前十二丈,後與東西各五丈,繚以周垣。四門,從北門入。石主長二尺五寸,方一尺,埋於壇南正中,去壇一尺五寸,止露員尖,餘埋土中。壝内建神厨、神庫及宰牲亭。按洪武禮制,里各一所,今廢多矣。

　　風雲雷雨山川壇　元以前所在無考。今在縣東二百步華溪門外。明洪武十一年,知縣李均建。按《周禮》,以槱燎祀風雨,以沉霾祀山川。歷代因之,各爲壇以望焉。至唐加雷師,明加雲師,合諸山川,附以城隍。其壇制與社稷同,不立主。其域東西相距三十六步,南北相距二十五步。嘉靖三十一年,知縣杜廉於壝南、東、西各建一亭,以爲莅牲及更衣之所。按禮,因高祀天,因下祭地。今風雲雷雨,天神也,而兆於地。社稷,地祇也,而兆於山。其於高下之間,若有可更議者。

　　城隍廟　古不經見,自後世乃有之。宋、元皆因而置焉。夫城,盛也,所以盛民也。隍,城下濠也,所以限城也,其利於民大矣。《周禮》山林川澤兵陵墳衍原隰皆有祀,豈以城隍而獨可缺祀乎?此固禮之義起而可因者也。城隍,地類也,而神像之何居?蓋配食於城隍,若社之有勾龍,稷之有棄然。洪武二十年,改正天下神號,凡前代加封帝王侯伯之類皆去之,惟城隍特封爲監察司民城隍顯佑伯,且令置公案筆硯,與縣官視事同。新官到任,則令與神誓焉。此又神道設教之意,有出於慶賞刑威之外者。其廟在縣治西三十許步。明洪武三年,知縣吳弘道建。正統十四年毀於寇。景泰三年,知縣何宗海重建。其制:爲廟三間,翼以廊各五間。又前爲外門,以達於大街。嘉靖三十一年,知縣杜廉又於廟前建亭三間,而廟益宏遠矣。　大廳、中廳,順治十六年知縣吳元襄捐俸倡率重建,並葺大殿。

　　土地祠　見縣治。

　　厲壇　在《禮記·祭法》已有之。其立與否,元以前無者。明洪武三年，知縣魏處直遵禮制創建。壇在縣北一里延真觀後，其域東西相距一十四步，南北相距一十一步。

名宦祠　在文廟東。祀：

梁縣令何烔

唐縣令周某

王某　舊逸其名。

顧德藩

宋縣尉孫伯虎

明知縣魏處直

劉珂

王秩

張鳴鳳

毛衢

金洲

縣丞黄紹欽

教諭劉楫

知縣張淳

鄉賢祠　在文廟西。宋寶祐四年，知縣事方夢玉創建。祀：

宋樓炤

林大中

陳亮　寶祐間祀。

胡則

徐無黨　並成化間增祀。

應孟明　正德初年間祀。

呂皓

呂思齊　並正德十五年增祀。

徐木　嘉靖年增祀。

應純之

元胡長孺

明李滄

謝忱

徐讚　並嘉靖年祀。

應典

程文德

應廷育

程梓

程正誼

周勳

朱方　並萬曆年祀。

徐可期

徐學顔

呂文燧

周鳳岐　並崇禎年祀。

呂氏烈女祠　在山川壇側。萬曆四十年，知縣陸懷贄建。康熙六年，生員呂一美重建。

驛　遞

驛遞，所以傳命也。大事給驛，小事入遞。君子端拱堂署之上，而令行於環海無阻者，職驛遞爲之也。其所繫豈小哉！

華溪驛　在縣治西。按舊志，宋驛二，一曰行春，在縣東南李溪，一曰拱辰，在縣東北尚書塘。元驛一，曰延賓，其址即今驛所在也。明洪武三年，知縣魏處直因而改建焉。其設官丞一人，職掌站馬五疋、騾三頭、驢五頭。運夫三十五人，館夫三人。馬坊一所，舊在縣治南馬枋巷，歲久廢。嘉靖十四年，知縣洪垣徙其址於城西南隅，距儒學外垣三十步。改建於按察分司後。明季久無朝選,多屬帶管,衙舍盡圮。今典史衙前故址,有馬神廟存。驛官,康熙元年裁。

急遞鋪　凡十。附縣曰總,舊在縣治前,今徙於譙樓之西。由總而西十里曰烈橋,又十里曰華蓋,又十里曰界嶺,達於武義之内白,以達於府。由總而東十里曰黃塘,又十里曰李溪,又十里曰檉木,又十里曰館頭,達於縉雲之黃碧,以達於處州。又由李溪而東十里曰麻車,又十里曰新亭,達於縉雲之壺陳,以達於台州。内華蓋、界嶺、李溪、檉木四鋪久圮,萬曆八年,知縣吳安國重建。在城總鋪、五雲鋪見存公館。康熙八年,知縣徐同倫修葺,餘圮址存。

武　備

縣地當婺、括之衝,號為要區。其城以設險,兵以徼巡,場以閱武,均之不可廢也,而廢焉者多矣。備書其故,用訊於識微慮遠之君子云。

城　按舊志,城周一里一十九步,高一丈八尺,厚一丈五尺,吳赤烏八年築。宋嘉定壬戌拓之,周三里三十步,門七:東曰華溪、迎恩、迎曦,西曰西京、由義、望京,北曰永安。後漸湮廢。元至元十三年,環築以牆。今皆為平壤,錯於民居,無復有故迹矣。明萬曆三十三年,知縣方鶴齡於學宮前建延薰門。天啓五年毁。崇禎十二年,知縣朱露創建東、西二門,疊石為樓,東曰在德,西曰多助。

附《答知縣楊公詢訪築城利害書》:伏承詢訪築城事宜,尊諭所云地利、民力兩端,已舉其大凡矣。請得而詳陳之。夫築城為民,捍外而衛內,朝廷憂民之深慮也。然自有縣以來,歷今已千有餘年矣,中間屢更變亂,雖稱舊有城牆而不能完固以傳於後者,非不知城之為重也,想亦經營量度而審知其地形之必不可城也。縣之地形,縱長而衡縮,大略如龍舟之狀。東迫大溪,西臨深田,其南面並列縣治、城隍廟、儒學三公宇,僅及一里,別無餘地矣。孟子曰"三里之城,七里之郭",蓋極其至小而言也。今乃僅及一里,將何以為城乎?雖縣治後至北鎮廟長及五里,然因其衡之縮也。若欲築城,兩傍須拆去民居十分之四以爲城址馬路,而所存居民僅有六分。此如龍舟,而去其兩舷,則不成其爲舟矣。彼民居四分之被拆者,何不幸?而專爲六分僅存之居民築城以衛之,獨何幸也?愚意自昔蓋亦慮及此矣。夫防捍外患,其憂遠在數百年之後,而蕩析民居,其患近在旦夕之間,是以寧略遠憂而急近患也。或謂欲跨大溪而築者,此大愚也。南以仁政橋爲城址,則橋下空洞高廣,雖數百人可以駢擁長驅而入,是有城猶無城也。其北適當北溪入華溪之衝,當時水激沙走,遷徙無恒,將何所據以爲城址乎?或謂欲西跨山脊而築者,此大痴也。城長五里,衡略亦計五里,其山坡塗峻,深田沮洳,不可居民之處且踰其半,是徒爲空城也,將使何人守乎?矧北近北鎮廟,乃縣之來龍,若築城窟濠,未免傷損龍脉,此又久遠無窮之患也。及覆思維,無一可者。至於民力不堪,姑未暇論,唯高明詳之。

孝義巡檢司　在孝義鄉靈山之麓,即元鎮守百戶所故址。洪武十七年,知縣宋顒因而建焉。巡檢一人,額領弓兵三十人,專掌巡獲私鹽、葺捕盜賊。歲久,司廢。官薄其冷也,嘗寓城中,營差有潤,鬻弓兵取月錢而已。司遂無議葺之者。嘉靖八年,例省冗員,官並廢。

教場　在縣東二里黃荊塔。正德七年,主簿黃雅明奉部檄選練民壯,始建焉。其制:中爲將臺,東西相距一百六十步,南北相距九十步,植木四周藩之。今將臺、植木俱久廢。

惠　政

預備倉,所以賑饑荒也。養濟院,所以恤老孤也。惠民藥局,所以拯扎瘥也。津渠,所以濟不通也。皆政之惠者也,志惡得而忽諸?

預備倉　按宋志,常平倉在縣西五十步,今莫詳所在。明洪武中立預備倉,官給鈔本,糴穀儲備賑濟。知縣洪孟剛欽遵建倉五所,中倉在廳事後,東倉在縣東二十里李溪寨,南倉在縣南一十里麻車頭,西倉在縣西一十里烈橋，北倉在縣東北二十里清渭。弘治四年，知縣王秩徙中倉於譙樓之東。嘉靖十年，知縣邵新增修之。十二年，知縣洪垣又增建一倉於故興聖寺今察院之西。其東、西、南、北四倉皆久廢，無有修之者。竊計縣地濕潤，穀貯久則腐。若歲以新陳相易，一如令甲所具，善矣，每見有司牽制，上下遞相付授，惜而不發，徒使民困於守視，官勞於盤量。及至發之，則已化爲浮埃聚塵而不可食。必如此，第有在城一倉足矣，餘雖勿修可也。且東、西、南三倉，各僅去縣十里，北倉去縣二十里，而孝義一鄉去縣遠者二百四十里。酌量其便，若建一倉於故巡檢之址，則亦此一鄉之幸也。　在行察院西者，圮於崇禎末年，址存。康熙八年，知縣徐同倫於舊典史廳前諸吏廳故址創建倉廒三間，周回翼之以垣。

養濟院　在縣東二里龍虎頭。洪武三年知縣吳弘道建。

惠民藥局　見醫學。

放生潭　康熙八年，知縣徐同倫倡率士民勒石爲禁，上自桃花洞，下至西津橋，爲放生之所。碑記載藝文。

津　梁

仁政橋　附郭東南，距縣三十步。舊建木梁，名大花橋。至元中，改建以石，仍屋覆之。明初屋災。洪武三十五年，知縣張公聰葺焉。正統末，橋圮。景泰七年，知縣劉公珂重建。正德十六年，屋災，縣丞李景軒葺。後屋圮。萬曆二十捌年，知縣戴公啓鳳檄施孟安、呂斌重修。

梁風橋　縣東北上封寺下。僧若海募衆力建。後壞，應尚端重建。復壞，應尚道後裔修。

後溪橋　縣東河東。呂姓重建。

束橋　在延真觀前。嘉靖年間，民趙廷懷捐資建。

下浮橋　在學前舊西津液。廢。士民召僧智和募建木橋。

西橋　在迎恩門外。

和尚橋　在由義門外，一名小西橋。永樂年縣丞歐陽齊建。

烈橋　縣西十里。永樂年蔡伯仁建。

三板橋　縣西十五里。

楊公橋　縣西三十里。

永寧橋　在華溪門外，舊名小花。元至順主簿赤琖榮祖建以石。明永樂驛丞胡義葺。弘治間，市民徐得銘重建。正德間圮，其子璋復重建。

李溪橋　縣東廿里。景泰初，僉事馮公誠檄同知趙公賢督耆民李思傑、施孟達建。成化末，水壞。正德中，里人章德明哀衆營建，久弗就。嘉靖二十三年，僉事歐陽公清捐俸爲倡，檄僧德顯募緣，合金、衢、溫、處四府官民之力成之。今復圮。

永安橋　縣東北一里。

杉板橋　縣東北二十里。

新河橋　縣東北二十里。康熙二年，民呂季義重建。

中澤橋

上澤橋　並東北二十里。

五錦橋　縣西十里。梁圮，武民趙理第重葺。

蛙蟆橋　縣西十餘里。

崇興橋　縣東三十里。

烏江橋

古陳橋

太平橋　並縣東北四十餘里。

龍窟橋　縣東北五十里。

檡居橋　縣南六里。

東錦橋　縣南十里。

黃渡橋　縣南十五里。

倉口橋　縣西南十四里。

欏樹橋

下江橋　縣東南二十里。

羅橋　東南四十五里。

酥溪橋　縣東八里。

鶴鳴橋　縣東二十里。

仙遊橋　縣東二十五里。

苦竹橋　縣東四十里。

下溪橋　縣東四十五里。

平安橋　縣東北三十里。

桐擎橋　縣西二十里。永武孔道，向設渡。秋冬分港病涉，里民建橋以濟。

普渡橋　去縣三十五里。

巖前橋

水東橋

清河橋

南新橋　俱去縣四十里。

沈家橋　縣北四里。

俞家橋　縣北八里。

新橋　縣北十三里。

童村橋　縣北二十里。

大中橋　縣北十五里童胤元建。

東濟橋　縣北二十餘里。

崍橋　縣西北十里。

大依橋

奉聖橋　俱去縣二十里。

王墳橋　縣北二十里。呂國元建。

夏吕桥　去縣三十里王良政、王□建。

西門橋　徐于祥建。

三家橋　縣東北三十里。王師臨、世官、子善同建。

贊曰：子路治蒲，夫子入□□□□□□墉宮室皆可以觀政也。□□□□□□□文奮武而下□□□皆□□□□□□皇帝之使相屬□□一臨□□□□□□由舍□□□□□□賓至如□□□□□大司□□□□□新其諸亭館□□□□爲□□者□□□名供張之□□□。

永康縣志卷之三

知縣事雲杜徐同倫亹源重修
楚人尚登岸未庵、邑人俞有斐晛蒼彙輯
儒學訓導虞輔堯允欽校正
邑人徐光時東白編纂
徐宗書廣生參閱
王世鈇柳齋、程懋昭潛夫編纂
汪弘海校梓

貢賦篇 <small>稅糧加派附　歲進　歲辦雜辦附　課程　戶口食鹽</small>

叙曰：貢任土作，賦則壤成。肇自古昔，徵輸有程。稽厥贏縮，爲邦之經。志貢賦第三。

以一人而統四海，其利之以爲富者，貢賦而已爾。合四海以奉一人，其效之以爲忠者，亦貢賦而已爾。是故貢賦，有縣之首政也。輸之以時，而上無病國；徵之以制，而下無病民。其在良有司乎！

稅　糧

於古爲粟米之徵，其分秋、夏斂之，則唐楊炎兩稅之遺意也。按舊志，宋夏稅，徵紬一千七百三十九疋一丈六尺，絹二千七百八十四疋二丈四尺，綿二萬八千二百叁兩。蓋爲西北歲幣之需故也。秋糧歲徵苗米一千七百六十二石三斗三升五合一抄二撮。元，夏稅徵中統鈔四百八十二錠四十八兩五分五釐，秋糧歲徵米一萬叁石七斗五升六合。宋、元糧米之數，大約如此。至於核田之數，舊志無載，則壞成賦之法，無得而稽焉。明分田、地、山、塘爲四等，於其中又各分爲官、民二等。田在官者六則，在民者二則。地在官者六則，在民者一則。山在官者三則，在民者一則。塘與山同。當時因則起科，初定之正額輕重原自不同，而其後嘉靖、萬曆、天啓，屢因用兵加餉，多寡復有互異。今稽其正額，詳其加派，以至於今，臚列成則，以備考焉。

官員職田原沒官田　初定每畝科正米四斗七升九合伍勺，計斗加耗米三合五勺，正耗麥三合，共科徵銀一錢五分七釐四毫。嘉靖年間，倭寇用兵，每畝加餉五釐。萬曆年間，朝鮮用兵，每畝又加二釐。天啓年間，遼左用兵，每畝又加九釐柒毫捌絲。今國朝南米折徵并九釐等銀，每畝共徵二錢四分七毫，又徵本色米九合。

歸附沒官田　初定每畝科正米二斗七升七合，計斗加耗，麥同。科徵銀八分九釐九毫。嘉靖、萬曆二次加餉七釐，共徵銀九分六釐九毫。又遼左用兵加餉九釐零。國朝南米折徵并九釐等銀，每畝共徵一錢四分一釐九毫，又徵本色米五合三勺。

義莊田　初定每畝科正米二斗，計斗加耗，米、麥同。科徵銀六分五釐六毫。嘉靖、萬曆二次加餉七釐，共徵銀七分二釐六毫。又遼左用兵，加餉九釐零。國朝南米折徵并九釐等銀，每畝共徵一錢六釐四毫，又徵本色米四合。

學院田　初定每畝科正米一斗六升四合四勺八抄三撮，計斗加耗，米、麥同科，徵銀五分四釐。嘉靖、萬曆二次加餉七釐，共徵六分一釐。又遼左用兵，加餉九釐零。國朝南米折徵并九釐等銀，每畝共徵八分九釐四毫，又徵本色米三合三勺。

新沒田　初定每畝科正米一斗六升，計斗加耗，米、麥同。科徵銀五分二釐五毫。嘉靖、萬曆二次加餉七釐，共徵銀五分九釐五毫。又遼左用兵，加餉九釐零。國朝南米折徵并九釐等銀，每畝共徵八分七釐一毫。又徵本色米三合二勺。

廢寺田　初定每畝科正米九升六合七勺二抄四撮，計斗加耗，米、麥同科，徵銀三分一釐八毫。嘉靖、萬曆二次加餉七釐，共徵三分八釐八毫。又加遼左用兵，加餉九釐零。國朝南米折徵并九釐等銀，每畝共徵五分六釐八毫。又徵本色朱二合。

以上六則，名爲官田。

僧道田　初定每畝科正米八升四合，計斗加耗七合，正耗麥三合，科徵銀五分六釐六毫九絲七忽九微九塵九渺二漠。又額坐二辨銀三釐七毫五絲五忽六微五塵四渺三漠。又雜辨徭壯銀二分二釐一毫四絲六忽三微四塵六渺五漠。嘉靖年間加餉五釐，萬曆年間加餉三釐，共徵九分二釐。又遼左用兵加餉九釐柒毫捌絲。國朝南米折徵并九釐等銀，每畝共徵一錢二分四釐五毫。又徵本色米五合。

民田　初定每畝科正耗米三升，正耗麥三合，稅糧二分一釐九毫三絲八忽七微五塵五渺，額坐二辨銀二釐六毫四絲一忽四微二渺，雜辨徭壯銀一分五釐五毫一絲九忽八微四塵三渺。二次加兵餉銀八釐一毫。又遼左用兵，加餉九釐七毫八絲。國朝南米折徵并九釐等銀，每畝共徵七分六毫。又徵本色米二合六勺。

以上二則爲民田。

官砂基地　初定每畝正耗麥二合一勺，米一升三合七勺三抄八撮三圭，科徵銀四釐三毫。嘉靖年間加餉三釐，萬曆年間加餉一釐，共徵八釐三毫。又遼左用兵加餉九釐。國朝南米折徵并九釐等銀，每畝共徵一分二釐一毫。又徵本色米四勺。

白地　初定每畝科正耗麥三合米三斗七升四合五勺，科徵銀一錢二分七毫。嘉靖、萬曆二次加餉四釐，共徵一錢二分四釐七毫。又遼左用兵加餉九釐。國朝南米折徵并九釐等銀，每畝共徵一錢八分二釐二毫。又徵本色米一升五勺四抄。

秋地　初定每畝科正耗麥二合三勺乘八抄，米三升五合乘七勺，科徵銀一分一釐三毫。嘉靖、萬曆二次加餉銀四釐，共徵一分五釐三毫。又遼左用兵加餉九釐。國朝南米折徵并九釐等銀，每畝共徵二分一釐九毫。又徵本色米七勺七抄。

歸附官、新没官地　初定每畝科正耗麥三合，米二升一合四勺，科徵銀七釐一毫。嘉靖、萬曆二次加餉四釐，共徵一分一釐一毫。又遼左用兵加餉九釐。國朝南米折徵并九釐等銀，每畝共徵一分六釐三毫。又徵本色米六勺五抄。

學院地　初定每畝科正耗麥三合，米一升七合一勺，科徵銀五釐四毫。嘉靖、萬曆二次加餉銀四釐，共徵九釐四毫。又遼左用兵加餉九釐。國朝南米折徵并九釐等銀，每畝共徵一分三釐七毫。又徵本色米五勺。

廢寺地　初定每畝科正耗麥三合米一升九合三勺，科徵銀六釐一毫。嘉靖、萬曆二次加餉四釐，共徵一分一毫。又遼左用兵加餉九釐。國朝南米折徵并九釐等銀，每畝共徵一分四釐八毫。又徵本色米五勺。

以上六則，名爲官地。

民地　初定每畝科正耗麥五勺，米八合，科徵銀五釐四毫三絲二忽六微四塵一渺三漠。又徵額坐二辦銀七毫二絲一忽七微四渺。又徵雜辦徭壯銀四釐一毫四絲一忽七微六渺四漠六埃。嘉靖、萬曆二次加餉銀四釐，共徵一分四釐三毫。又遼左用兵加餉九釐。國朝南米折徵并九釐等銀，每畝共徵二分九毫。又徵本色米七勺七抄。

右上一則，爲民地。

歸附、後没官山　初定每畝科正耗麥三合，米二升一合四勺，科徵銀六釐八毫。嘉靖年間加餉一釐。萬曆不加。共徵七釐八毫。國朝并南米折徵，共徵一分一釐四毫。又徵本色米四勺。

秋山　初定每畝科正耗麥九勺五抄一撮零，米一升四合三勺，科徵銀四釐五毫。嘉靖加餉一釐，共五釐五毫。國朝南米折徵共徵八釐。又徵本色米二勺六抄。

以上二則，名爲官山。

民山　初定每畝正耗麥一勺三抄三撮三圭三粟，米二合二勺。科徵銀一釐五毫四絲一微一塵。又額坐二辦銀一毫九絲九忽九微五塵八漠，雜辦徭銀一釐一毫五絲九忽三塵九渺一漠。嘉靖加餉一釐。共徵銀三釐九毫。國朝并南米折徵共徵五釐七毫。又徵本色米二勺六抄。

右山一則，爲民山。

_{歸附後没}官塘　初定每畝正耗麥三合米二升一合四抄。科徵銀六釐八毫。今并南米折徵共九釐九毫。又徵本色米四勺。

學院塘　初定每畝正耗麥三合，米一升八合一勺。科徵銀五釐八毫。今并南米折徵共徵八釐五毫。又徵本色米二勺六抄。

秋塘　初定每畝正耗麥九勺五抄零，米一升四合。科徵銀四釐五毫。今并南米折徵共徵六釐六毫。又徵本色未二勺六抄。

民塘　初定每畝正耗麥一勺三抄三撮零，米二合二勺。科徵銀一釐五毫四絲一微一塵。又額坐二辦銀一毫九絲九忽九微五塵八漠，雜辦徭壯銀一釐一毫五絲九忽九微三塵九渺二漠，共徵二釐九毫。今并南米折徵共徵四釐二毫。又徵本色米一勺三抄。

右田、地、山、塘糧銀，俱照康熙三年《新定全書》科則。

按：其核田之法，洪武中遣監生分核天下土田，縣分十鄉，分四十七都，都分十保，保各有界。按其田地山塘而核其實，有魚鱗圖以分丘段，有流水册以清畝分，有類姓册以齊户管。於時令具法嚴，人知遵畏，圖册明信，罔敢匿情。計額定田四千三百六十四頃八十七畝七分一釐二毫二絲四忽，內官田一百八十九頃三十六畝七分四釐，民田四千一百七十六頃三十二畝七分九釐二毫四絲四忽。地六百一十六頃一十一畝一分五釐，內官地二十二頃一十一畝五分七釐，民地五百九十三頃九十四畝四分六釐。山一千四百一十頃三十四畝三釐七毫，內官山三十頃五十九畝一釐，民山一千三百七十五頃七十四畝三分七釐。塘四百二十九頃二十畝一分九釐五毫,內官塘一十七頃七十四畝三分七釐,民塘四百一十四頃八十八畝六分八釐五毫。隨其科則之輕重,以定稅糧之多寡。共賦夏稅麥一千三百八十七石六升四合二勺,秋糧米一萬八千八百二十八石六升三合三勺。上下守之,以爲定式。及其久也,法玩弊生,欺隱移易,詭寄之奸起,而豪猾者有田而無稅,貧弱者產去而糧存。逃絕無徵,則攤陪於糧里,民胥患焉。弘治四年,知縣王公秩慨然以洪武舊法再核之,向之甚弊者蓋十去其八九矣。然及計總,而民田損額,則爲一切之法,畝羨一釐八毫,以足其額。實握算者廋之,而額固未嘗損也。久而復弊,舊籍多逸。知縣洪公垣又清理之,約以新增抵補珊江,其有餘仍足以豁一釐八毫之羨。數既定矣,籍將成而陞去,復爲握算者所廋,其未豁猶初也,且多乘機竄易爲奸。二十二年,知縣陳公交嗣行清理,至二十四年,籍成,往往以竄易贗籍塞責,莫能察焉,乃王公舊籍之幸存者,遂多隱不出矣。萬曆二年,巡察者創行扒平新法,欲混官、民、僧、道爲一則起科,司道、府、縣多持不可。知縣楊公德獨以其可行,而申覆之。既而巡察者以差滿交代,遂止不果。萬曆八年,知縣吳安國奉旨清丈,至十年而籍始成。核實共官民田四千三百七十一頃五十畝四分六釐一毫七絲四忽,地、山、塘仍照舊額,而向來缺額之無稽與握算之廋匿者,廓清略盡。久之而弊復生,欺隱詭寄之奸復起。天啟元年,知縣魯公應泰奉文清號,於是畝與號符,糧從產起,飛灑之弊無從,而詭寄嘆隱亦復少戢。及其季年,弊端百出,畝縮額盈,乃均攤陪補,謂之因貼,而其利仍歸權掘之窟。終明之世,未有能抉其隱者也。皇清定鼎,順治三年七月,地方始入版圖。初年,徵輸悉仍舊籍,一切欲詭之奸,屢剔屢搜,而終未得其要領。康熙二年,知縣李公灝奉旨清丈。九年,知縣徐公按冊清畝,釐蠹剔奸,徹底澄清,無微不悉,於是按其丈,缺民田一頃一十二畝三分九釐三毫,其官田仍按舊額,實在官民田共四千三百七十頃三十八畝六釐八毫七絲四忽。丈出地三頃八十二畝八分一釐,其實在官民地六百三十四頃一十八畝一分八釐五毫。其山塘畝分悉仍原額,而從前牢不可破之積弊於是乎水落石出矣。然猶有可議者:官民田地,肥磽同壤,而糧額殊懸,倍三倍二。明朝因其糧重,故官田悉蠲差徭。本朝編役照糧,官田不無偏重。康熙十年大造奉頒條例,許陳未盡事宜,坊里汪日增等詞控縣懇請平八則爲一則,知縣徐公同倫看核通詳憲司,而未得報。豈此恩終不可邀與?然婺屬金、蘭田地,久已平爲一則,各邑雖有官、民之分,而未有懸絕如本邑者。均賦平徭,端有望於當事之軫念矣。至其徵輸之法,有起運,有存留,有本色,有折色。視時會計派徵,或稍不同,今據萬曆八年舊額歲徵。

夏稅麥　一千三百八十七石八斗九升四合。

起運:

京庫麥　八百九十八石八斗六升,每石折銀二錢五分。

存留:

本府永濟倉麥　三百三十九石三升四合,縣學倉麥一百五十石,俱每石折銀六錢。

秋糧米　一萬八千七百八十七石五斗二升四合一勺一抄。

起運:

京庫米　三千九百四十八石一斗五升,每石折銀二錢五分。

光祿寺米　二百三石三斗七升九合二勺八抄。

太倉米　二百四十石七斗七升四合五勺三抄四撮六圭一粟,俱每石折銀七錢。

南京各衛倉米　六千六百二十一石八斗三升九合,水兌米七十九石六斗一升二合。

存留:

台州府永盈倉米　二千三百四十七石六斗三升三合六勺八抄二撮。

太平縣廣盈倉米　一千二百六十六石，俱每石折銀五錢五分。

　　本府預備軍餉米　四千九十八石五斗五升三合九勺一抄，每石折銀五錢。

　　本縣新增續認秋糧米　一十五石二斗三升八合六勺，每石折銀五錢五分。

　　以上米、麥，今俱照舊派折徵銀，惟按明季其舊解江南各衛倉米每石折銀柒錢，均徵田土每年給其折價差點。米多里長管解，赴倉交納，名曰南糧頭。明季彼地價高，交納惟艱，殷實奸里夤緣優免閃脫，苦累貧愚，當頭被僉之家，鮮不破產。民解南糧之困，於斯極矣。

　　國朝初年，派徵本色，改解浙省。順治八年，院、司、道、府詳議折色，除留本府道標兵米一千石，其餘每石派折銀一兩五錢，載入條編。蓋因彼時米價湧貴故也。近米賤價平，猶循一兩五錢之額，民稱重困。康熙十年，金、衢兩屬合詞請減，申請兩院候題，蘇民重困，而行寬徵，知大澤之必將至矣。

加　派

　　非正賦也。嘉靖間，海寇為孽，軍餉不支，總制胡公宗憲於正賦外加派畝分，以充軍需。每田一畝徵銀一分五釐，地一畝徵銀九釐，山一畝徵銀四釐六毫，塘一畝徵銀七釐。蓋權宜之計，而非中正之法。民困重斂，未有甚於斯時者矣。自後巡撫趙公炳然、劉公畿繼之，加派漸減。萬曆八年，巡撫吳公善言復減之，每田一畝徵銀五釐，地一畝徵銀三釐，山一畝徵銀一釐，塘無徵，共徵銀二千七百七兩四錢一釐四毫七忽，而民困少蘇。萬曆年間，朝鮮用兵，官職田每畝加銀二釐，民田每畝加銀三釐，地每畝加銀一釐，山、塘則無加。至天啓年間，遼左用兵，復議加派，於是每田一畝加銀九釐七毫八絲，地每畝加銀九釐，山每畝加銀七釐二毫二絲五忽零，共加銀五千八百五十七兩九錢零。今國家車書一統，海晏河清，復惟正之供，捐權宜之派，軫民瘼而行舊制，斯民其庶有瘳乎！

歲進　歲辦

古任土之貢也。自田賦之外，凡上之所取，下之所供，孰非貢乎？古者勢分於諸侯之國，其貢篚視田賦不能什一。越稽《書·禹貢》可見已。封建既罷，四海大同，民皆資生於上，上皆資給於下，而交相取足焉，則貢之多亦時然也。按舊志，唐宋所貢無攷已。元貢貂皮七十五張。其不供朝廷而供官府之用者：唐爲送使錢，又爲留州錢。宋爲繫省錢，又爲公使錢。明制：供御用者曰歲進，供國用者曰歲辦，皆貢之數也。歲辦之中，又有額辦、坐辦之差焉，俱照里甲丁糧均徵之。其爲官府公用者則又以雜辦別之，而歲于見年里甲均徵焉。此三辦所由名也。夫雜辦雖不供于朝廷，而爲地方官府之公費，故亦附于歲辦。今國家定鼎之初，各辦悉仍舊款。康熙初年，當事會議府、州、縣解額，俱以一條鞭爲例，起運者總聽部分，存留者悉由司放，分解之煩，遂邀允便。故詳額舊款，併列新定，以備考焉。

歲　進

有二，曰茶芽二斤八兩，并路費銀解府彙進。南京户部交納。曰野味一十五隻，正統初准免辦，折收鈔二十五錠二貫，舊裁革。

額　辦

一、筀竹　銀三兩六分四釐，外加路費銀三兩六分四釐。

一、白硝麂皮　銀六錢五釐。

以上兩項銀額，國朝初編照舊。康熙叁年，部定凡額辦、坐辦以及雜辦、均徭等項全裁，增減款銀俱以一條鞭徵解。

一、藥材正料　銀一十二兩一錢五分二釐六毫，津貼路費銀五兩八錢零五釐一毫。

今國朝定禮部項下：

折色藥材　銀九兩二釐七毫三絲九忽三微九塵，津貼路費銀四兩五錢一釐四毫一忽八微五塵，內扣解包裹紅黃紙價銀四錢七釐八毫零。

又本色料價　銀二兩二錢四分五釐七毫四絲六忽六微六塵，內辦本色半夏三十觔六兩二錢零，青皮一十五觔三兩一錢零，枳殼二十四觔四兩九錢零，天門冬二觔四錢零，山梔子一十觔二兩零，穿山甲五兩六錢零，猪牙、皂角八兩一錢零，南星三觔六錢零。津貼路費銀一兩一錢二分二釐八毫七絲五忽三微三塵。

戶部項下：

折色藥材　銀九錢四釐一毫一絲四忽五塵，津貼路費銀一錢八分八毫二絲二忽八微一塵。

一、弓箭弦條　銀一百五十五兩二錢四分，折色年分加銀二兩五錢，辦料年分加銀一十七兩。

今順治九年：

弓改牛角二百一十四副　每副價銀二錢九分。順治十二年每副增銀二兩七錢一分，共銀六百四十二兩正，每兩路費銀一分。

箭定一千九百五十五枝　原額每枝價銀一分八釐，改解折色，每枝增銀八分二釐，共銀百九十五兩伍錢。

弦定一千七十四條　原額每條價銀五分四釐，改解折色，每條增銀四分六釐，通共一百七兩四錢。

一、胖襖褲鞋　銀九十八兩二分。

今定七十副　原額每副價銀一兩五錢，改解折色，每副增銀一兩二錢，共銀一百八十九兩。

一、槐花、梔子、烏梅料　銀一十二兩三釐。

國朝新定顏料　銀硃五十六觔三兩零。順治十年，定徵本色二十二觔八兩零。每觔原價銀四錢六分，折色銀硃三十三觔一十一兩零，每觔價銀二兩九錢六分。○膩硃七觔十三兩零。十年定徵本色七觔零，每觔原價銀一錢五分，折色膩硃一十三兩零，每觔價銀三錢，鋪墊俱一錢一分。○烏梅六十二觔六兩零，內本色一十五觔，原價每觔二分，折色，烏梅四十七觔六兩零，每觔價銀四分，鋪墊一分一釐。○黑鉛三十八觔一十四兩零，內本色二十一觔，每觔原價銀三分五釐，折色一十七觔一十四兩零，每觔價銀七分。○五棓子一十一觔九兩零，內本色棓子二觔一兩零，每觔原價銀一錢，折色九觔七兩零，每觔價銀七分，鋪墊俱一分一釐。○生漆一百九十四觔零，內本色生漆一十觔九兩零，每觔原價銀一錢，折色生漆一百八十三觔六兩零，每觔價銀二錢。○嚴漆改生漆一百二十觔，內本色生漆六觔九兩零，每觔原價銀一錢，折色一百一十三觔六兩零，每觔價銀二錢。○嚴漆一百八十觔，內本色九觔一十三兩，每觔原價銀一錢二分，折色一百七十觔二兩零，每觔價銀二錢四分。○黃蠟四十三觔三兩零，內本色一十觔二兩，每觔原價銀一錢六分，折色三十三觔零，每觔價銀三錢二分。○黃熟銅二十七觔八兩零，內本色二十二觔八兩，每觔原價銀一錢一分三釐，折色五觔價銀全，以上鋪墊俱一分六釐。○桐油一百八十九觔八兩，內本色一百三十六觔八兩，每觔原價銀三分，鋪墊八釐，折色五十三觔，每觔價銀六分，鋪墊全。○水牛角五副，每副價銀九錢五分，鋪墊六分四釐。

以上各款俱係順治十年奉定。本色者通共正價銀二十三兩六錢七分四釐三忽九微六渺二漠五埃，鋪墊銀五兩七錢一分五釐九毫七絲八忽九微六渺二漠五埃。每正價一兩給解撥路費銀一錢二分。每年二月間確估時價，題明入易知由單，徵銀辦解折色者，通共正價銀二百四十五兩六錢五分六毫六絲三忽二微一塵二渺五漠，路費銀二兩四錢五分六釐五毫六忽六微三塵二渺一漠二埃五纖。

一、農桑額徵絲　四百三十八兩八錢二分五釐，準絹二十一疋三丈一寸二分，全折銀一十五兩五錢一分二釐四毫三絲七忽五微。

今額照舊　外加每兩路費銀一分。

坐　辦

一、牲口　銀一錢一分。

今　加路費銀一釐一毫。

一、菓品　銀五分三釐。

一、篆笋　銀二分五釐,加派銀三兩三錢七分四釐一毫四絲七忽,共銀三兩三錢九分九釐一毫四絲七忽。

今俱照舊額。

一、蠟茶　銀一錢二分四釐,又加派銀一百八十八兩八錢三分九釐九毫四絲四忽五微六塵八漠。

今國朝新定折色蠟價　銀一百五十兩七分九釐五微六塵八漠,每兩路費銀一分。

一、黃蠟　一百六十六觔九兩零。順治十年奉徵折色,蠟一百二十七觔七兩零,每觔價銀三錢四分,共銀四十三兩三錢四分一釐五毫一絲一忽五塵。每兩路費銀一分,內本色黃蠟三十九觔二兩零,每觔料價銀一錢七分,共銀六兩六錢五分三釐一毫九忽三微七塵五渺。

一、芽茶　七十五觔五兩零。十年奉徵折色二十七觔三兩零,每觔價銀一錢二分,共銀三兩二錢六分六釐八毫三絲五忽。每兩路費銀一分。本色芽茶四十八觔一兩零,每觔料價銀六分,該銀二兩八錢八分六釐四毫五絲七忽五微。

以上兩項于每年二月間督撫確估時價,題明造入易知由單,徵銀辦解。

一、茶葉　五十二觔二兩零。每觔價銀四分,該銀二兩八分五釐七毫五絲。每兩路費銀一分。

一、曆日　銀四兩一分六釐,遇閏加銀二錢一分四釐六毫一絲八忽。

今裁充餉　銀一兩五錢，餘并遇閏照舊額。

一、淺船料　銀一百四兩六錢六分九釐四毫。

今照舊額，外加月糧七分給軍　銀七百九十七兩四錢六分一釐九毫六絲一忽三微二塵二渺七漠二埃七纖三沙。

又隨漕月糧遇閏銀　一十六兩五錢五分一釐五毫。

又編解司戰船銀　五十二兩六錢五分。

又編貢具銀　四十二兩八分五釐七毫六忽五微二塵五渺。

一、漆木料銀　四兩三錢三分四釐五毫。

一、四司工料銀　三百八十兩四錢二分七釐六毫。

一、茶芽、黃絹袋袱、旗號、簍損路費　銀二兩五錢。

以上三項額仍舊。

一、歲造段疋　銀七百三十六兩二錢二分二釐五毫九絲一忽，遇閏加銀四十三兩九錢一分五毫九絲七忽七微五塵。

今并遇閏照舊額。

國朝編解戶部金花　銀一千二百一十一兩七錢五分二釐五毫，滴硃路費銀三十二兩七錢一分七釐三毫一絲七忽五微。

國朝舊編軍儲充餉　銀一千四百四十二兩九分八釐三毫八絲一忽七微五塵。

漕運月糧三分撥還軍儲　銀三百四十一兩七錢六分九釐四毫一絲一忽九微九塵五渺四漠五埃。

一、明編兵餉田地山銀　三千四百四十四兩伍錢七分四毫五絲五忽三微。

一、預備秋米折銀　二千四十九兩二錢七分六釐九毫五絲九忽。

一、均徭充餉銀　一百七十八兩五錢。

以上三項，俱照舊額。

國朝舊編會裁充餉　銀一千七百四十五兩八錢六分六釐四毫七絲六忽，遇閏加銀九十兩二分五釐四毫三絲六忽。

一、遇閏鹽米加銀　五十二兩七錢七分二釐四毫五絲八忽三微三塵。

雜　辦

一、本府拜進表箋綾函紙劄、寫表生員工食、委官盤纏銀　二兩三錢六分七釐三毫,解府辦用。

今裁。存縣銀　一兩八錢九分六釐三毫。

一、拜賀習儀香燭銀　四錢八分。

一、祭祀合用猪羊品物　銀一百三十八兩八錢一分二釐,內文廟二祭共銀五十一兩五錢,啟聖公祠二祭共銀一十二兩。

社稷山川壇二祭共銀三十二兩。邑厲壇三祭共銀二十四兩。

鄉賢名宦祠各二祭,共銀一十五兩六錢一分二釐。

烈女呂主奴祠二祭,共銀三兩七錢。

以上俱照舊額。

一、鄉飲酒禮,年該二次,銀　一十五兩。

今裁,存銀　七兩五錢。

一、迎春芒神、土牛春花鞭、三牲酒席銀　四兩。

今照舊額。

一、上司并府縣門神、桃符銀　一兩五錢。

今裁臧。

一、科舉禮幣、進士舉人牌坊銀　七十四兩一分七釐二毫。

今仍舊額。

一、武舉供給筵宴盤纏銀　六錢五釐。

今照舊額外,又加紅船水手抵給武舉支用銀　五十六兩五錢六分。

一、歲考生員試卷、果餅、激賞花紅、紙劄、筆墨并童生果餅、進學花紅,府學銀　四兩五錢。

縣學銀　二十兩。

一、提學道考試生員搭蓋篷廠工料銀　二兩。

國朝初，編仍舊，今俱全裁。

一、季考生員每年量計二次，合用試卷、菓餅、激賞花紅、紙劄、筆墨等項，府學銀　五兩。

縣學銀　三十兩。歲考銀不敷，准于內通融動支。

今併府縣裁存銀　一十七兩五錢。

一、起送科舉生員酒禮花紅、卷資、各官陪席，府銀　三兩八錢八分五釐三絲。

縣銀　二十七兩一錢四分六釐七毫。本縣徵用照名儘將所派銀兩通融均給。

一、迎宴新舉人合用捷報、旗匾、銀花、綵段、旗帳、酒禮并各官酒食，府銀　一兩六錢三分三釐二毫六絲。

縣銀　二兩九錢二分六釐一毫四絲。

一、起送會試舉人酒席、路費、卷資，府銀　四兩二錢一分八釐。

縣銀　四兩六錢一分四釐。

一、會試舉人水手銀　三十二兩。

一、賀新進士合用旗匾、花紅、酒禮，府銀　二兩八分三釐三毫。

縣銀　三兩三錢三分三釐三毫五絲。

一、歲貢生員路費并旗匾、花紅、酒禮銀　三兩五錢。

以上各款，今俱照舊額。

一、孤貧四十名　每名年給布花、木柴銀六錢，共銀二十四兩。本縣徵給，內有事故，許將續收挨補，有餘作正支銷。

又每月　每名口糧銀一錢五分，於空缺官俸內動支。

國朝柴布口糧，初仍其舊。順治年間，更定口糧銀一百四十四兩，并柴布共一百六十八兩。十四年全裁。康熙三年全復。康熙七年裁減。八年全裁。九年全復。

一、三院司道按臨并本縣朔望行香講書紙劄、筆墨、香燭銀四兩。

今裁,存文廟香燭銀　一兩六錢。

一、三院觀風考試生員試卷、果餅、激賞花紅、紙劄、筆墨,府學銀　五兩。

一、布政司公用紙劄銀　四兩二錢六分二釐五毫。

一、交際公費銀　八兩四錢三分九釐。

一、清軍道公用紙劄銀　五錢五分。

一、分守道駐劄油燭、柴炭,士夫交際公費銀　一十兩。

一、按察司直堂公用銀　三兩五錢五分。

一、交際公費銀　二兩五錢。

一、水利道交際公費銀　一十兩。

一、三院查盤委官駐劄合送心紅油燭柴炭,吏書供給造册紙張等銀　四兩五錢。

一、上司各衙門并府縣及查盤取用卷箱、架扛、鎖索、棕罩、白牌等項銀　八兩。

一、部運南糧委官水手銀　一兩五錢。

一、省城上司各衙門新官到任隨衙下道家伙等銀　六兩九錢五分六釐。

一、省城募夫工食銀　一十三兩三錢三分二釐六絲四忽。

一、經過官員公幹下程油燭柴炭銀　一百一十二兩四錢。

一、修理府縣公所衙門銀　一十八兩。

一、修理儒學教官衙宇,府學銀　一兩六錢六分六釐六毫七絲五忽。

縣學銀　八兩。府銀解府,縣銀貯縣,遇用各申請動支。

一、司道衙門書手工食銀　二十一兩六錢加閏。

以上各款,今俱奉裁。

一、貢院雇稅家伙并募夫等銀　一兩六錢二分三釐四毫。

一、上司經臨及一應公幹過往官員合用心紅、紙劄、油燭、柴炭、門廚皂隸米菜銀　一十四兩。

一、府縣新官到任祭門豬羊、酒果、香燭等銀　二兩一錢六分六釐六毫七絲。

一、府縣應朝官員起程、復任，公宴、祭門三牲、酒果、香燭等項，府銀　三錢二分。

縣銀　一兩三錢。

一、府縣陞遷給由官員公宴、祭船豬羊等項，府銀　七錢。

縣銀　二兩八錢。

以上各款，今俱照舊額。

一、府縣心紅紙劄，府銀　二十六兩。

縣銀　一百八兩。

今國朝裁定本府通判心紅銀　二十兩。

縣心紅銀　二十兩正。

一、軍器路費銀　八兩八錢三分三釐六毫五絲四忽五微。

一、戰船民六料銀　五十二兩六錢五分。

以上兩款，俱照舊額。

一、雕填漆匠役銀　四兩八錢，加閏銀四錢。

今照舊額，仍新加路費銀　四分八釐。

一、上司經臨過往公幹官員合用門皂銀　一百八十九兩。

今定門皂銀　四十兩。

又　遇閏，加銀三兩二錢三分三釐四毫。

一、雇夫銀　六百兩。徵完在官，臨時雇募，照差給銀，餘剩貯庫，作正支銷。

今定銀　四百兩。

一、雇馬銀　五百兩。徵完在官，雇募答應，照差給銀。內立馬頭一名，給工食七兩二錢，扣小盡加閏俱於內支給。以上本縣徵用。

今定銀　三百三十三兩三錢三分三釐三毫。

又遇閏加銀　六十二兩四錢九分九釐九毫。

又舊編里馬銀　一十六兩六錢六分六釐七毫。康熙三年奉裁。

一、修城民七科銀　一十五兩五分。

一、修理府縣廳堂、公廨、監房、土地祠等處并新官衙宇銀　五兩三錢三分三釐三毫三絲。

縣銀　二十二兩三錢三分三釐三毫三絲。

今定修理監倉縣銀　二十兩。

又初編本縣修宅銀　二十兩。

一、修理府縣公宴器皿及公署家伙什物等項銀　四兩。

今本縣修宅銀兩全裁，餘仍舊額。

一、預備雜用府銀　四十八兩。

縣銀　三百四十兩。內扣人役小盡銀三十八兩一錢九分六釐抵用外，實徵銀三百一兩八錢四釐，內以七分聽上司行文取用，三分聽該縣公事支銷，俱明立文案，造送查盤。有餘存貯，報司以備緩急之需。應支項款開後，加增表箋通數并水手銀、協濟昌平州銀三兩二錢九分，三院觀風考試合用試卷、果餅并激賞花紅、紙劄、筆墨銀，三院司道取給舉人、貢生路費、卷資等銀，獎勸激賞孝子、節婦、善人米布銀，按察司進表水手銀，恤刑按臨合用心紅、紙劄、油燭、柴炭、吏書供給銀。其有事出不常，數難定計，俱于內動支，開送查盤。

國朝舊編府縣備用銀　二百一兩二錢四釐二毫。

今裁。存本縣銀　六十二兩七錢四釐二毫。

存昌平州銀　五兩二錢九分，每兩加路費銀一分。

存觀風縣銀　五兩。

國朝舊編行香銀　四兩。

正堂吏書一十二名　每名工食銀一十兩八錢。

庫書一名、倉書一名　各工食銀一十二兩。

縣丞薪銀　二十四兩。

書辦一名　銀七兩二錢。

典史薪銀　一十二兩。

書辦一名　銀七兩二錢。

以上各款，俱奉全裁。

新定協濟湯溪縣經費不敷銀　一十一兩三錢八分一釐一毫八忽七微八塵五渺三漠。

燈夫四名銀　二十四兩。明係見年除坊隅外里長名下派銀答應。

轎傘扇夫七名　銀四十二兩。

縣獄重囚口糧銀　三十六兩。本款明係空缺官俸內動支銷算。

凡前後額款，俱照康熙三年裁定全書列載。

課　程

蓋古關市之徵也。按舊志，宋課錢有酒務，有稅，有牙契，有茶，有鹽，有礬。宋人茶、酒、礬、鹽皆自賣之。夫富有天下，而與民競錙銖之利，非公天下之法也。元課鈔有酒課、醋課，有茶課，有食鹽，有房地賃錢，有秋租地利錢，有商稅務，有授時曆。夫頒朔授時，政之大者也，而以曆日與民為市，其稱名也末矣。明制，歲辦課程鈔總四千七百九十五錠四貫九百二十四文。其目曰酒醋，曰茶課，曰窰竈，曰碓磨油榨，曰菓價，曰比附茶果，曰茶引，曰工墨，曰商稅，曰稅契，曰契本工墨，曰門攤。置稅課局，設大使一人領之。其後鈔壅不行，價日益賤，鈔多積於無用，乃以課鈔降依時估折銀，視原估蓋不及什一焉。縣額無閏鈔共一百七十六錠一貫三百二十八文，折銀一兩七錢六分二釐六毫五絲六忽，有閏加鈔七錠四貫二百六十七文，折銀七分八釐五毫三絲四忽。局額無閏鈔共四千二百五十七錠八百七十八文,折銀四十二兩五錢七分一釐七毫五絲六忽。有閏加鈔三百五十四錠三貫四百五十一文,折銀三兩五錢四分六釐九毫三忽。議者因計該局官吏歲廩之費,反踰於收稅之數,遂省官吏不設,以其課額附縣帶辦,而巡欄之役,所至騷擾,人皆病之,遂議併罷收稅,取巡攔六名,役銀四十四兩三錢三分四釐四毫一絲二忽,遇閏加銀三兩六錢二分五釐四毫三絲六忽。

今以前額銀數,編均徭銀內,裁充兵餉。

戶口食鹽

在宋謂之蠶鹽,其法起於五代。計口散鹽於民,而隨絲徵錢,故曰蠶鹽。熙寧五年,京西漕臣言蠶鹽畸零,民不願請,乃罷散鹽,第令納錢而已。蓋自此相承,為經常之賦矣。舊志所載宋、元住賣、發買、歲買鹽數,即此鹽也。明制:官吏口賦食鹽一十二觔,市民口賦鹽六觔,納鈔一貫。鄉民口賦鹽二觔二兩五錢,斤納米四升八合一勺二抄五撮。每十年大造黃冊成,另造戶口冊,隨時增減不常。前據隆慶年所造戶口冊為準:官吏二十九員名,人口五十八口。市民計戶四百五十七戶,人口七百六十一口,共徵鈔一千一百七十六錠,起運京庫鈔五百八十八錠,存留本府鈔亦如之。有閏增鈔一百六錠四貫二百五千文,起運京庫鈔一千六百九十四錠,存留本府鈔亦如之。明初俱止徵鈔,後以一半徵錢,每鈔一貫折銅錢二文,後又轉為徵銀,貫鈔折銀一釐一毫四絲三忽,銅錢七文折銀一分。無閏起運鈔折銀一兩六錢八分二毫一絲,銅錢折銀四兩二錢,有閏加鈔五十三錠二貫一百二十五文,折銀三錢五釐三毫二絲零,銅錢五百三十四文二分五釐,該銀七錢六分三釐二毫一絲四忽二微八塵五渺七漠,徵解府司,轉解戶部,太倉交納。存留本府錢鈔亦如之。徵解昌濟庫聽給官吏折俸。鄉民計戶一萬六千三百戶,人口一萬一千六十九口,歲共徵米一千六百六十六石三斗九升九合,有閏加米一百五石五斗四升四合九勺一抄六撮六圭六粟。派撥顔料米二百二十九石一斗六升六合二勺五抄，每石折銀六錢。

今改辦本折，各色顔料已載額辦項下。　縣學倉米二百石。

今折銀載入雜辦儒學之下。　際留倉米三百一十石，每石折銀六錢。台州府永盈倉米五百二十七石三斗七升二合七勺五抄，每石折銀五錢五分。

今編起運戶部鹽鈔銀　五兩八錢八分二毫一絲，路費銀七分五毫六絲二忽五微五塵零。遇閏加鹽鈔銀一兩六分八釐五毫零，路費銀一分二釐八毫零。

按：萬曆八年造冊已無官吏員名，惟市民人口五百二十口，鄉民人口男婦二萬五十六口。至萬曆末年，市民人口額無增減，鄉民人口一萬六千八十六口。康熙十年，編審人口悉仍明末舊數。明制鈔折聽給官吏折俸舊編裁定。

本府通判俸銀　六十兩。

本縣知縣俸銀　四十五兩。

縣丞俸銀　四十兩。

典史俸銀　三十一兩五錢二分。

贊曰：君者，民所奉也。君非民無以爲國。民者，君所養也，民非君無以爲生。是故君足則民資焉，不足則民供焉。民足則君斂焉，不足則君賑焉。交歸于足焉耳。上如此則爲仁，下如此則爲義。至于斟酌劑量，委曲以成其仁義者，又良有司之任也，必爲桑、孔則無以輔君之仁，必爲陽城則無以道民之義。然而人皆左桑、孔，右陽城，何也？是可以深長思矣！

永康縣志卷之四

知縣事雲杜徐同倫亶源重修
楚人尚登岸未庵、邑人俞有斐晛蒼彙輯
儒學訓導虞輔堯允欽校正
邑人徐光時東白編纂
徐宗書廣生參閱
王世鈇柳齋、程懋昭潛夫編纂
汪弘海校梓

戶役篇 里長　糧長　均徭　驛傳　民壯　老人

敘曰：身斯有庸，往役爲義。說乃忘勞，未信則厲。使以逸道，民之攸墍。志戶役第四。

役，出於戶者也。是故知其戶口之數，斯知役數。宋大中祥符間，主客戶二萬三百五十二，其口不載，無得而詳。元至元二十七年，南人戶一萬二千六百八十四，口五萬五千六十；北人戶二百二十九，口六百六十二。視宋戶殆減其半。後更喪亂，死徙僅存。明洪武間，諸色戶一萬六千七百六十一，民一萬六千三百五十一，軍一百九十二，匠一百六十九，捕六，窯竈二，醫一，站二十五，此亦其初歸附時數也。及成化八年，在册戶一萬九千五十五，男丁四萬四千二百五十二，女口一萬九千七百一十五，可謂盛矣。周制：因人而授田，則計其人，而田併具焉。明制：總戶口田糧而任役，則計其糧，而丁亦存焉。第司役者，偏舍丁而專任糧，非稱物平施之義也。蓋北人有隱糧而無隱丁,則任役者丁爲重。南人有隱丁而無隱糧,則任役者糧爲重。哀輕以益重,豈非司役者之所當念乎?役之別,有坊里長,有糧長,有均徭,有驛傳,有民壯。初本非役,而後人漸以爲役矣。有老人。

坊里長

在周爲鄉遂之職,未嘗以爲役也。漢承秦,置亭長。或送徒,或畜馬,皆得使焉,則近於役矣。唐及宋初皆置里正。南渡後爲保正長。按《唐書》,睿宗時御史韓琬言,往者里正每一員缺,充者輒數十人。近年差人以充,猶致亡逸,其卒僑於役,而人畏其難,則唐中葉以後事也。宋初爲差役,熙寧爲顧役,元祐復爲差役,崇寧又爲顧役。其後民間之好義者憫役之難,又相率爲義役。終宋之世,公爭於朝,私講於野,以爲一大議論,而斯民之畏役者其困卒莫之少紓也。夫既以爲役矣,乃無籍定不易之次,但隨時差充,則勞逸疏數,將有倍蓰不齊者,民惡得無偏困乎!顧役聚衆人之財,以募一縣之役,若可,無偏困之累。然徒得浮浪之人充之,古人所以制鄉遂之意,蓋蕩然無復有存者矣!至於義役,民則義矣,將何以處司役者乎?元以五十戶爲一社,置社長一人,鄉置里正一人,主首四人。嘗觀黃文獻公所撰《鄞縣義役記》,其制亦猶夫宋而已。明制:縣附郭四坊,編戶四里,郭外四十七都,編戶一百一十九里。後因贏乏不同,定爲一百十七里。每年里役,其長一人籍定其次,十年而遍,其役期之先後無得而私焉。驗其丁糧之多寡,以爲任役之輕重,其役費之予奪無得而私焉。其籍每十年役遍一更造,人有生亡則登□之,田有賣買則推割之,其長不任役則選同甲典比甲之次,丁糧足自者代之。戶有逃絕,必補其數。此法行而差役、顧役、義役諸紛紜之議皆可以無講矣。但其役之設也,本以承勾攝、督催徵而已。後乃凡百科斂皆在焉。約而言之,其所最苦者,曰夫馬,曰坐月。夫縣當台、甌、括之衝,而往來者既繁,且西至楊公橋界路止三十里,而夫馬直送至菱道,涉武義之境者二十五里,而不得其一夫一馬之助,此夫馬之費爲苦也。夫祭祀、鄉飲、公燕之陳,與什器之數,皆坊長主之,而免其丁田。夫馬支應,以相補復,後里長以爲不均,乃令坊長兼納丁田,仍供什器,而免其夫馬支應,其祭祀、鄉飲、公燕併歸里長役焉,而勢不得不爲坐月。坐月之令一定,需索科尅之弊乘之而起,而坊里胥困矣。正德十五年,知縣胡公楷病夫馬之不均,申準撫按,令武義量助銀兩。嘉靖二十九年,郡守陳公元軻申準院道議令武義代納淺船銀若干。三十三年,郡守洪公公諧又令武義縣再納緞疋銀若干,而夫馬之費稍均焉。嘉靖四十五年,侍御龐公尚鵬按浙,加惠里甲,振刷夙弊,凡公用支應等項俱定數編銀,徵之於民而用之於官,如貢賦篇所列雜辦者是也。萬曆九年巡撫吳公、巡按帥公復奏減派,民困漸蘇。

　　國朝編里,制仍其舊,然永路衝要,按龐公計定僱夫僱馬銀兩,民輸於公,給發之時,每聽經承僱募,常從中侵尅,遂有中途逸逃之弊。

　　國初兵馬絡繹,用夫輒累千百。額銀有限,答應最艱,於是爲烟居派夫之法,倉卒須人,復致近勞而遠逸。由邑至府,途經武屬,明設茭道驛站,因越其境,止二十五里。時各當事詳議,令武協濟。後經龐公均編,扒平幫賦,各歸縣額,又經裁驛,夫馬至金交替,壞賦一體,勞逸有異。順治十六年間,里民上控求協。時沐允議,若用夫至二千,令武義貼幫三分之一,然用至盈千,乃間或一見,而十百奔走,不均之嘆終難免焉。於是議以里長值月,謂之月夫,其中未免包侵之弊。今知縣徐公同倫洞悉陋習,募定脚夫一百二十餘名,將額銀按時給發,零差則挨次輪流,大隊則隨數合應。夫無偏累,諸弊皆除,可謂盡善矣。而後之變計,或損或益,又未可豫料也。

糧　長

　　即漢之嗇夫與宋之户長也。明制:縣十鄉四十七都,參錯分爲十區,設正糧長一人、副二人,共三十人,每區歲輪一人赴京,關給勘合,親聽敕諭，歸乃下鄉催辦稅糧，完納填寫勘合送縣奏繳。後北都既建，仍歲給勘合，於南京戶部關繳。蓋責任之重如此。歲久民乏，有司乃權令衆戶朋充，後且有十人而朋其一者矣，復從而革之。督催糧稅，總歸里長。今國朝催辦賦糧，原歸里長，鞭長不及馬腹，奸頑巧匿無徵，於是設分單自運之法。自知縣徐公同倫遵憲力行，頑民拖欠之術無所容施，每逢銷卯，幾絶鞭朴，官不勞而民不擾，催科美政無加於此者。

均　徭

自糧里正役之外，凡諸執役於官者，通曰均徭，即《周禮》所謂服公事者是也。均徭非役名，乃所以制役之意，蓋自昔之議役者，其制莫善於此矣。按《宋史》，其役有衙前，即今之解戶庫斗，有承符手力散從官，即今之皂隸弓兵。舊志：熙寧顧役，歲收免役錢九千八百貫有零，非盡爲役費也，祿官吏、備水旱，皆取足於寬剩錢之數，故其取之多如是，諸賢所以亟爭之也。元之役，有祗候、禁子，有弓兵，有站夫，有鋪兵，與明制亦略相出入。其所以爲役之法，莫得而詳。明制：凡雜役皆點差，而以上、中、下三等定其輕重。蓋有司得隨事專制，非若里甲有一定之役次，是以放富差貧、那移作弊之戒，於律令每丁寧焉。弘治元年，始定均徭之制。其制：照里甲定籍，年役一甲，以五年與里甲互役，總驗一縣之丁糧配諸當役之數，通融而審編之。凡役期之先後、役直之輕重，有司者皆莫得而高下焉。此誠所謂均徭者矣。且兼宋人差、顧二法，分爲銀、力二差。銀差者徵銀入官，以充顧直，而免其役，即熙寧免役法也。力差但準銀以定差，而不徵銀，聽其身自執役，或倩人代役，即元祐差役法也。其參酌事理、曲盡人情又如此。近或有非役而因事徵銀者，亦附焉。豈有取於宋人寬剩錢之類歟！

銀　差

一、南京額班直部柴薪皂隸八名　每名銀十二兩，大耗銀三錢，共銀九十八兩四錢。又遇閏加銀八兩,路費銀八分。

今改解戶部。

一、解京富戶五名　每名二兩,共銀十兩。仍加路費銀一錢。

一、按院節字號座船水手銀　五兩,仍舊解司。遇閏又定水手銀四錢一分六釐六毫。

一、分守金衢嚴道皂隸一名　銀十兩八錢。

今定聽事吏二名,共裁存銀　一十二兩。

又鋪兵二名,共裁存銀　一十二兩。遇閏共加銀二兩。

一、本府皂隸三名,每名銀　十兩,共銀三十兩。

今定同知員下皂隸十二名,共銀　七十二兩,遇閏加銀六兩。

通判皂隸十二名,共銀　七十二兩,遇閏加銀六兩。

一、本縣皂隸二十三名,每名銀　九兩,共銀二百零七兩。

一、本縣柴薪皂隸九名,每名銀　一十二兩,共銀一百八兩。

已上二項,國朝舊編知縣皂隸一十六名,每名銀　七兩二錢。

縣丞門皂馬夫六名,每名銀　七兩二錢。

典史門皂馬夫六名,每名銀　七兩二錢。

俱於順治九年內會裁,每名存銀　六兩。遇閏每名加銀五錢。

門子二名,每名銀　七兩二錢。

九年奉裁。　存銀一十二兩。遇閏加銀一兩。

耳房庫役銀　三十六兩。

今定庫子四名,每名銀　七兩二錢。

九年裁存,每名銀　六兩,共銀二十四兩。遇閏每名加銀五錢。

一、禁卒五名,每名銀　九兩。置辦刑具、燈油在內,共銀四十五兩。

今定看監察卒八名,每名銀　七兩二錢。順治九年裁,存共銀四十兩,遇閏加銀四兩。

一、新官家伙銀　一十六兩。

順治初年編銀　二十兩。

今全裁。

一、捕鹽應捕一十一名，每名銀　七兩二錢。

今定二名，共銀　一十四兩四錢。遇閏加銀一兩二錢。

一、巡鹽應捕抵課役銀　三十兩，每兩加滴珠銀一分，遇閏加銀一兩二錢五分。

今奉全裁，入地丁彙解。

一、看守察院公署、布按二分司府館門子各二名，每名銀　三兩六錢。

今定各一名，共銀　一十四兩四錢，遇閏加銀一兩五錢。

一、館頭公館門子一名，銀　三兩六錢。

今仍舊。

一、馬丁四十名，每名銀　四兩。

國朝初定馬快八名，每名銀　一十八兩。

今裁，存共銀　一百三十四兩四錢，遇閏加銀一十一兩二錢。

一、衝要八鋪　縣前鋪、烈橋鋪、二十里鋪、界嶺鋪、李溪鋪、檡木鋪、館頭鋪、黃塘鋪。

鋪司兵五十名，每名銀　十兩八錢。

今定四十一名，共銀　四百四十二兩八錢，遇閏加銀四十一兩七錢。

一、偏僻二鋪　申亭鋪、麻車鋪。

鋪司兵八名，每名銀　七兩二錢，遇閏同前。

今仍舊額。

一、桐琴、西津二渡渡夫各一名，每名銀　二兩，共銀四兩。

今裁。銀　二兩。

一、歲貢路費銀　三十兩。

今定旗匾、路費等銀　三十三兩五錢。

一、預備倉經費銀　二十二兩。

國朝舊編銀　四十五兩一錢。

今奉全裁。

一、鹽院健步一名，銀　七兩二錢。

一、布政司柴薪皂隸一名，銀　一十二兩。

一、按察司柴薪皂隸一名，銀　一十二兩。

一、司獄司獄卒一名，銀　一十兩八錢。

一、清軍驛傳道聽事夫二名，每名銀　十兩八錢。

一、提學道皂隸一名，銀　十兩八錢。

一、總兵員下轎傘夫一名，銀　十兩八錢。

一、本府甲首三名，每名銀　七兩二錢。

一、昌濟庫役銀　四十兩。

一、司獄司獄卒三名，每名銀　一十二兩。

一、巡鹽應捕二名，於民壯內抽取，每名除工食銀　七兩二錢。

外給賞鹽課銀　六兩，共十二兩。

一、新官家伙銀　四兩一錢二分。

一本府儒學庫子一名，銀　七兩二錢。

已上各款，今俱全裁。

一、本府歲貢生員赴京路費銀　七兩五錢。

今仍舊額。

一本縣儒學齋夫六名　每名銀十二兩共銀七十二兩

今裁存　銀三十六兩。

一、膳夫八名，每名銀十兩，共銀八十兩。

今裁存　銀四十兩。

一、門子三名，庫子二名，掃殿夫三名，啓聖宮祠一名，每名銀七兩二錢。

今國朝舊編教諭俸銀　一十九兩五錢二分，薪銀一十二兩。

訓導俸銀　一十九兩五錢二分，薪銀一十二兩。

門子掌教三名，分教二名，銀　七兩二錢。

學書一名，銀　七兩二錢。

喂馬草料銀　共二十四兩。

已上裁存訓導俸銀及分教門子二名、訓導草料外，餘俱奉裁。

一、教官家伙銀　一十二兩。

今裁。

國初舊編廩生二十名　每名廩糧一十二石，每石折銀八錢，該銀一百九十二兩。

今奉全裁。

力　差

一、解戶一名，七分五釐　每名銀三十兩，共銀五十二兩二錢。

今仍舊額。

一、本府永濟倉斗級一名，銀一十二兩，今奉裁。

一、本縣預備倉斗級二名，共銀二十四兩，今國朝定斗級四名舊編每名銀七兩二錢。順治九年裁，外存銀二十四兩。

役之重者，無如庫斗。嘗觀宋諸賢議所以救荷前之弊，纖悉詳矣。今庫子之重費雖革，而斗級之苦役猶存。近又議交盤矣。肩鑰相授，耗腐積壓，而司查理者往往以扇颺計其虧折，雖慎守者亦不免罪焉。若歲以新陳相易如常平之法，且無概入慎守之罪，則斗級之困，亦可蘇也。

按均徭之制，不殊於舊。惟初頒經費錄款項內庫役更作庫子，其柴薪皂隸定名薪銀，獄卒更名看監禁卒。名雖有異，編銀則一若斗級。近知縣徐公同倫以公捐之穀，不啻屬斗級，凡有出入，親主會計，年豐以陳易新近，遇凶歉計口給賑。將來若能循行此法，歷久不變，而民之受惠多矣！

驛　傳

　　即元之站夫也。自漢以來，驛傳之馬皆官置之。站夫之名，始見于元，蓋自此遂爲民役矣。明初驛站之役皆點充，所謂丁僉也。其後漸乏，通驗田糧明補之，所謂糧僉也。縣額遠方馬七疋，本縣華溪驛馬五疋、騾三頭、驢五頭、遞運夫三十五名。諸役之中其最重難，無如遠方馬頭者矣。於是議者定爲免役徵銀之例，而患始除。後又通計一縣民糧之數，配以所須馬價等銀，計米徵之，歲隨稅糧，徵完解府。以後遠近諸驛之關領者給馬。今派丁僉遠方馬價銀一百一十五兩三錢三分。○糧僉馬價銀一百二十六兩四錢九分五釐。○華溪驛運夫減存一十三名，共工食銀八十五兩八錢，餘銀解府，發驛僱募送查。○馬、驢夫十名，每名工食銀七兩二錢。○馬五疋，鞍轡草料銀共一十四兩，每疋年徵價銀三兩。○驢五頭，鞍轡草料銀共一十四兩，每頭年徵價銀一兩一錢六分六釐。○騾三頭，後裁革。○支應銀六十八兩六錢。○館夫減存一名，工食銀六兩六錢。○書手工食銀四兩。○蘭谿縣遞運所水夫工食銀一百一十一兩七分三釐三毫一絲九忽二微。夫遠方馬價其徵解之法便矣，而本驛之役猶有苦于衝繁者。奉有軫念驛遞之艱，加嚴冒濫之禁，申飭再三，臣工恪守。然驛遞之禁革者已嚴，而里甲之派徵者猶故，是在下有坐縻廩食之冗役，而在上無節用愛人之實惠也。夫里甲比于腹心，驛遞同于手足，欲節手足之勞，而無補于腹心之養，無乃庇其葉而傷其根乎？承流宣化，端有望於賢守令云。

　　國朝舊編驛丞俸銀　一十九兩五錢二分。

　　薪銀　一十二兩。

　　書辦一名，銀　七兩二錢。

　　皂隸二名，銀　十四兩四錢。

　　已上康熙元年奉文全裁。

舊編驛站銀　六百九十六兩三錢七分七釐九毫五絲九忽二微。

一、外省馬價銀　二百二十五兩二分五釐，每兩路費銀一分。

今奉改解部。

康熙元年，驛丞奉裁僱馬額銀歸縣，勘合火牌登明循環按季申送，郵道稽核冒支濫應者可悉除矣。

民　壯

民壯，名役也。古者鄉遂之民，居則爲農，出則爲兵。農雖兼兵之役，而未嘗別出養兵之費，亦庶幾乎勞而不費者也。後世爲兵者，既列屯坐食，資農以爲養，及兵之不足，又集農以充兵之役，亦稍異乎古矣。宋河北有弓箭手，陝西有義勇，或給田以募之，或免役以集之，猶未戶使之爲兵也。自熙寧中，王安石創行保甲之法，而民始有戶兵之累。民壯之役，亦頗類此。明洪武初，立民兵萬戶府，簡民間武勇之人，編成隊伍，以時操練，用以征戰，事平還復爲民。此民壯之權立也。然其所立止要害須兵之處，所簡亦止武勇任兵之人而已，曷嘗通行郡邑戶使之爲兵哉？太平之後旋已罷矣。正統十四年，令各處招募民壯，就令本地官司率領操練，遇警調用，事定仍復爲民。民壯之名，始定于此。弘治二年，奉部檄選取民壯，每里僉點二名，本縣共二百三十六名。其後名數增減無常。萬曆間，定爲一百五十名，實役二百名，內撥解府守城四十名。又有扣減充餉解司者。計銀一千三百八兩五錢三分九釐一毫五絲。○府縣給散共銀一千八十兩。○夫民壯之費，視稅糧居其什一，所資以任扞禦，懾奸宄、預消意外之警也。

一、明編民壯充餉銀　一千三百八兩五錢三分九釐一毫五絲。

今仍舊額。

國朝舊編裁定民壯五十名　每名銀七兩二錢，共銀三百六十兩。順治九年奉裁，每名存銀六兩，共銀三百兩，每遇閏加銀二十五兩。

以上各項節裁銀額解數詳載《全書》。

老 人

即漢之三老，掌教化者也。新城三老，明君臣之大義於開創之初。壺關三老，伸父子之至情於危疑之際。其人蓋可知矣。明洪武中，令天下州縣里設老人一名，以耆年有德者充之，置申明亭，頒教民榜。凡民間細事，俱聽直亭老人會衆剖斷。有不服者，乃經有司。其赴京奏事稱旨者，即授以官。任亦重矣。後因所任非人，有司概輕遇之，於是耆年有德者多避不肯爲，而其所樂爲而不辭者舉皆人役也，是豈設立老人以助宣教化之初意哉！噫！弊也久矣！

按老人久廢不舉。今歲荒歉，知縣徐公同倫慮民窮作慝，特爲朔望舉行，給牌鳴鐸，宣誦六諭，提覺冥頑。教誡之聲，漸被窮谷矣。

按萬曆八年徵額

原額田地山塘　共徵折色銀一萬五百五十八兩四錢三分五釐四毫五絲六微三塵九漠。

原鄉民人口　男婦二萬五十六口，每口徵銀三分九釐三毫五絲二忽五微五塵九渺八漠八埃零，共鹽糧折色銀七百八十九兩二錢五分四釐六絲二忽五微。

市民鹽鈔　人口五百二十口，每口徵鈔銀二分二釐七毫九忽二微七塵，共折色銀一十一兩八錢一分九釐二毫二絲二忽一微。

隨糧帶徵馬價水夫京費銀　一千二百八十四兩一錢五分四釐九毫五絲五忽九塵七渺四漠五埃九纖八沙。

兵餉銀　二千七百七兩四錢三分一釐四毫七忽六微三塵三渺八埃。○此項係嘉靖年間海寇用兵加派。

額徵起科官僧民麥米　共二萬二百三十三石七斗二升二勺，每石派折色并京費銀叁錢捌分五釐七毫七絲六忽五微零，內麥一千三百八十八石一斗九升四合，每石折色并京費銀三錢八分五釐七毫七絲六忽五微六塵七漠六埃七纖九沙。

官米　五千九十三石四斗五升二合五勺,每石派折色并京費銀三錢九釐二毫二絲八忽四微零。

僧米　五百一十一石三斗四升七勺,每石派折色并帶徵銀六錢六分四釐四絲六忽一微零。

民米　一萬三千二百四十石七斗八升三合,每石折色并帶徵銀七錢九釐三毫五絲八忽六微零。

民壯銀　三千一百八兩五錢三分九釐一毫五絲。

萬曆中,年加兵餉,除山、塘不派外,田、地共銀　九百三十七兩三錢三分。

萬曆末年,奉行加派遼餉銀　五千八百五十七兩八錢八分一釐一絲。○即今《全書》載名九釐銀。

原額鄉官、舉監生員、吏農軍匠等役共優免銀　九百四十四兩。

今定生員每名止免本身一丁　銀一錢二分五釐,共伍十一兩三錢二分,餘俱裁充兵餉。

右係萬曆年徵銀舊款。今國朝除豁天啓、崇禎加派不載外,共額徵田、地、山、塘并人丁共條鞭銀　三萬七千二百六十二兩七錢七分三釐八毫三絲九忽二微六渺。○順治八年南折加銀在內。

共徵漕糧兵米　一千二百九十四石二斗六升五勺二抄六圭六粟六粒。

遇閏田畝加銀　六百七兩二錢二分二釐七毫七絲六微零。

額外匠班銀　五十三兩六錢四分。

永康縣志卷之五

知縣事雲杜徐同倫亹源重修
楚人尚登岸末庵、邑人俞有斐晛蒼彙輯
儒學訓導虞輔堯允欽校正
邑人徐光時東白編纂
徐宗書廣生參閱
王世鈇柳齋、程懋昭潛夫編纂
汪弘海校梓

風俗篇

叙曰：越稽先王，采詩觀風。亦惟民習，繫治汙隆。長善救失，庶協厥中。志風俗第五。

動於上謂之風，循於下謂之俗。風隨世易，俗與地遷。然其轉移化導，亦存乎人耳。縣之風俗，載諸往籍者，大略可考。《漢志》云"信鬼神，重淫祀"，此通維揚一州言也。《地理志》云"人性敏柔而慧，厚於滋味，急於進取，善於圖利"，此通爲兩浙言也。《隋志》云"君子尚禮，庸庶敦龐"，《宋志》云"風聲氣習，一變淳厚"，此專爲金華一郡言也。《元志》云"尚質素，不事浮華，士知學而吝嗇，好義而使氣"，今《志》云："其可取者，男務耕讀，女勤紡績。內外別嫌，妻妾有序。薄於自奉，厚於延賓。重慶生弔死之禮，無賭博遊俠之習。士則畏清議而尚氣節，輕勢利而崇行檢，猶有盛時之遺風焉。其薄惡者，多強悍，喜誇詐。惡者凌善，富者吞貧。專好爭訟，雖破家而不恤；動輒聚衆，寧亡身而不顧。爭財產而兄弟乖,挾歌妓而廉恥喪。懼乏妝奩,多淹其女。懼乏聘娶,或淹其男。喪用浮屠,葬從火化。可爲長太息者此也。"此乃專爲一縣言也。蓋嘗論之,縣地多山少水,故其民多重質而少權慓,好剛果而乏深沉。僻在東南,灘澀嶺阻,非舟車之所輳、商賈之所聚,故其民安土而不輕轉徙,敦本而罕事戀遷。壤瘠而狹,生理艱難,故其民儉嗇而不競繁華,勤苦而不甘遊惰。勤儉相師,無淫靡之誘,故遠於邪僻。奮而尚義,安居相聚,無主客之分,故恥於屈伏,激而喜爭。要之今《志》所謂務耕讀、勤紡績、尚節義、崇行檢,《元志》所謂儉素吝嗇、好義使氣,《宋志》所謂淳厚,《隋志》所謂敦龐者,略爲盡之。若《地理志》云云,固浙西之俗,於吾郡縣蓋無與焉。至於《漢志》所謂信鬼神、重淫祀,則今四方所習皆然,又非維揚及吾郡縣之所專也。且一縣之內,四境之俗,亦復不同。縣東邊東陽,南邊括,西邊武義,北邊義烏。東陽之俗文,其弊也飾。括之俗武,其弊也悍。武義之俗質,其弊也野。義烏之俗智,其弊也黠。縣之四境,其俗概亦如此。總縣之民,什九爲農,士與工、商處其什一。三代以前本外服之地,兩漢、三國,鄙在山越,士風未振。自東晉之亂,衣冠華族,多萃東南,養息既久,至唐乃盛。宋去輦轂僅三百里,聲名文物之所漸被,蓋彬彬然過中原矣。耆儒宿學,迨元猶存。觀宋、元國史列傳可知也。明初承舊俗之後,法用重典,爲士者多樂田野,罕事進取,其至縣學子弟員不備,往往責人報充。仰荷累朝菁莪棫樸之化,馴及成化、弘治間,文彩蔚然,倍蓰往昔,尤莫盛於正、靖、隆、萬之間,不惟掄魁擢第比肩林立,而議論政事亦往往可觀。其少俊者或頗以英邁相高,質直之風,若稍貶焉。語云:文之盛者,實之衰也。豈其然乎?記稱三時之勞、一時之樂,若吾縣之農,蓋四時俱勞,不遑逸樂者也。緣地陋不能多得田,且壤瘠不能多得穀,稍惰則無以糊口矣。雖富室鮮儲蓄,盡其力於糧,輸有餘,則以貿田授貧人耕之,而收其租之半以供稅。貧者則賃耕富人之田,而私其租之半以供食。殆貧富皆無全力也。農畝之外，太平鄉多養蠶織絹，清渭多種花織布，其女紅之利幾四田租之一。若他鄉蓋不能盡然。其諸深山中，多種苧，植柿栗。瀕溪或操舟，若平原第負擔而已。民無遠慮者，或棄本不事，專力負擔。承平以來，生齒甚夥，而農利不加修，或反損焉。此又近數十年之變也。民鮮技巧，工多粗劣，持斧鑿者不及雕鏤，操機杼者不及錦綺，秉針綫者不及絺繡，攻澤飾者不及文章。其欲爲奇淫以悅耳目者，則倩江右與徽人爲之，而縣民不能也。商賈鮮百金之貲，其徼利他郡惟米穀，若苧與柿、栗耳，近且多折閱焉，或反而爲農矣。若四業所不能容者，則又多去爲僧、道，爲店歇。未暇遠論，若各郡屬以及諸寺觀，其攬詞訟與披緇戴黃者，大率多吾縣人也，亦其地陿無以業之之故。其衣服、燕設少，所及見多險質，近或稍趨於靡。士初猶布素，今齊民出與人接，往往多飾衣帽之華，否則面黯然有慚色。婦人首飾，富家率用金，次亦泥金。略計齊民一出，衣帽須五金乃辦，婦人衣飾，多須百金，少亦不下十金。燕設初止五果肴，近乃以乾濡相配爲十，又或添至二十餘品。飲酒多持大觥，日飲不足，繼之以夜，勸客不至醉不已。其尤費官病民者，城中諸鋪多具酒肴以待飲食者，人知飲食之易求而不虞其費之難繼也。且引諸色妓佐之，攬收浮浪之輩，取快目前，揮金不吝，乃至以上供錢糧耗諸頃刻之間，其後徵納不及，則甘以其身瘐死獄中，自許爲豪傑而無悔。自巡撫徐公察知民弊，具議奏允頒行禁約，若士民舉能遵守，則俗弊可革，而民困蘇矣。其內外之限甚嚴，婦女有終身不出房闥者，惟清明一祭掃於墓而已。然性頗妒悍，雖富貴鮮畜妾媵，甚至有因而無後者，相傳謂女宿分野，其應則然。然豈可以習俗之弊誣天象哉？其女使執爨者，或終身不笄，則痼習之難變，爲可嘆也。冠禮民間鮮行，惟士大夫家間行之。婚禮，士大夫家鮮親迎，始至，設香燭，令師巫呪而撒沙，童子羅揖誦詩。及夜，以紅綵繫而牽之。俱近鄙褻。其甚弊者，嫁女多論聘財，娶婦多論資裝，更相責望，因生乖別，致釀淹沒之俗。此則所當痛革者也。喪禮，沐浴、含襲及斂，士大夫家亦仿佛古禮。然用師巫，選擇或不能盡如古。民間但沐浴、含襲，而以入棺爲斂。朝夕奠外，每以七日一舉祭禮，至日則宗族親戚相率持香燭哭拜，謂之炷香。又率用僧道，盛作佛事，名爲追薦，若士大夫家則不盡然。葬埋，富者多用石槨，其次用灰隔，餘則從火化。蓋緣義塚未廣，或苦於無地，亦染佛教然也。祭禮，士大夫家用四時，民間多用俗節，第如家人常饌者，蓋猶古之薦也。近又多會其族人立始祖祠，因以歲首會拜祠下，謂之合族會。始祖之祭，於古禮若近僭，然論禮於後世，虞其簡不虞其過，則亦義起之可聽者也。其歲時節令：元旦夙興，放火爆，乃啓門，然香燭，望空而拜，次乃拜祖考，次乃尊卑長幼以序而拜，曰團拜。拜畢，出大門，避三殺及退方，向吉而行，百餘步乃返，曰轉脚。自此宗族親戚互相往拜，至六七日而止。元夕，張燈街市，起十三夜，至十七夜止。城中各以會，爲大燭，道以鼓樂，昇置神廟。最大者或用蠟四五百觔，此一郡所無也。立春，迎土牛，城中各以會，結綵爲亭，裝扮雜劇。是月也，鄉市各分村落設醮，糊紙爲船，僧道師巫，以鐃鈸鼓樂導之，沿門撒沙，驅逐鬼祟，送至水次，謂之做消災。蓋猶古之儺也。清明，插柳於門，繫柳於首，男女上墳祭掃，挂紙錢於上，謂之標青。四月八日，俗傳釋迦佛降生，名浴佛會，人家多造青精飯相饋遺。五月五日，插艾及菖蒲，食角黍，飲雄黃酒，泛菖本以雄黃酒喋小兒眼耳鼻諸竅，云辟蚊蠅。六月六日，浴猫犬，曬衣服。七月七日亦然。七月十五日，或作盂蘭盆會以薦祖考。八月十三日，祐順侯胡公則生辰，各分村落爲會，挂大帛爲旗，長二三丈，導以鼓樂，從以傘蓋，或以紙爲馬，登方巖賽神而還。蓋一郡香火之盛，未有若此比者。九月九日，登高飲菊花酒，惟好事者間爲之。冬至，祝聖壽畢，士大夫家或交拜相慶，民間則否。十二月二十五日，謂之年頭禁，是日不出財，以赤豆和米煮粥曰蠶花粥，云食之利春蠶。自此連日爲酒食相邀飲，曰分歲。灑掃沐浴，用祓不祥，選日具牲，命僧道或師巫祀神于中堂，曰送年。除日，亦桃符、春帖，蒸米爲飯曰撒饎，併儲水，令足新年數日之食。是夜祭，行道之神于門，曰設兵頭，祭竈，祭牛馬厩、猪欄、鷄栖，次第而畢，男女團爐而坐，曰坐歲。夜放火爆，燒蒼术辟瘟丹，鑿五彩紙爲錢，曳長之，挂于中堂之兩楹，其中設香案，列燈燭茶果，曰下供。越歲三日，取其錢焚之，曰燒年紙。於是士農工商出外而各司其事，曰開年。假凡恒俗所習行，其純疵不同，大都如此。夫勤儉，民之本行也。今雖稍變，彝性猶存。長民者如導之以禮義，約之以法禁，長其善而救其失，則進諸中古之盛亦可也。然人傳武義、永康無錢告贓，自朝著之上皆習聞之，治此者往往有民嵓之畏，此乃百十年相沿之弊，今不盡改也。略而言之，其所亟宜更化者有八。曰淹女，曰火葬，前已具之。曰健訟。民間少失意則訟，訟則務求勝，既問無冤矣，不勝必番訟之，所爭之端甚微，而枝蔓相牽，爲訟者累十數事不止。每赴訴會城，人持數詞，于巡院則曰豪强，于鹽院則曰興販，于戎院則曰埋没，于藩司則曰侵欺，于臬司則曰人命强盜，于水利道則曰汙塞。隨所在遍投之，唯覬准理，即涉虛坐誣不恤，而被訟者且破家矣。曰起滅。民之陰鷙而黠者，上不能通經學，下不肯安田畝，以其聰明，試于刀筆，捏輕爲重，飾無爲有，一被籠絡，牢不可出，凡健訟者之爲害皆此輩尸之也。人有指斥其惡者，則以他詞中之，即有司且有拘制，上下莫之誰何者矣。曰扛幫。城中歇保户，與訟家爲地者，每偏相佐佑，曲爲陳稟，以亂是非。或伺而遮之，俾其情不獲上達，稍與抗則結衆毆辱之，使負屈而去。故人家有訟，必重賄歇保之桀黠者以爲羽翼。蓋未至于庭而所費固已不貲，此貧弱所以重受困也。曰攬納。浮浪無籍之人代當糧里而包收之，營點收頭而侵克之。求田問舍，娶婦嫁女，或以耗諸聲妓之娛，罔顧後患，一遇追併，多方詭避，及發覺，則諸宗族親戚鄰里及素所拂意之人令共陪償，或牽連數十人，又弗克完，則有司官吏，或併受課殿之罰，公私蓋交病焉。曰聚集。民健而不知法者，遇有争競，輒逞兇，聚衆多或百人，少亦不下十數人，鳴鑼持杖，交相擊鬭。

不惟大獄緣之而起，而習亂之風不可長也。曰投兵。自海壖告警，金華之民，夤緣募兵，僥倖爲把總者，往往富累萬金，貴登高品，初無汗馬之勞，冒膺勝敵之賞，以致力田之民，賣牛犢，鑄刀劍，以應招募者所在而成群。始自義烏，連及東陽，今且浸淫而至于永康矣。以今則坐失耕稼之夫，以後則釀成盜劫之患，其爲害不淺也。《陰符經》曰："火生於木，禍發必克。奸生于國，時至必潰。"《易·渙》之六四曰："渙其群，元吉。"此正識微慮遠之君子所當渙之以元吉之治，勿使其時至而潰者也。塞涓涓以杜江河之流，伐毫釐以省釜柯之用，其在于茲乎！其在于茲乎！然捄弊之術，豈有他哉？照之以明，斷之以公，操之以信。果如當其罪，必懲罔宥，則一舉而民志定，民俗變矣。近年喪禮俗失，莫如用師巫。老死者多用僧道超度，如年未及艾，概用師巫。巫皆男子爲之，間飾以女服，以歌舞悅神，跳擲調笑，皆以意起，總無科儀。今二十年來，日流日甚，致紅紫登場，曲尾歌頭。巫郎是優，與喪禮全相背馳，雖士族知禮者稍知檢斥，而溺於俗者不知也。此亦司世教者之所宜及也。若方巖香會，舊志不過曰挂帛爲長旗，道以鼓樂傘蓋而已。今則駕言用胡公鹵簿，益以砲械，爭道疾馳，各爲黨伍，其風染於鄰郡，重繭而至，累月不休。其事皆近於興會豪舉。胡公聰明正直，恐未必享也。此亦習俗之所宜飭者也。

贊曰：譚景昇有言：仁不儉，有不仁。義不儉，有不義。禮不儉，有非禮。智不儉，有無智。信不儉，有不信。所以知儉爲五常之本，五常爲儉之末。又言：禮失於奢，樂失於淫。奢淫若水，去不復反。議欲捄之，莫過於儉。吾邑風俗，述之已詳。其美本於勤儉，而其弊則染於奢淫者也。語云："矯枉者必過其直。"凡有君子，庶其聽之。

永康縣志卷之六

知縣事雲杜徐同倫疊源重修
楚人尚登岸未庵、邑人俞有斐睍蒼彙輯
儒學訓導虞輔堯允欽校正
邑人徐光時東白編纂
徐宗書廣生參閱
王世鈇柳齋、程懋昭潛夫編纂
汪弘海校梓

秩官篇 <small>治官 教官</small>

叙曰：匪治曷遂，匪教曷知。治曰民父，教曰士師。哀厥名蹟，奕世遐思。志秩官第六。

治官名表

隋以上略矣，總爲一表。唐爲一表。宋、元、明繫代叙官，各爲一表。國朝亦各爲一表。隋以上，縣置令一人，其掾屬聽自辟除。其嘗令是者，世遠不可得詳矣。舊志所録，蓋因其錯見他書，掇而哀之，亦存什一於千百耳。即其僅僅若此，尤不可得而略也。今按之總爲名表。其有政蹟者，仍別爲列傳云。

吴：無考。

晉令：張彦卿<small>武義人</small>。

宋：無考。

齊令：蕭　清宗室子。

庾仲容字子仲,鄢陵人。

梁令：何　炯見列傳。

陳：無考。

隋：無考。

唐：置令、丞、尉各一人。令掌治民,顯善勸義,禁奸罰惡,理訟平賦。丞署立書典,知倉獄。尉除盜賊。其嘗令是而可考者,按舊志更三百年得七人焉,缺如也,其二人且亡其名矣。雖然,名亡而蹟存,是猶爲弗亡也。下此而丞尉則併亡之矣。

唐令：

顧德藩　見列傳。

李士先　東陽人。

竇知節　洛陽人。

顧思謙

張師老

周　某　見列傳。

王　某　見列傳。

宋：以京朝官知縣事,置丞及主簿、尉各一人。知縣事者,總治民政,勸課農桑,凡戶口、賦役、錢糧、賑濟、給納之事,皆掌之。有戍兵,則兼兵馬轄鈐,若監押之職。丞掌修水土之政,行市易之法,興山澤之利。主簿掌出納官物,勾稽簿書。尉掌閱習弓手,戢奸禁暴,或以武臣爲之。按舊志所錄,知縣事者,總得七十九人,亡其名者二人,彬彬然幾乎備矣。丞僅得六人。簿僅得二人。尉僅得五人。由知縣事者,嘗立石題名,而丞、簿、尉未之與也,然孫尉之名今猶耿耿焉,又豈以石之有無爲加損哉！

宋知縣事名表：

姚　遂　天聖間任。

何嗣衡

田　載　武義人。

耿　璜

雍元之

陳德琰

王有象　東魯人。

尹餘慶

張成新

賀温其　建德人。

王　罕

顧　復　建德人。

姚　勔　嵊縣。

許　源

張　祖

孟　繹

張　常

胡志寧　附籍。

呂　袞

劉進卿

俞　最

杜　植

元　發

王　腴

王　澤

徐嘉言　字味道。

張　著

周虎臣　政和間任。

李　　愚
李處靖
李好古　本縣人。
王　　從
王良孺　建炎間任,遂家焉。子煥之後徙武義。
姚　　煥
張　　沆
趙公珦
強友諒　見列傳。
陳　　鼎
黃　　謨
王日接
趙伯昊
張　　介
胡　　方　隆興間任。
穆　　平
宋　　授　紹興間任。
謝　　倣　乾道三年任。
劉　　嶷　乾道四年任。
沈正路　乾道四年任。
陳許國
徐　　覺
王　　淪　淳熙元年任。
趙伯彬　字德全。淳熙六年任。
林秀穎
范直質　淳熙六年任。
張　　咸

翁孟麒　淳熙八年任。

余　桌

王　恬

韓莘叟

任仲志

柴國光

陳昌年　嘉泰間任。

周駿昇

趙文彬

徐榮叟　浦城人。

陳夢弼

陳　勻

尹　焕

史華之　明州人。

安溫恭

方夢玉　溫州人。寶祐間任。

周　于　處州人。

周　晟　溫州人。景定間任。

魏　某

徐　某

趙良健　徽州人。咸淳間任。

呂躍龍

陳文印　山陰人。咸淳間任。

戚繼祖　宣城人。

宋縣丞名表：

徐　壽　宣和間任。

洪清臣　長樂人。

杜　冰　乾道間任。

陳　駿　紹熙間任。

劉仲光　永嘉人。

吳　垍　仙居人。

宋主簿名表：

姚　松　乾道間任。

胡坦元　本縣人。

宋尉名表：

張　文

孫伯虎　見列傳。

謝景安

吳　竿　字允成。陞東陽知縣。

徐　㵸

元：置達魯花赤、縣尹及丞、簿各一人。首領官典史一人。達魯花赤，凡縣事皆掌，其銜謂之監縣，復兼勸農事。縣尹號爲司判正官，秩同達魯花赤，掌縣事，亦兼勸農。縣印則達魯花赤收之，尹封署其上。丞、簿、尉，凡縣事皆同僉署，其所分掌職司無考，或襲宋舊。典史係行省差，蓋群吏之長也，其職專長公牘，必待其勘契無差，然後次達于上而完署之，不然則否。按舊志所載，達魯花赤總二十一人。縣尹三十人。主簿一十六人，亡其名者一人。尉一十八人。獨無丞。豈省丞弗置歟？典史非朝除，故弗錄云。

元達魯花赤名表：

歐　興　至元十三年任。

傅　興　至元十三年任。

孟伯牙歹　至元間任。

阿合馬　麗水人。大德任。

別捨別　至元二十三年任。

朵魯不歹　至大間任。

禿干帖木兒

伯　顏

沙　班

不　朵

荅木丁

張明女荅兒

伯也歹

馬合謀

沙不丁

乞荅歹

伯顏帖木兒

沙不丁

孛　朵　至治間任。

野士弘

也速達兒

元縣尹名表：

徐德廉　中山人。遂家於本縣。

吕　鑰　本縣人。至元十五年任。

李　敬

王　思

王　仁

士　弘

張　澄

高光祖　至元十八年任。

孫梓材　至元十八年任。

竇文禮　至元二十九年任。

苗廷瑞

王　琰　大德元年任。

吳從龍　大德四年任。

李　榮　大德七年任。

房　浩　大德十年任。

王元輔

申　佑　嘉泰年間任。金華人。

粘合完者都　皇慶間任。

范　儀　延祐間任。

鄭　炳　拓坑人。

李德元

劉　隆

時治安

胡正己

俞希魯　字用中。京口人。能文,有善政。

丁從正　字彥端。至正乙酉年任。本縣人。

周　濬　字深伯。括蒼人。

馬　誠

劉完者都

霍正卿

趙師貞

王廷鈺　字子固。

劉　逢

元主簿名表：

田　仔　至元三年任。

赤　琖　字榮祖。至元間任。

胡崖孫　至元十六年任。

馬合謀　至元二十四年任。

王秀實　至元二十七年任。

彭　聚　元貞間任。

慈　鼎　大德六年任。

孛　維　大德九年任。

張　某　至大元年任。

馬德秀　至大四年任。

王惟一

樊世顯

王立義　延祐三年任。

丁景恭　延祐五年任。

陳　淵　至正間任。

潑　剌　至正壬午年任。

元縣尉名表：

胡愈謙

趙　佐　至元間任。

楊　泰

徐　立

田　進　大德間任。

周　均

周伯清

趙賢良

程良能　至大間任。

成　賢

元也先　延祐間任。

明：置正官知縣一人，佐貳官縣丞、主簿各一人，首領官典史一人，俱朝除。知縣總治縣事，與前職同，秩正七品。縣丞、主簿，不分職掌，凡縣事皆同僉署。若缺正官，則職署其政。丞秩正八品，主簿秩正九品。典史所職與元同，未入流，既由朝除，亦在所錄矣。

明知縣名表：

呂兼明　本縣人。以禦寇功授。奉公守職，民信服之。

呂文燧　兼明兄。見列傳。

吳　貫　字弘道。吉水人。洪武元年任。

宋　埜　字耕夫。長於詩，有惠政。

何_{名舊失錄}　番禺人，見李曄《贈桂月軒詩》。

魏處直　見列傳。

宋　顒　清介有為。

李　均

紀　齊

傅元信

張　貞

官德名

彭子安

洪孟剛

吳　玘　監生。

梁天祐　廣州人。監生。

徐　叟

劉　瑜　南昌人。進士。洪武十七年任。有惠政。陞衡州知府。

張　聰　閩縣人。進士。平易逸民，建仁政橋，時稱賢令。

魏　廉　江浦人。監生。

韓　貞　河南人。進士。

翁　哲　海豐人。監生。

李　選　河南人。監生。

劉　吉　真定人。監生。

李　　敬　江西人。監生。

計　　澄　浮梁人。進士。有惠政,陞監察御史。

閻　　充　河南人。監生。以廉謹稱。

文　　生　建安人。監生。

葉應誠　大寧人。監生。廉慎得民。

陳　　昱　無錫人。監生。陞知州。

何宗海　吳江人。吏員。

孫　　禮　宿遷人。監生。

楊　　軾　湖廣人。監生。成化初年任。

劉　　珂　安福人。見列傳。

高　　誼　字時中。裕州人。舉人。

高　　鑑　字克明。山陽人。舉人。成化十二年任。有治才,嘗建縣治。

李　　參　江陰人。進士。成化十五年任。博學能詩。

袁　　珍　陽谷人。舉人。成化二十二年任。

王　　秩　崑山人。見列傳。

張鳴鳳　字世祥。上海人。進士。弘治十年任。廉以律己,勤以蒞政,陞監察御史。

上官崇　字達卿。吉水人。進士。正德二年任。陞徐州知州。

申　　綸　字廷言。永年人。進士。正德四年任。

黎　　鐸　字文明。陽朔人。舉人。正德五年任。蒞官清謹。

吳宣濟　字汝霖。廬陵人。舉人。正德九年任。

胡　　楷　字天則。望江人。舉人。正德十四年任。善聽訟。

李伯潤　字文澤。山海衛人。舉人。嘉靖二年任。

毛　　衢　見列傳。

金　　洲　嘉定人。見列傳。

邵　　新　堂邑人。

洪　垣　字覺山。由進士。婺源人。自蒞任以來,修養濟院,修學宮并啓聖祠,建預備倉于興聖寺西,立申明亭,修縣治,建布政司,清稅糧,興水利,立方嚴精舍,定淹沒子女之戒,嚴火葬之禁。惠政甚多,民至今思之。

　　陳　交　常熟人。以廉介稱。

　　甘翔鵬　豐城人。

　　龔挺霄　清江人。

　　梁　睿　廣東人。

　　杜　廉　長沙人。有治才。

　　史朝富　晉江人。

　　陳夢雷　長樂人。嘉靖四十一年任。

　　萬士禎　宜興人。

　　張　淳　武進人。進士。陞禮部主事。寬猛得宜。民生祠之。

　　楊　德　武進人。進士。隆慶六年任。蒞官清謹。士民思之。

　　黃道年　合肥人。進士。萬曆四年來任。以嚴明爲政,甫三月,諸務鳌舉,尋憂去。

　　朱信亮　字廷寅。南昌人。舉人。萬曆五年任。

　　吳安國　字文仲。長洲人。進士。萬曆庚辰任。約己慎施,治行表著,多興革,作《縣志》,繕學宮,丈量清畝,立社學社倉,因火災建正一道院。後陞溫處道,陪巡至縣,留三日召致故識屬吏,藹如也。宜入名宦。

　　涂文焕　南昌人。進士。萬曆十五年任。

　　王希夔　字諧虞。福建人。進士。萬曆十七年任。

　　周崇惠　字澤合。麻城人。進士。萬曆廿五年任。

　　伍可願　南直人。貢士。萬曆廿八年任。

　　戴啓鳳　號君虞。南直姑蘇人。萬曆三十年任。

　　熊思孝　萬曆三十一年任。

方鶴齡　舉人。上元人。萬曆三十四年任。

陸懷贅　舉人。江陵人。萬曆庚戌任。才堪試劇，革弊釐奸，培養士類，出己費爲新進請益額。

李愈楠　舉人。萬曆四十一年任。

陳治道　舉人。廣西人。

趙立賢　舉人。萬曆四十五年任。

陳秉厚　麻城人。萬曆四十六年任。

曾應泰　字弼于。舉人。汀州人。辛酉任。有才識，而勤於政，作興學校，清查田號得法，以益額補攤，荒民賴之。

池祥麟　舉人。天啓二年任。

谷中秀　北平人。貢士。初任率一子一女一僕到任，一清如水，政簡罰稀，民恬吏畏。偶以一事拂當路，忻然去之。宜入名宦。

馮思京　舉人。南京人。

謝啓翰　舉人。廣西人。崇禎五年任。

蔣嘉禎　舉人。桂林人。崇禎七年任。

吳道善　舉人。孝感人。崇禎九年任。

朱　露　字仙李。貢士。弋陽宗室人。崇禎十一年任。赴覲召對稱旨，陞吏科給事中，賜名朱統鏅。

文王臣　舉人。廣西全州人。崇禎十三年任。

單世德　進士。南直巢縣人。崇禎十六年任。更金華縣。

朱名世　舉人。字數庵。南直海門人。崇禎十七年任。弟生員，名卿，接任，民感其德，立碑其祠祀之。

明縣丞名表：

趙存誠　本縣人。名學信，以字行。

黃紹欽　見列傳。

周召南　人才。

鐵　定　洪武間任。

歐陽齊　臨川人。建和尚橋。
徐　勉　河南人。
譚　敏　大庾人。舉人。
朱　俊　廣東人。吏員。
鄧永恭　江西人。
余士溫　撫州人。人才。
姜得豪　玉山人。監生。並永樂間任。
栗　恕　潞州人。監生。宣德任。
何　淵　湖廣人。監生。宣德間任。
成　秩　無錫人。監生。
孫　某　並正統間任。
陳　宣　鳳陽人。景泰間任。
劉　肇　歐寧人。
張　貴　深澤人。監生。
田　寬　海康人。
盧　洪　高安人。監生。並成化間任。
于　清　虹縣人。監生。
王　祐　高苑人。監生。
程　溫　上饒人。監生。
陳　聰　泰州人。監生。並弘治間任。
林　吉　廣東人。監生。
黃　臻　豐城人。吏員。
李景軒　侯官人。吏員。有治才。並正德間任。
楊　戴　湖廣人。
王　聰　浮梁人。
張志義
李　興

張應乾　華亭人。

謝守榮　連城人。

梁　滔　德慶州人。遇事敢爲，愛民有守。

周　元　宣城人。

陸　鑾　吳縣人。

吳仕蕚　定安人。歲貢。並嘉靖間任。

徐　錫

李　楫

岳　㟁

夏廷爵　隆慶間任。

蘇　鋼　萬曆元年任。

俞弘澤　上元人。例貢。萬曆五年任。

汪　衣　廬江人。監生。萬曆七年任。

許　相　萬曆十五年任。

方　岱　萬曆十七年任。

火　銑

吳世忠　萬曆三十四年任。

郭九式　萬曆三十六年任。

劉體元　舉人。

吕戀徵　萬曆三十年任。

李祖康

鄧　汶

蘄奎光　萬曆四十六年任。

蔡明惕　天啓二年任。

梁思尹　廣西人。

陳　愫　湖廣人。

尹良琦　湖廣人。崇禎五年任。

李　清　江西人。

周　美　陞壽昌知縣。

方士衡　南直歙縣人。崇禎十六年任。

潘震亨　南直人。

明主簿名表：

陳　忠　淮安人。人才。

何啓明　饒州人。人才。

陳永寧　湖廣人。監生。

陳　斌　廣平人。

賈　正　汶上人。吏員。並洪武間任。

金叔夜　見列傳。

陳　璧　南昌人。吏員。

周顯章　貴溪人。吏員。

王　禮　吳江人。並永樂間任。

丁復道　九江人。宣德間任。

薛　瑤　北直隸人。

荊　熙　正統間任。

劉　瑾　魚臺人。

丘　源　孝感人。吏員。景泰間任。

李　傑　樂亭人。監生。

莊　端　潮陽人。吏員。成化間任。

施　璲　福州人。吏員。

王　忠　清江人。監生。

趙恩濟　巴縣人。吏員。

李　增　曹縣人。監生。

黃雅明　清江人。吏員。

曹　健　陽江人。監生。

徐　洪　貴溪人。並正德間任。

盧　汴　廣西人。性樸實，不苟取。

易　智　南漳人。監生。

方孟鳳　安慶人。

張文中　遼東人。性廉直。卒於官。

白思問　南宮人。

章　宸

李陽培

秦　琚　桂林人。

丁　倌　並嘉靖間任。

蔡　魁

胡　淶　隆慶間任。

周文瑞　玉山人。

劉　炯　金溪人。萬曆五年任。

張　浙　徐州人。約己愛民。

楊　轍　萬曆十一年任。上海縣人。監生。

徐武恩　萬曆十八年任。

蕭應棟　萬曆二十二年任。

陶守忠

文學麟　萬曆二十八年任。

張克諫　戴世用　萬曆三十年任。

王親賢

李存耕　萬曆二十八年任。

李弘毅　萬曆四十三年任。

劉正卯　萬曆四十五年任。

黃用中　萬曆四十八年任。

張應秋　天啓一年任。將樂人。

劉文成　天啓三年秋任。

顧豫禎

丁士昌　天啓七年任。

明典史名表：

郭　興

傅　維　南安人。

蘇　祥　南陽人。生員。

方友賢　漳州人。

章正源　晉江人。進士。左遷，尋陞禮部主事。並洪武間任。

房　蘭　博羅人。

汪仲仁　山東人。

劉　澄　山東人。

劉　清

王　暹　潁上人。

顧　忠　崑山人。並永樂間任。

向　鑑　揚州人。宣德間任。

羅　信　清流人。

江　浩　湖廣人。並正統間任。

田　制　涿州人。景泰間任。

紀　能　蓬萊人。以廉稱。

曹　恭　都昌人。並正德間任。

洪　浩　貴池人。

陳　珪　華亭人。並弘治間任。

艾　虎　安仁人。

王　訓　鉛山人。

張　霙　宿州人。

華　祥　懷寧人。並正德間任。

胡　標　江西人。

鄧　儀　柳州人。

陳　寶　莆田人。

唐　福　淮陽人。

陳　疇　莆田人。

吳　徵　進賢人。

趙仲英

林大全　莆田人。

桂　漸

陳　祿　合肥人。並嘉靖間任。

劉　薙

徐廷乂

李　祁

楊繼文　福州中衛右所人。吏員。

沈_{名亡}

陳萬憲　巴陵人。萬曆九年任。

吳廷佩　萬曆十五年任。

曹邦器　萬曆十七年任。

熊　爌

劉承祖

姚應堯　萬曆二十二年任。

彭一椿　萬曆廿八年任。

王慶祖　萬曆三十年任。

程戀忠

馮興國　萬曆三十四年任。

周世勳

程宗哲　萬曆四十三年任。

翁民章　萬曆四十六年任。

劉可宗　萬曆四十八年任。

陳紹員　天啟年任。

陳　德　天啟年任。

張明弼　崇禎元年任。

單思勸

孟　信　崇禎八年任。湖廣沅陵人。陞崇府大使。

黃德章　江西吉水人。崇禎間任。

吳明淑　崇禎五年任。

程逢旦　湖廣江夏人。吏員。崇禎十四年任。

林欲柱　崇禎十六年。福建晉江人。

譚學竣　南京人。

國朝知縣名表：

劉嘉禎　號錫之。山東安定人。由舉人。順治丙戌以隨征受任。時郡城未順，百姓奔竄山谷。公疾驅莅事，極意撫循，藹若慈母，一時疑畏之民似不知有革命者。操守廉介，罷諸陋規。出署之日，行李蕭然，至嚴陵已無資斧，從戚友假貸而歸。任中刻有《詠史詩》一册。

張祚先　號念瞿。武進人。進士。順治四年任。陞兵部主事。

吳元襄　號冰持。貢士。江南休寧人。順治十二年任。時海氛未清，兵馬繹騷，荒亂頻仍，逋賦綢疊。公征調有方，民以不困。東、義劇賊屢寇境內，公殫力守禦。事平之日，區處脅從，多所全活。往總書為奸，包藏飛灑，公革去會計陋規，諸弊遂除。若修文廟、賑凶饑，善政不一。去日士民童叟為詩歌，送者載道。宜入名宦。

李　灝　號漢源。北直元氏人。進士。順治十七年任。

徐同倫　號藿源。湖廣安陸府京山縣人。由己亥進士。康熙六年任。

國朝縣丞名表：

郭有墼　貢士。山西固原州人。順治四年任。

閔應魁　湖廣黃州人。吏員。順治五年任,陞山東城山衛經歷。

陳中蘊　歲貢。陝西人。順治十二年任。

金　巽　貢士。宛平人。順治十七年任,陞長洲知縣。

賈　溥　號本寧。貢士。山西蒲州人。康熙六年任。

國朝典史名表:

宗支蕙　順治三年任。

胡其英　蘇州人。

竇公弼　陝西渭南人。

林邦棟　福建泉州人。

李元賓　陝西人。

陸承龍　號瑞王。吏員。江南吳江人。康熙二年任。

治官列傳

梁

何　炯　字仕光。臨民寬厚,處事有條,當時以和理稱。民不能忘,因立祠於霞裏山祀之,名之曰"故鄉祠"。

唐

顧德藩　大中間爲縣令。雅志愛民,惓惓弗置。嘗作三堰,以防旱潦,今高堰其一也。政多惠愛,民皆德之。

周、王某　舊逸其名,鄉民懷之,附祠於霞裏山,故今俗呼爲三長官祠,謂併何炯爲三也。祠前有潭,亦呼爲三長官潭。凡舟行經此者,必向祠致祭焉。

宋

強友諒　毘陵人。紹興間知縣事。承兵燹之後,建縣治,修學宮,葺庫廩,新館舍,工役並作,而民不知勞。甫及期年,庭無留訟,獄無繫囚,縣人宜之,號稱賢令。舊未立傳,今本洪清臣《敕書樓記》葺而補之。

孫伯虎　乾道間爲縣尉。文章清古,議論正當,臨機明敏,蒞政公方。化頑猾而有條,處煩劇而不亂。民有訟皆請于州,願決諸尉。及攝邑篆,民相戒毋以曲事至庭。陳同甫嘗薦於周參政葵曰:"伯虎置之繁難之地,必能隨機處置,井井有理,倘薦之於朝,天下將翕然以爲得人。若伯虎者,當今人才中可以一二數者也。"

林彥穎　淳熙間差知縣事。強敏有幹略,邑人以爲三十年所未有。舊未立傳,今爲表之。

明

魏處直　字公平。益都人。洪武十年來任知縣。廉以處己,勤以蒞事,緩徵科,修葺學宮,不煩民力。且善剖決,不爲奸欺所蔽。民歌之曰:"父母何在在我庭,華溪之水如公清。下民不欺無隱情,我公摘伏如神明。"又歌曰:"我邑大夫賢且仁,惠養生息熙如春。魯恭卓茂炳青史,誰謂昭代無其人。"

黃紹欽　交州吳川人。洪武十六年由明經辟授縣丞。愷悌寬厚,愛民如子,不爲貨利所動。民有賦役于官而所輸不足,輒代以己俸而勿責其償。事苟可以利,必熟思之而善處之。至于法令之輕重,銖兩不可假借,民稱之不容口焉。義烏朱濂曰:"若紹欽者,真廉直惠,其古循吏之徒歟!"

金叔夜　休寧人。業儒,善詩。永樂間由人材辟,授主簿。廉潔無私,淡泊自奉,布衣蔬食,有其門如水之清。馭下不事鞭朴。民敬重之。去後嘗見思。舊志逸弗錄,據洪尹續志書之。洪與金皆徽人,其必有所考矣。

劉　珂　江西安福人。景泰間由進士來任知縣。廉介無私,勤恤民隱,理煩治劇,綽有餘裕。徵賦不假鞭朴。嘗建仁政橋,工鉅費煩,而民不知勞。有妻妾爭寵而謀殺其夫者,事秘,人皆弗知,而獨得其情。又有豪右誣平民爲盜者,輒廉其枉,釋焉。他類此者甚衆。加意學校,時課諸生而振作之。未幾,以憂去。民惜其去而莫能留也。縉雲李侍郎棠作《仁政橋記》,亟稱之爲賢宰云。

王　秩　字循伯。崑山人。成化乙未進士。弘治初來任知縣。于時庶事頹弛,公蒞政未幾,翕然具舉。抑豪强,扶貧弱,作興士類,選民間俊秀子弟以增益之。核土田以清賦稅,貧富均受其惠。弘治四年,大祲,民競挾粟爲奸,多方賑濟,且肅以威,四境帖然。凡義所不當得者,雖毫髮無取。歷六年,被召而去,士民懷之。

毛　衢　字大亨。嘉靖五年由太平知縣更賢來任。敏識絕人,廉公有威,承弛政之後,抑豪右,懲市猾,剔蠹弊,諸所措畫,皆務爲後式。念縣當孔道,里用費煩,加意裁省,率自身先,併各衙之取索、諸曹之乞覓、過客之折乾,例禁絕之,民大省費。值歲旱,不待陳告,預使人檢踏被災分數,申報奏豁。凡錢糧,酌事勢之緩急,視民力之贏縮,以爲追徵之次第,不假鞭朴而事自集。接士大夫恭而有禮,然不爲苟徇。或懷請託進者,接待容雅,談竟,不敢發言而退。至其家事有干己者,則預爲區處優恤之,初不待其有請也。木同知女寡居,强宗擁兵奪之,格殺三人。其人來陳詞,公覽已,笑曰:"此附罪人拒捕律,格殺勿論。聚衆有明例,不汝貸也。"竟坐其人編置焉。其英斷類此。至今人稱吾縣賢令者,必曰劉公、王公、幷公而三云。

金　洲　字仕瀛。嘉定人。嘉靖七年由進士來任知縣。約己愛民,秋毫無取。天性淳實,不務赫赫以博聲譽。告改國子監助教而去。

教官名表

唐以前併官制無考矣。宋崇寧中,縣始立學,亦未置教官。縣令佐皆得兼領學事繁銜。景定三年,始置主學一人。咸淳元年,漕司行下選請學正、學錄、直學各一人，學諭四人，長諭八人。其嘗職是者，今亦無得而稽焉。

元：正教諭一人，選請訓導二人。謂之選請，則非朝除也。元初未設科舉，士人往往假校官爲入仕之途，雖非朝除，亦可謂榮選矣。按舊所錄教諭得六人，訓導得三人焉，其逸而弗錄者多矣，今因各爲名表。

元教諭名表：

陳僧祐　本縣人。

陳幾先　本縣人。

薛居仁　本縣人。

李庚孫

周菊存

李繼孫　本縣人。

元訓導名表：

陳　璪　本縣人。

胡仲勉　本縣人。淹貫經傳。學者尊之。

黃元善　俱至正間任。

明：置教諭一人，訓導二人，皆朝除。今亦如治官，各爲一表。其有聲績者，仍別爲列傳。

明教諭名表：

孔仕安　本縣人。

唐以仁　金華人。

胡均澤　石首人。舉人。並洪武間任。

齊　瑄　見列傳。

梅仲昭　建昌人。舉人。

鄭　瑛　閩縣人。儒士。

鄭　源　永樂辛丑進士。擢戶部員外郎，乞恩授。

馬　某　應天人。舉人。並永樂間任。

宋　芹　崑山人。舉人。

趙孔蔓　吉水人。宣德間任，儒士。

吳　清　吳縣人。監生。

顏　昱　蘇州人。舉人。正統間任。

陳　奎　九江人。舉人。

劉　敏　字勉行。泰和人。舉人。天順間任。

盧　皥　字逢堯。東莞人。舉人。

劉　冠　永豐人。舉人。並成化間任。

李　璡　南昌人。舉人。

馮　琨　字君美。崑山人。舉人。

成天章　無錫人。監生。弘治間任。

藍　貴　字天爵。荔浦人。舉人。由知縣謫任。

鄭元吉　懷安人。舉人。

劉　楫　見列傳。正德間任。

李　聰　南城人。監生。

李　綽　番禺人。舉人。陞知縣。

王　冕　邵武人。監生。

劉　華　懷安人。舉人。因聘主試山東，以程文忤旨，被逮，謫鹽課大使。

徐　鑑　惠安人。端慤循禮，辭色不假。教人以義利之辨爲先，諸士懷之。程文恭公爲撰《教思碑》云。

左懋勳　桂林人。舉人。陞知縣。

何應圖　河源人。

張　潮　安仁人。充養淳篤，敷教以寬。諸生貧有贅餼者，固拒之，不已，如其封識之別筒，去之日悉還之，至今有遺思云。

胡　榮　光山人。並嘉靖間任。

盛于唐　華亭人。隆慶間任。陞教授。

陳虞胤　番禺人。

胡以準　字可平。豐城人。舉人。萬曆五年任。嘗修縣志。

章志良　新昌人。

吳炳正　仙居人。萬曆十五年任。

黎天祚　□□人。舉人。

李承寀　鄞縣人。貢士。

秦尚質　慈谿人。貢士。

翁恒吉　貢士。壽昌人。萬曆癸卯任。道範文心，嚴氣介性，待門徒情如父子，凡所親治，皆非筐筐之交。有去思碑，今塌。

曹志忠

周紹芳　大興人。舉人。

楊時芳　平和人。

包世杰　舉人。秀水人。萬曆甲寅任。正性慈腸，勤於課士，修學宮，造祭器，建鳳凰塔，建文昌樓，疊西津石垛，刻仙葉軒會課。宜入名宦。

彭夢期　黃巖人。

王應春　廣西人。鄉科。

陳調元　舉人。常熟人。崇禎戊辰任。吳下名流，愷悌作人，溫其如玉。陞武義令。來攝縣篆，多惠政。以馹站多困，請留貼解武林驛歲額，民德之，立有教思碑，今存。

束　玉

金元聲　太平人。貢生。

金許增　仁和人。舉人。

劉洪鑛　海鹽人。

李之杜　貢士。關中人。崇禎壬午任。有行有文，明義理，識時勢，當鼎革之際，通邑咸賴。

鄭至和　會稽人。

明訓導名表：

呂　熒　本縣人。

胡　復　本縣人。

姚彥仁　本縣人。儒士。並洪武間任。

呂文熌　本縣人。

楊應甫　長泰人。舉人。

姜　誠　丹徒人。舉人。

金　法　休寧人。監生。

楊　瑾　應天人。監生。並永樂間任。

吳　繪　吳縣人。舉人。陞戶科給事中。宣德間任。

鄭　珊　莆田人。舉人。

宋　賢

鄧　建　閩縣人。舉人。並正德間任。

蕭　彪　廬陵人。儒士。

楊　清　延平人。儒士。

鄧　佐　新會人。舉人。並天順間任。

歐陽汶　字伯魯。分宜人。儒士，雅志。藝文，嘗修縣志。

田　麟　字人瑞。建安人。監生。

蒲　雄　晉江人。監生。

林　申　莆田人。監生。

羅　徽　福清人。監生。並成化間任。

張　璽　滁州人。監生。

蔣　源　壽州人。監生。

蘇　璉　滁州人。監生。

張廷槐　字文相。莆田人。舉人。登康海榜進士。

林　岫　字汝房。監生。並弘治間任。

盧　潭　字文潔。南平人。監生。
張　麒　字元應。新淦人。監生。陞教授。
艾　瓊　字廷美。郴州人。監生。
劉　珊　字國音。丹徒人。監生。並正德間任。
張　銳　字進之。甌寧人。監生。
施大經　長洲人。監生。陞教諭。
陳　富　龍溪人。監生。陞教諭。
李　鼎　桂陽人。監生。
陳大朔　海陽人。監生。講學實踐，作人不倦。檄署縣事，力辭。聞母訃，哀毀踰禮，士民賢之。
黃　旦　番禺人。監生。
吳　鏘　南陵人。監生。
杜廷瑞　五臺人。
熊東周　長樂人。
鄭　璠　潮陽人。
黃日煦　晉江人。
張　慈　上海人。
趙鴻儒　儀封人。
張　棟　萬載人。
丁鶴齡　新建人。
羅　岳　奉新人。並嘉靖間任。
林守經　萊州人。
梅調鼎　寧國人。並隆慶間任。
吳大揚　莆田人。萬曆二年任。
沈曾唯　崑山人。萬曆三年任。
徐朝陽　建德人。萬曆六年任。
夏景星　高淳人。萬曆七年任。

葉良剛　雲和人。

錢學禮　並萬曆十五年任。

毛一蘭　泰順人。

楊安忠　廣德人。

方慶之　開化人。

蕭爍韶　江陵籍，新建人。

鄭王政　嵊縣人。貢。

譚大有　陽江人。貢。

揭　炫　開化人。貢。

周　蓮　萬安人。貢。

俞　察　建德人。貢。

應大宸　西安人。貢。

朱文炫　海寧人。

任思敬　□□人。貢。

周　官　新城人。貢。

胡尚卿　永嘉人。

王嘉政　江山人。貢。

鄭思恭　平陽人。貢。

淦汝璧　江西人。貢。

雷一震　襄陽人。貢。

王之賓　漢陽人。貢。

蔣如鼎　宜興人。貢。

趙　祥

葉文華　崇禎七年任。

王御極　雲南寧州人。

周從政　龍泉人。

趙崇訓　貴州人。貢。

姜志宏　昌化人。貢。

江有章　樂清人。貢。

洪公述

崔養勳　海門人。

國朝教諭名表：

沈琪瑞　仁和人。貢。

江皋佩　仁和人。貢。

邵　琳　餘姚人。舉人。順治丁酉任。培植士類，重葺文廟，品行粹然。

國朝訓導名表：

勞圖麟　石門人。貢。

邊國泰　麗水人。貢。

張文星　新城人。貢。陞高郵州判。

徐光凝　常山人。貢。

傅列軫　山陰人。貢。

張　翼　上虞人。貢。

虞輔堯　號允欽。秀水人。康熙十年任。

教官列傳

明

齊　瑄　字永叔。鄱陽人。明《春秋》，旁通諸經。永樂間來主教事。訓誨諸生，嘗先德行而後文藝，夙夜磨礪，多所成就。善知人，卜諸生當柄用者，後無不驗。秩滿陞溫州教授。

劉　楫　字濟之。新淦人。正德十五年由乙榜選授教諭。慷慨質直，敦尚古道，不與世俗浮沉。每課試，嘗於文藝中觀人器識，以第高下，其訓誘亦如之，士習為變。性介潔，有操持，視勢利泊如也。官居六載，始終如一。嘉靖丙戌會試，還，卒於官。

贊曰：治教，政之大者也，父師之任也；職是而稱，德之至也，父師之恩也。其有未稱任，負德涼，父師之名，莫之與易矣，可不慎哉！謹而志之，存厚也。

附華溪驛驛丞

官雖微，亦朝除，係屬吏任奔走者，不得而略之也。舊志多逸其名，今亦不能盡考。據可考者錄之。

明

胡　義　永樂間任。

金　興　龍巖人。吏員。成化間任。

王永貞

王　剛　黃縣人。承差。

范得鰲　大同人。

邵　紀　東昌人。

田福興

吳興鸞　連城人。

翁世綽　莆田人。

劉　倫　樂安人。

龔　晨　金華人。

程宗仁　嘉靖三十五年任。

袁　瓊　嘉靖三十八年任。

馮福禄　嘉靖四十三年任。

袁乘淳　嘉靖四十五年任。

杭　銳　隆慶二年任。

王　輔　隆慶四年任。

高宗勳　萬曆元年任。

郭文頒　萬曆四年任。
潘　宥　萬曆七年任。
朱臣忠
吳景明
鄭　碧
徐鶴史　華亭人。
廖見昌　山東人。
李多見
茹　選
左　某
方宗勳

國　朝

吳棠榮　杭州人。
紀文舉　陝西人。
石　燦　北京人。

永康縣志卷之七

知縣事雲杜徐同倫亹源重修
楚人尚登岸未庵、邑人俞有斐晛蒼彙輯
儒學訓導虞輔堯允欽校正
邑人徐光時東白編纂
徐宗書廣生參閱
王世鈇柳齋、程懋昭潛夫編纂
汪弘海校梓

選舉篇 進士　鄉舉　歲貢　例貢　辟薦　恩廕　封贈　掾史

叙曰：于古有訓，立賢無方。細則榱櫨，巨則棟梁。輻輳效用，咸邦之光。志選舉第七。

進 士

進士之名見於《王制》，而科則始於隋。雖以言取人，與前代德藝、孝廉、中正諸科較諸實行若爲不同，然一概以法，而請囑之弊無自容焉。因空言以獲實用，視諸較實行而卒徇空名者，固未知其孰爲優劣也。矧敷奏以言，抑亦唐虞之遺法乎？《記》曰：或以德舉，或以言揚。然則以言取人，其來尚矣。漢左雄奏諸舉孝廉者，儒生試家法，文吏課箋奏。蓋亦知空名之難憑，而爲此以窒請囑之流也。雖云空言，不猶愈于空名乎！爰自設科以來，名公卿、賢監司、良守令罔不自此途出，夫又孰得而左之也。唐進士舊志無載，斷自宋起，各以代叙爲名表，而因以歷官綴焉。有行蹟者，亦附書之。其顯著者，別入人物志。

宋進士

端拱二年己丑科陳堯叟榜

胡　則　見人物。

慶曆二年壬午科楊寘榜

樓　閱　閩縣令。

六年丙戌科賈黯榜

樓定國　職方員外郎。贈少保。

皇祐元年己丑科馮京榜

樓　觀　漳州判官。

徐　網　御史中丞。

徐　紀　侍御史。

五年癸巳科鄭獬榜

徐無黨　見人物。

嘉祐二年丁酉科章衡榜

徐無欲　無黨弟。郡博士。

治平四年丁未科許安世榜

陳　愷　江西提刑。

熙寧三年庚戌科葉祖洽榜

徐思安　郡博士。

章　甫　壽春令。

元豐五年壬戌科黃裳榜

陳治中

八年乙丑科焦蹈榜

陳汝功　縣令。

元符三年庚辰科李釜榜

陳次中　愷子。郡倅。

崇寧二年癸未科霍端友榜

陳樂天　侍御史。

嚴挺民　縣令。

政和五年乙未科何㮚榜

樓　炤　見人物。

八年戊戌科王昂榜

何　同　郡博士。

建炎二年戊申科李易榜

胡邦直　知州。

湯思退　吏部尚書。

紹興二年壬子科張九成榜

章　服　見人物。

施　儞　縣令。

徐若納　吉水縣令。屢斷疑獄，人稱神明。

陳良臣　吉川助教。

五年乙卯科汪應辰榜

盧　燦　縣丞。

十二年壬戌科陳誠之榜

應汝礪　郡守。

何　紳　縣令。

十八年戊辰科王佐榜

周　邵　樂清縣尉。

二十一年辛未科趙逵榜

劉大辨　知興化軍。

二十七年丁丑科王十朋榜

周　懋　邵武教授。諸生不嚴而勸，王十朋稱其溫厚長者。

應　材　太子春坊。封安國公。

趙公丑　宗室，魏王後。縣丞。

三十年庚辰科梁克家榜

林大中　見人物。

章　渭　服子。從政郎。

葉秀實　縣令。

陳公亮　治中從子。右司郎中。

隆興元年癸未科木待問榜

應孟明　見人物。

乾道二年丙戌科蕭國梁榜

胡達可　黃州錄事。

徐　木　見人物。

方　晟　祭酒。

五年己丑科鄭僑榜

徐　總　無欲子。郡守。

淳熙二年乙未科詹騤榜

陳志同　澄江倅。

章　程　郡博士。

俞　厚　知州。

應子和　觀察使。

八年辛丑科黃由榜

陳之純　知臨安縣事。治中曾孫。

范九疇　郡博士。

李　翱　通判。

李　寀　縣丞。

陳之綱　臨安府錄事。治中曾孫。

十一年甲辰科衛涇榜

章　倈　渭子。見人物。

應雄飛　材子。袁州教授。

劉景修　大辨子。

紹熙元年庚戌科余復榜

應謙之　孟明子。江西提刑。

胡　槸　邦直子。吏部郎中。

王　碩　主簿。

四年癸丑科陳亮榜

陳　亮　見人物。

慶元二年丙辰科鄒應龍榜

應　淡　材子。郡教授。

方　璿　禮部郎中。

五年己未科曾從龍榜

胡　儼　知金谿縣事。

林　愷　羅源主簿。

潘有開　郡教授。

潘子高　郡守。

趙傳霖　德清主簿。

應茂之　孟明子。都大茶馬。

嘉泰三年壬戌科傅行簡榜

陳　殊　無為軍教授。

陳　振　樂清縣主簿。

應純之　見人物。

章時可　服子。知鄱陽縣。

陳　登　湖南轉運使。

嘉定元年戊辰科鄭自誠榜

呂　殊　皓從子。通判。

七年甲戌科袁甫榜

胡巖起　見人物。

李　衛　朝奉郎。

胡　似　邦直孫。隆興軍通判。

十年丁丑科吳潛榜

胡鳴鳳　華亭縣縣令。

李　采　縉雲縣令。

寶慶二年丙戌科王會龍榜

胡　侁　見人物。

章大醇　集英殿修撰。

應松鑑　謙子。翰林權院。

盧子安　德州判官。

嘉熙二年戊戌科周恒榜

趙時範　魏王後。湖南運幹。

方嘉錫　將仕郎。

洪　毅　參議。

邵　忱　沿江制置司參議官。

呂　撫　資政殿大學士，封永康縣開國男。

淳祐元年辛丑科徐儼夫榜

陳謙亨　江西提刑。

趙亮夫　太宗之後。知常州府。

七年丁未科張淵微榜

胡居仁　朝散郎。邦直孫。

盧時中

寶祐元年癸丑科姚勉榜

胡雲龍　臨安推官。

趙時嘉　魏王之後。安撫司參議。

四年丙辰科文天祥榜

趙必偁　太宗之後。宗正寺丞。

盧深夫　子安子。翰林院孔目。

趙酉泰　太宗之後。

開慶二年己未科周震炎榜

章　埜　信州教授。

景定三年壬戌科方山京榜

章光謙　服孫。郡教授。

李應符　古田縣丞。

方　權　翰林脩撰。

咸淳元年乙丑科阮登炳榜

陳文杰　處州司理。

何逢年　知州。

章天昇　臨安司理。

趙孟墩　太祖之後。江州司戶。

章　桂　安吉縣尉。

四年戊辰科陳文龍榜

趙孟瓆　太祖之後。秦州司戶。

七年辛未科張鎮孫榜

章如玉　建德縣尉。

趙若淼　魏王之後。新喻縣尉。

趙孟琛　太祖之後。全州教授。

十年甲戌科王龍澤榜

吳榮孫　松陽縣尉。

胡與權

胡之純　附見人物。

周夢桂　縣尉。

陳　合　除教授，不赴。

年分無考科

黃燦文

萬世顯　廣東提舉。

趙必鍊　太宗之後。知州。

趙若襈　主簿。著《雲外集》。

應文鼐　茂之子。和州知府。

章大有　太平州教授。

徐仲景

陳彥脩　治中子。

陳大猷　國子司業。

潘　墀　太子侍講。

徐一龍

章之邵　郡博士。

武進士

淳祐丁未科

何子舉　樞密都丞旨。

寶祐癸丑科

呂　圭　侍班。撫子。

科分無考

周　登　太尉。

呂　渭　翰林幹辦。

呂鼎亨

元進士

至正戊子科王宗哲榜

俞　拱　翰林司輦。博洽群書。

明進士

永樂十年壬辰科馬鐸榜

謝　忱　見人物。

正統十年乙丑科商輅榜

樓　澤　刑部主事。扈從北征,死于土木。

景泰五年甲戌科孫賢榜

周　琦　監察御史,陞福建按察司僉事。

天順元年丁丑科黎淳榜

吳　寧　刑部觀政。未授官卒。

四年庚辰科王一夔榜

童　燧　翰林庶吉士。

成化五年己丑科張昇榜

趙　艮　見人物。

二十一年甲辰科李旻榜

胡　瑛　山東副使。

弘治六年癸丑科毛澄榜

徐　沂　見人物。

十二年己未科倫文叙榜

程　銈　授大理評事。以忤逆瑾,十年不調。瑾敗,擢四川僉事,平內江土賊,褒功賜文綺白金,晉威茂備兵紅略。興革得羌人心。尋移備建昌,薦章凡十八上,以子文德及第,遂致仕,優遊林泉。著有《十峰文集》,行世。

十八年乙丑科顧鼎臣榜

俞　敬　永昌知府。

徐　讚　見人物。

正德三年戊辰科呂柟榜

李　滄　見人物。

九年甲戌科唐皋榜

周文光　監察御史,陞江西參議。值宸濠亂後,撫綏有勞。以御史時巡按貴州,紀功失實,謫漳州推官。再起兵部主事,歷陞思州知府。

應　典　見人物。

朱　方　見人物。

十二年丁丑科舒芬榜

葉　式　見《登科考》。

十六年辛巳科楊維聰榜

徐　昭　先任上海縣知縣,以強直忤中瑺。陞肇慶府通判。

嘉靖二年癸未科姚淶榜

應廷育　見人物。

五年丙戌科龔用卿榜

胡大經　初授合肥知縣,有惠政,善聽訟,民至今思之。在任六年,召至京。會有忌者,出為太平府同知,再補汝寧,卒於官,不究厥施,人咸惜之。前令黃公道年表其墓。

八年己丑科羅洪先榜

程文德　鉎之子。見人物。

趙　鑾　順慶知府。

王　崇　見人物。

十四年乙未科韓應龍榜

吳九經　工部主事。

二十二年甲辰科秦鳴雷榜

徐文通　字汝思。累官山東德州兵備副使。蚤年見知於覺山洪尹垣，又嘗受學於甘泉湛公。及恤刑四川，多所平反。提兵鎮守馬蘭二峪，克收安戢之功，具見疏稿。所至題詠，以詩才名。吴郡王世貞爲刊《徐汝思集》行于世。

二十九年庚戌科唐汝楫榜

周　秀　臨安府同知。

三十五年丙辰科諸大綬榜

王　楷　見人物。

姚汝循　刑部郎中。大名知府。

三十八年己未科丁士美榜

周聚星　貴州參議。居鄉以孝友稱。

隆慶五年辛未科張元忭榜

程正誼　歷官順天府尹。見人物。

萬曆二年甲戌科孫繼皋榜

徐師張　福建副使。

五年丁丑科沈懋學榜

黄　卷　見人物。

十二年癸未科唐文獻榜

周九皋　真定推官。

二十四年乙未科朱之藩榜

倪承課　桐城知縣，陞刑部郎中。

三十年辛丑科張以誠榜

王世德　見人物。

三十六年丁未科黄士俊榜

周光燮　江西右參政湖西道。

四十八年己未科錢士升榜

周鳳岐　見人物。

天啓五年乙丑科文震孟榜

周光夏　江西巡撫。

崇禎元年戊辰科劉若宰榜

徐可期　見人物。

七年甲戌科劉理順榜

王世鈁　無爲州知州。居官廉愼。時流氛猖獗，增城濬濠。州人至今思之。

國　朝

順治十八年辛丑科馬世俊榜

俞有斐　初任瑞金縣令，廉幹有惠政。以疾告歸，士民號泣扳留。

鄉　舉

鄉舉在宋爲漕試，謂之發解，第階之解送南宮會試耳，未階以入仕也。試弗第者，仍須再試。及累舉勿第，然後有推恩焉，則又賜同進士出身，謂之特奏名，不復繫諸鄉舉矣。元時亦然。至明朝鄉舉始爲入仕之途，然人材亦往往由是出焉，蓋又一代之制也。夫既試之三場，糊名易書，公較閲之，亦已密矣。下舉復令再試，不已煩乎？是故不若明制之爲得也。第宋、元既不階以入仕，則舊志所録鄉舉諸人似違其實，或者別由辟薦而以曾經漕試爲榮，故墓銘、家譜牽連書之，修志者遂信而弗考耳。雖然，均疑也，與其過而廢之，不若過而存之。今仍其舊録焉，而併著其疑如此。續以明朝鄉舉暨國朝鄉舉，各爲名表一，如進士之例云。

宋鄉舉存疑者

天禧辛酉科

胡　楷　則之子。知睦州，進都官員外郎，改杭州通判。范仲淹稱其政能有先君風度。

端平甲午科

呂　黯　機宜文字。

淳祐庚子科

呂　櫄　運僉。

癸卯科

陳　攀　提刑。

呂　烈　鹽官主簿。

乙酉科

呂　櫄　國子編修。

壬子科

陳僧祐　江西漕試，授教諭。

寶祐己卯科

趙子鍏　處州司戶。

戊子科

呂　在

呂坤叟　梁縣主簿。

咸淳丁卯科

呂之邵

呂　鑰　本縣尹。

甲戌科

陳幾先　教諭。

年分無考

周　蘭　大理評事。

應仕珪　副使。

吕　潭　所著有《黄班傳》。

夏師尹

趙與鐼　處州司户。

元鄉舉存疑者

至正十一年辛卯科

潘湛然　温州教授。

十四年甲午科

李弘道　見人物。

二十三年癸卯科

應顯中　明宣課使司大使。

年分無考

周　灝　縉雲縣尉。

胡一龍　睦州知府。

明鄉舉

洪武十七年甲子科

徐　琅

二十六年癸酉科

杜　友　監察御史。

徐　堂　監察御史。

二十九年丙子科

胡　康　黟縣訓導。

建文元年己卯科

牟　倫　荆、福、柳三府知府。

應顯中　宣課司大使。

四年壬午科

田　洞　湖州通判。

永樂元年癸未科

李　寧　授泗州知州。悃愊恬靜,士民信愛,秩滿保留,復任九載。陞福建市舶提舉。致仕。

三年乙酉科

徐　彬　見《登科考》。

六年戊子科

馬　亨　建平教諭。

盧　甫　河南中護衛經歷。

九年辛卯科

胡　傑

章　安　崑山縣丞。

謝　忱　應天鄉試。見進士。

林性安　見《登科考》。

十二年甲午科

潘　田

十五年丁酉科

黃　煥

項　義

顏　濰　柏鄉教諭。

陳　成　溧水知縣。

曹　豫　江西布政司照磨。

十八年庚子科

汪　吉　滁、和州學正。

王　存　鄭府伴讀。

薛　堅　尤溪訓導。

二十一年癸卯科

葉　玹

胡　偉　長揚教授,陞宜城知縣。

王　沄

正統六年辛酉科

樓　澤　見進士。

九年甲子科

童　信　順天鄉試。漳州知府。

十二年丁卯科

周　琦　見進士。

景泰元年庚午科

吳　寧　見進士。

李　悅　見《登科考》。

四年癸酉科

童　璲　見進士。

胡　良　上津知縣。

周　亮　應天鄉試,寧陵訓導。

胡　廉

天順六年壬午科

趙　艮　見進士。

成化元年乙酉科

吳　潭

四年戊子科

章　嵩　安之孫。順天鄉試,仕光祿署丞。莅官清謹。

七年辛卯科

童　珪　信之孫。

十年甲午科

孫　明　邵武推官。

十三年丁酉科

胡　瑛　見進士。

吳　璘

弘治二年己酉科

程　銈　見進士。

五年壬子科

徐　沂　見進士。

八年乙卯科

應　恩　高安知縣,從王公守仁征宸濠,忠義奮發,識者韙之。

十一年戊午科

李　滄　見進士。

周　正　琦之孫。授楚府審理正。

十四年辛酉科

徐　讚　見進士。

應　康　衡府紀善。

應　奎　廣信教授。

十七年甲子科

俞　敬　見進士。

正德二年丁卯科

周文光　見進士。

李　釗

徐文卿　睢寧知縣。

朱　方　見進士。

趙戀德　艮之子。辰州通判。雅志崇古,留心文學,士林稱之。

五年庚午科

應　照　恩之弟。思恩府知府。

范　震　兗州通判。

八年癸酉科

周一雍　達州知州，有惠政。祀名宦。

應　典　見進士。

李　鴻　順昌知縣，陞南昌同知。兩任清慎如一日。致仕歸，民有餘思。居鄉益謹厚，士論雅重焉。

十一年丙子科

徐　昭　見進士。

葉　式　見進士。

曹　贊　任繁昌知縣，有惠政，民立祠禮之。陞邵武同知，以清白著聲。

俞　玘　應天鄉試。賓州知州。雅好吟詠，所著有《仕學編》、《雲窩近稿》。

十四年己卯科

程文德　見進士。銈之子。

胡大經　見進士。

嘉靖元年壬午科

應廷育　見進士。

金　銈　黃州、濟南通判，河池知州。順天鄉試。

四年乙酉科

王　崇　見進士。

七年戊子科

趙　鑾　見進士。

呂　鑾　鎮江通判。

十三年甲午科

徐文通　見進士。

吕　銳　順天鄉試。蒙城知縣。

吴九經　見進士順天鄉試。

十九年庚子科

周　秀　見進士。

周　徵　文光子。

童如衍　信曾孫。應天鄉試。蒙城知縣。

王　錚　見《登科考》。

二十二年癸卯科

吕　欽　應天鄉試。昌樂知縣,有政聲,民懷之。累官思恩府知府。

童如淹　如衍弟。應天鄉試。膠州知府。

二十五年丙午科

應　熙　順天鄉試。

二十八年己酉科

王　洙　順天鄉試,榜授滁州學正。當事者以才薦除岳州府推官,未赴,補邵武。弭盜賊,理鹽政,屢讞疑獄,多所平反,商民祀之。陞南京工部主事。

三十一年壬子科

樓文林　唐縣教諭,陞完縣知縣。

周聚星　見進士。

三十四年乙卯科

葉　祥

姚汝循　見進士。

王　楷　順天鄉試。見進士。

三十七年戊午科

徐師張　見進士。

林宗教　見《登科考》。

隆慶元年丁卯科

徐顯臣　讚之孫，文璣之子，初名師陳。任沙縣知縣，有惠政，民思之。歷仕廣州同知。

程正誼　見進士。

四年庚午科

黃　卷　見進士。

應成賢　廷育孫。

萬曆元年癸酉科

徐啓昌　讚曾孫，師夔之子。

應廷良　熙子。

十年壬午科

周九皋　河南中式解元。見進士。

十九年辛卯科

倪承課　見進士。

二十八年庚子科

王世德　見進士。

周光爕　九皋子。見進士。

四十年壬子科

程榮名

四十三年乙卯科

徐可期　見進士。

四十七年戊午科

周鳳岐　見進士。

天啓四年甲子科

楊惟中　初名繼聖。鹽城知縣，有惠政。

周光夏　九皋子。見進士。

七年丁卯科

曹成模　見人物。

崇禎三年庚午科

王世鈁　見進士。

十二年己卯科

王世衡　應天中式。楷曾孫。

明武舉

崇禎九年丙子科

單時敏　廣東中式。

國　朝

順治八年辛卯科

徐之駿　學顔孫。見任山東嘉祥知縣。

俞有斐　順天中式。見進士。

康熙十一年壬子科

林徵徽

俞玉韜

歲　貢

　　歲貢自府、縣學選升國學，積分及數而後入官。此漢博士弟子與宋舍選之遺意也。周室鄉舉里選本亦如此，但論德較藝爲不同耳。明初科目未設，而歲貢先行，多躋顯仕。及其後也，或循資，或較藝，總以收科目之遺才，遂並行而不廢，蓋均之爲選士之正途也。今據舊志，錄爲名表，併以近貢續焉。其有行蹟者，別入人物志。

明洪武年

徐　堂　監察御史。

朱　艮　饒州同知。
陳　顔　監察御史。
邵　嵩　同安知縣。
呂　堅　高唐州學正。
朱　濟　邳州知州。
徐　禮
王仕榮　松江照磨。
陳　定　交州知州。
王道崇　武昌同知。
章　良　監察御史。
楊　倫　吉安同知。
王　禮　春坊贊善。
項　愈　監察御史。
邵　端　仁和知縣。
陳德中　荊州通判。
葉　琥　郎中。

建文年

楊　安　鹽運司吏目。
周　安　新建典史。
潘　立　秦寧主簿。
牟　倫　見舉人。

永樂年

盧　達　古田主簿。
孫　羅　建寧同知。
李天祐　湖口縣丞。

呂　鍾　宜興縣丞。
陳　吉　定襄知縣。
李　芳　安慶經歷。
王　愷　原武知縣。
徐　光　南河縣丞。
施　信　工部主事。
謝　忱　見進士。
陳　恭
錢　葵
葉　恭　鉛山知縣。
韓　勸　晉江知縣。
程　洋　黟縣知縣。
葉　戀　饒陽知縣。
褚　宗　泰州判官。
胡　旺
陳　蕃　教諭。
陳　祥　主簿。
孫　泰　閩縣主簿。
陳　良　順天治中。

　　　　　　　　　　　　洪熙年
陳　勉　曹縣知縣。

　　　　　　　　　　　　宣德年
高　源　德州衛經歷。
胡　舜　信陽訓導。
施　良　營膳所正。

陳　勝　樂安主簿。

王　渭

汪　宏　見人物。

高　行　興化同知。

胡　澤

應　通　濱州同知。

趙　塤　經歷。

何　汾　經歷。

正統年

何　珦　閩縣主簿。

徐　福

柴　育

李　安　江西理問正。

胡　玻　泰寧知縣。

孫　福　常州通判。

童　信　見舉人。

馬　乾　雲南檢校。

呂　鏯

胡　玉　光祿署丞。

徐　善　豹韜衛經歷。

周　亮　見舉人。

潘　貴　寧清縣丞。

景泰年

姚　盛　鹽運司判官。

徐　旻　石隸知縣。

郭　綱　福安知縣。

李　啓　教諭。

錢　勝　桐城主簿。

天順年

應　興

何　澄

楊　洪　寧府奉祀。

徐　祐

黃　彰　河泊所官。

胡　錤　錦衣衛經歷。

趙　彰　思明經歷。

楊　廉　永明知縣。

徐　璞　邵武推官。

徐　葵　太平照磨。

李　悌　衡州推官。

章　忠　無爲州判官。

徐　通　晉江知縣。

胡　銘　通道知縣。

章　嵩　見舉人。

陳　廉　運司經歷。

潘　惠　鳳陽主簿。

陳　志　武昌經歷。

成化年

陳　善　鄱陽縣丞。

方　崇　建寧知縣。

施　能
顏　宏　改洪經歷。
李　俊　龍巖知縣。
王　吉　建平知縣。
陳　震　文登縣丞。
呂　聰　六安州吏目。
王　佐　典史。
陳　禮　龍巖教諭。
馬　佐　德安教諭。
應　震　星子訓導。
林　鏘　陽江主簿。

弘治年

陳　瓊　經歷。
徐　麟
朱　楷
呂　淵
應　綱　見人物。
徐　深　徐州訓導。
周　圓　琦子。貴溪訓導。
曹　勝　金山衛訓導。
胡　沂　長汀主簿。
童　珍　淮府審理。
孫　滔　寧陽訓導。
章　茂
徐　銳　璞子。
馬　鑾　善化教諭。

王　琳　徐州判官。

正德年

葉　鑾　杞縣訓導。
趙　思
朱　善　應天訓導。
俞　玘　見舉人。
胡　相　松江訓導。有文行，士林重之。
陳良謨　禮之子。汶上訓導。
林　釗　霍丘訓導。
徐　檜　浮梁教諭。
陳嘉靖　教諭。
童　鎮　湘鄉知縣。

嘉靖年

李　珙　見人物。
應　麟
郭　惠　和平知縣。
陳　泗　漳平知縣。見遺事。
周　桐　撫州教諭，祀名宦。見遺事。
馬廷弼　鑾之子。撫州訓導。
應　璋　見人物。
朱邦弼　孝感知縣。
俞希聲　知縣。見人物。
呂　銳　見舉人。
童如淹　見舉人。
吳九經　見進士。

俞　申　南安訓導。

王　玉　長沙訓導。

王　鑑　雩縣訓導。

李　星

周　昇

應　戠

朱天啓　黃陂訓導。陞周府教授。

胡大韶　相子。長樂訓導。

應　熙　見舉人。

金　端　袁州訓導。

章　溥　永新訓導。

應　珏

童　鐔　安平訓導。

章　堂

應　鍾　吳縣訓導。

周　光

周　勳　字克成。從學陽明先生，授知州學正，署州事。惠澤及民。見鄉賢。

周良翰　河陽教諭。

倪　桂　教諭。

呂　輝　教諭。

樓希誠　訓導。

童　采

隆慶年

呂　誠　教諭。

應一治　星子知縣。

曹文儒　嵊縣訓導，陞荊府教授。

吕端性　太平教諭。

萬曆年

朱時敏　常州訓導。

徐文玉　滎陽訓導。

應綏來

應世道

吕可久　太平通判。嘗修郡志。

李　培　訓導。

黄　華　博極群書，割股救母。晚歲歸隱龍泉。

胡子熙　湖州訓導。

應　兼

王　恩　訓導。

應明德　嘉興府教授。

王廷望　閩清知縣。有廉名。

陳希騰　維摩知州。

盧應試

金希曾

朱天嗣　博興知縣。

周應參

應明毅　惠安教諭。

馬應圖　知縣。

王用賓　南雄通判。有惠政。

馬應義　訓導。

李國珍

應逢原　處州府教授。

應明時　臨江府教授。
朱天繼　桂東知縣。
李恩聖　淳安訓導。

泰昌年

童文元

天啓年

李子寶
吳希皋　溫州府教授。
應嗣美　有文行。
黃一鶚　卷子。威縣知縣，陞延平同知。著有《性理發揮》、《小空同詩集》、《譚記》若干卷，學者稱爲陬山先生。
徐昇騰　江津訓導，陞福州經歷。
王宗海

崇禎年

應嗣功　蘇州府經歷。
應　祥
徐學顏　見人物。
周于德
應樹功　松溪縣丞。陞鄖陽經歷。
王之幹
胡用賓　太平訓導。初名用明。
施守官　訓導。
吳士騏　嵊縣教諭。
應綏寧　武岡州教。

應綏邦　潯州教授。

郎　益

潘崇仁

王世衡　乙亥拔貢。見舉人。

王世鈇　乙亥拔貢。同修邑志。

林之翰　訓導。

朱允治　山陰訓導。

朱　㰅　遂安教諭。

應公允

徐懋問　見人物。

李應錫

李芳春

國朝順治年

徐光時　見人物。

俞有斐　見舉人。

倪德遠

徐化時　桐鄉訓導。

徐得寵　靖州判。

童士秀　台州府訓導。

黃延潣　一鶚子。三任教職。在慈谿濬闕湖，在常山修典禮。士類多德之。

李爲梁

呂崇簡　見任定邊知縣。

田一泰　見任開化訓導。

呂惟瑞

程懋修

朱家棟

金俊聲

徐得宙

俞調燮　授訓導。

陳啓章　考巡縣丞。

王世鑪　授訓導。

吳康先　授訓導。

康熙年

胡永祚

盧恒春

楊光斗　授訓導。

程戀昭　授訓導。同修邑志。

徐　悅

陳雲鍾

樓惟駟

程晟初　壬子副榜。

徐紹源

林鍾鰲

李先甲

李士奇

例　貢

例貢肇自漢世，歷代相承，用爲濟變之權，未之有改也。如宋吕皓受知朱文公，表表爲一時人物，亦嘗以出粟賑濟補郡文學。顧其人之能光是科與否，而科豈能爲人累耶？吾邑英俊，以國學解額頗寬，往往假此爲取解之捷徑。今查自宋起，録爲名表，附諸歲貢之次，將無亦有如吕皓者繼踵而興乎！

宋

陳良能　劍浦主簿。

吕　皓　見人物。

吕　沂　西安主簿。

吕　約　判司。

明

徐　隆　銅陵知縣。

施　澄　餘干縣丞。

施　源　清平主簿。

童存禮　古田縣丞。

朱　俊　宜黄縣丞。

朱　傑　都昌主簿。

朱　格　彝陵州判。

李　曔　光澤主簿。

李　澡

周　賢　甌寧縣丞。

章　端　寧德縣丞。

童　欽　信子。

趙戀功　良子。華亭縣丞。

徐　訪　讚弟。福州府通判。築連江縣城，民建祠祀之。

金　銈　見舉人。

徐　曔　昭弟。連城縣丞。

吕　録　旌德主簿。

盧　夒　曲江縣丞。

應　賢　雲南按察司知事。
應　琮　裕州判官。
陳　全　瀏陽主簿。
徐　時　徐聞、商丘縣丞。見恩封。
馬一龍
董文鏊　泗州判官。
徐　稻　鎮遠衛經歷。
童　鏴　信孫。
周文奎　文光弟。縣丞。
葉　祚　鑾子。普安州判官。
呂　欽　見舉人。
周　徽　文光子。宛平縣丞。
童如衍　□子。見舉人。
應　昇　瀘州吏目。
應　鐄　恩封。□州同知。
應　珙　照子。主簿。
應　臺
應　珩　照子。
周　亮　徽子。
應景陽　鐄弟。
馬國本　興子。楚府典寶。
周　微　文光子。汀州照磨，直道事人。明經化誼巡撫疏其績，欲大用之，爲忌者所阻，惜哉！
徐　暉　時弟。利津主簿。
應秋暘　鐄弟。
呂端卿
童　汸

徐文璽　讚子。福州府檢校。

徐文璿

朱　銓

章光宙　吉安府經歷。

徐應賢

童　淑　欽子。兩淮鹽運司經歷。

徐文璣　讚子。有文行。

趙　潤　古田主簿。

徐師稷　讚孫。忠州通判。

徐文訓　徐州判。河堤孔棘，乃教土人用江南畚插，堤成獨固，遂有徐堤之稱。

趙　淵　廣東按察司經歷。

李　琛　鴻子。福建按察司經歷。

徐文安　漢陽府照磨。

徐文亮　江西布政司理問。

曹文燦　贊子。南昌府經歷。

曹文玠　贊子。

葉元吉　文水縣丞。

徐　暎　延平府經歷。

章光宗　縣丞。

徐一心

應玠

盧周

應朝陽　恩孫。

王應潮

應　桂

王　彬

陳　彬

金應用　銈子。

金應巽　銈從子。

俞　汎　敬子。

程文謨　銈子。

程文訓　銈子。

曹　相　贊弟。

王　洪　崇弟。

周　俊　秀兄。四川行都司經歷。

王　洙　見舉人。

王　楷　見舉人。

李　明　撫州府照磨。

徐文科　昭子。

俞良德　敬孫。

徐師夔　讚孫。貴州布政司經歷。先倅臨川，判沔陽，以政聞，亦能詩。因賫□，卒於京。所著有《仕學編》。邑令吳公序其首，刊行於世。

陳　球　吳江主簿。

王秉綱　布政司照磨。

童如泌　鏞子。

童　朴　主簿。

黃仕鴻　主簿。

王一鳳

董惟湉　神武衛經歷。

章光寀　縣丞。

朱　恩　淮王府紀善。

朱　誥　主簿。

應元吉　湖口主簿。

林　奇　西華主簿。

童　桓　遂溪縣丞。

童　冲　州吏目。

呂應乾

呂　坦　按察司知事。

趙　濂　懷寧主簿。

趙　滋　阜城縣丞。

程章冕　銈孫。

徐啓陽　師皋子。

呂應祥

朱天德

周應辰　秀子。京衛經歷。

童汝耨

童汝耕　並如淹子。

徐文炤　句容主簿,陞黃岡縣丞。

池　俊

章宗仁

呂　鶴

呂惟和

呂恒德　兵馬副指揮。

林　高

周　涓　福建順昌縣丞。

周應乾

周應朝

程章服

程章紳

程光祖

應志臣

徐文議　光禄寺丞。

徐文述　時子。敦行古道,雅志藝文。邑乘遺事,多所采補。

徐文珠

李大韶　蘭州判官。

徐文珪

徐文瑛

徐文熊　兵馬司指揮。

徐文薦　東昌通判。

徐一陽

徐文耀

徐文炳

徐一桂　文訓子。中城正兵馬。

徐一蘭　文訓子。江西都事,陞蜀府長史。

徐一謙

徐世芳　北城副兵馬。課最,褒陞西城正兵馬。以擒巨盜功,欽賞帑金拾兩,敕褒紀錄。時廠衛羅織冤獄,多所平反,爲忌者所排,都人惜之。趙相國、李臨淮並有贈行文述其事。

徐啓成

徐應寧

王邦模　洙子。主簿。

王宗勳　序班。

王宗燿　見封贈。

王宗華

徐一楷　長淮經歷。

徐一楠　文議子。陝西都司經歷。官以清勤著,鄉以孝友聞。

見封贈。

  應昌煥　安寧州同。

  朱尚醇

  姚　湘

  徐學顏　世芳子。以三科副榜准貢。見人物。

  徐學曾　世芳子。潮州衛經歷。

  李國贊　保定府照磨。

  徐啓芳　彭縣縣丞。

  林明理　貴池縣丞。

  徐應熙

  徐希正　開平衛經歷。

  程明允　廣州同知。

  徐守綸

  呂師皋

  徐守經

  程明試　見人物。

  徐廷相

  呂師岐　湘潭縣丞。居家捐資贖祀四明約衛閭里。

  呂宗仁　廣東鹽法提舉。

  陳德新　福建都司經歷。

  呂　斌

  應孝思　慶陽衛經歷。

  應忠思　沛縣主簿。

  朱應睿　瞿塘經歷。

  朱應徵　南京西城兵馬。

  陳應典

  徐一鯉

徐一龍　都事。
徐萬遂
徐萬愛
徐守緯　大庾主簿。
徐一相
徐一椿　泉州經歷。
徐衛時　山陽主簿。
徐際時　喜讀書。勤課子。
徐一倫　鎮撫。
陳士進
周思敬
陳士遠
朱世盛　博興主簿。
應守謙
王宗炤
王宗默　潞府工正。
應守訥
王宗煥　瀏陽主簿。
王師召
徐宗禮
陳鴻典
王師賢
葉宗亮
徐宗銓
吳一勳　上海縣丞。
王世錫
王世悌

徐宗順

徐宗頤

徐九華　光州吏目。

黃一鷗　濟南州同知。以河工加東昌通判,後判濟南。閤門殉難。生平善臨池,與董宗伯相友善。

胡友泉　建康府教授。

胡　椿　光祿署丞。

胡士性　常府典簿。

童有容　典靖江經歷。

童　淳　簡州吏目。

童　策　鷹揚衛經歷。

黃兆麟

朱光遠

盧元參

盧元始　推官。

徐明勳　見人物。

盧一鵬

徐懋文　義烏縣學訓導。

李長春

李正璨

倪汝揚　開平經歷,陞知灤州。

周　銓　考授推官。本朝義寧訓。

倪光復

國朝

徐懋韶

辟　薦

古也自科目行，而其選始輕矣。如胡長孺在宋自以恩廕銓試授官，在元以文學名盛被薦入仕，初非以其嘗爲宋進士也。其後裔苟欲以科目榮之，輒於舊志竄入咸淳甲戌王龍澤榜中，殊不知公之文學自足爲世宗尚，豈以科目之有無爲輕重哉！今據舊志更加審定，錄爲名表，且欲因公爲辟薦重，其諸軍功人材及進途無考者併綴於其後云。

宋

賢良

李　束　四川都事。

徐文德　浙東觀察使。

徐　誼　郎中，進國子祭酒。

明經

應孟堅　提宮。

軍功

章　埍　見人物。

章　堅　埍弟。

呂　然　懷遠通判。

陳廷俊　永平縣丞。

進途無考

呂　杰　平空監酒。

呂　燃　定遠知縣。

呂志學　梁縣主簿。

呂志道　將仕郎。

呂之才　下班抵候。

厲　庚　迪功郎。

徐　　德　國子教諭,遷崇文殿直講。

黃大圭　閤門宣贊。

呂　　樵

陳　　逮

陳仕筠　高安主簿。

徐　　仁　宣議郎。

徐　　璪　新恩令。

胡廷直　信州通判。

葛昌時　中散大夫。

柯　　綸　朝散大夫。

吳明弼　登仕郎。

呂　　株　監南嶽廟。

夏會龍　登仕郎。

何師道　修職郎。

王大初　司戶參軍。

陳　　還　監臨安排岸。

林子勳　福安知縣。

樓子晏　監酒。

劉　　森　承節郎。

胡光祖　處州監酒。

周　　廉　保定知縣。

林　　恢　撫州教授。

樓　　泳　松陽縣丞。

方　　琮　鎮江知府。

徐　　盛　建寧判官,遷侍御史。

方　　坤

方　　庫　運幹。

方　淼　史院檢教。
方　羨　嵊縣丞。
方　序　編修官。
吳　邃　安撫參議。
林子顯　文林郎。
呂　羔　機宜文字。
呂　元　教諭。
周貴義　岑縣知縣。
徐　輔　平陽知縣。
胡日嚴　兵馬都監。
胡日順　太學錄。
胡　培　將仕郎。
徐　素　柳州知府。
李　璋　鹽課大使。
胡垣元　本縣主簿。
陳　黼　從仕郎。

元

胡長孺　見人物。
胡　俞　徽州同知。
明經
吳守道　松陽教諭。
孔克英　丹陽書院山長。
徐　咸　潁州判官。
陳　璪
胡　鈞　袁州教授。
胡仲勉　本縣訓導。

徐德泓　建德教諭。

李繼孫　本縣教諭。

甘　霖　翰林講書。

吳雲川　贛州教授。

胡崖孫　瑞昌縣尹。

童養蒙

徐　忠　總轄。

軍功

徐德廉　中山人。任本縣知縣，葬于花園，因世家焉。

呂叔茂　武義縣尉。

進途無考

呂紹遲　石洞書院山長。

胡應辰　義烏監。

胡應申

胡應庚　常州路平準庫使。

徐　鵬　興安縣丞。

呂　濟　西安教諭。

呂宗道　婺州學錄。

方　撫　永嘉縣尹。

胡　祐　稅課副使。

陳　崖　鹽運使。

方　鍾　福建廉訪副使。

方　逢　岑溪縣尹。

胡　義　饒州知府。

馬文翁　資縣尹。

戚象祖　道一書院山長。

戚崇仁　龍門巡檢。

薛居仁　本縣教諭。
曹順睦　東陽教諭。
周時文　市舶提舉。
陳安可　龍門巡檢。嘗修本縣志書。
胡宗忠　上林縣尹。

明

賢良
李　曄　見遺事。
明經
呂　濚　見人物。
盧　鑑　永豐知縣。
李　滋　知縣。
李　轅　曄子。宜倫縣丞。
孔仕安　本縣訓導。
池　袑　溫州教授。
胡　僖　理定知縣。
陳從善　信豐知縣。
儒士
唐以仁　本縣訓導。
王　嶽　戶部主事。
盧惟善　修武知縣。
盧　琦　茌平教諭。
胡　復　本縣訓導。
姚彥仁　本縣訓導。
文學
陳茂和

秀才

應用忠　仙游巡檢。

呂　津　金川巡檢。

呂　懺　龍游教諭。

孝弟力田

呂　基　臨洮同知。

人才

朱思堯　南安廣信知府。

朱仲智　見人物。

張希昌　淮安知府。

金秉修　瑞州知府。

徐　桂　太醫院官。

胡　增　霍州知州。

王　興　東莞知縣，有惠政。

徐　和　岳州同知。

應子高　廣德同知。

樓仲和　武昌知府。子好禮，闢館延賢，能世其家。

呂南澤　陽穀知縣。

王　善　黟縣主簿。有詩名。

胡伯弘　彭澤令。興學育賢，士習爲變。

柴義方　浮梁知縣。

趙履泰　泰州知州。

夏思維　內鄉知縣。

趙彥威　寧德主簿。

朱思全　以文學薦入文淵閣，典修《永樂大典》。應制上聖孝感瑞及《白鹿》詩。歷官三十年，多惠政，刑部主事致仕。

呂　璧　永寧縣丞。

呂　祈　新建典史。
徐　廣　訓術。
葉　然　陝西鹽運使。
吳思義　巡檢。
吳德欽　主簿。
徐　遷　吉安知府。
陳　儀　經歷。
徐天賜　吉安推官。
董景祐　河泊所官。
呂自明　河陽知縣。
顏思誠　餘姚典史。
黃伯洪　沅陵知縣。
應思立　戶部主事。
周均實　營膳所丞。
傅彥威　句容縣丞。
曹　彰　江浦知縣。
呂　廉　監察御史。

軍功
呂文燧　見人物。
呂兼明　附見人物。
盧　得　安陸衛經歷。

老人
陳積安　都察院都事。
王遜英　衡州知府。
胡思得　滋州知州。
周友忠　雷州知府。
何守志　東平吏目。

朱伯基　華亭知縣。

　　進途無考

呂　宏　雷州知府。

呂文熺　本縣訓導。

周　溕　太醫院官。

呂成宗　蘄水典史。

甘　陵　廣信同知。

呂　補　典史。

呂佛致　高安知縣。

王名臣　淮府典寶。

選　尚

宋

翁應龍　尚孝宗長女。贈正奉大夫、正治卿。葬邑南黃霧山。

邵　賜　宋駙馬。崇寧元年敕贈吏部尚書，立廟下邵。墓存，土名石馬山。

陳　瑾　金紫光祿大夫、上柱國。尚滕王第二女金堂郡主。

明

徐共學　儀賓。尚遼王府泉陵郡主。

恩　廕

即古世祿之遺制也。在宋謂之任子，每三年郊恩，凡升朝官皆得任子一人。若無可任，則許貤諸宗族親戚。維時以廕入仕者，當不減今之歲貢矣。考諸舊志，乃僅滿二十三人焉。緣其後人以廕為左，達官往往竄入科目，其餘則混稱進途無考，修志者或未之察，遂憑而書之耳。然世遠亦無以考其信否也。明制，惟升朝官三品以上滿考方得廕子一人,送監讀書,坐班歷事,而後入官。是又爲希闊之恩矣。

宋

恩廕

胡　湘

胡　湝

胡　淮　並則子。都指揮使一。

胡　穆　則孫。雍州推官。

樓　垍　金紫光禄大夫。

樓　城　並焰子。湖南參議。

林　籥　大中從子。迪功郎。

林　楷　迪功郎。

林　樅　江南運司,主管文事。

林　杙　歸安主簿。俱大中孫。

林子熙　將仕郎。

林子點　監皷院。俱大中曾孫。

應巽之　機宜。

應服之　丹徒知縣。俱孟明孫。

應文鼎　純之子。從事郎。

章　渙　服子。

應紹祖　松鑑子。江陰縣尉。

章大任　廣東提刑。

章大忠　沿海制置内檄。俱服孫。

吳思齊　見人物。

李文鎮　衛子。安撫僉事。

呂　燾　澤父。節制軍馬。以外祖厲仲方廕。

胡　桌　綱子。欽州司。

按：陳亮傳稱與兩子官。舊志勿録。今考亮文集中子五人：沆、瀹、沃、渙、涵，亦不知當年承襲果何人也。

明

文廕

徐師皋　讚孫。太平知府。進階中憲大夫致仕。

王秉銓　崇子。上林苑監監丞。

王秉鑑　崇子。金華所指揮使。

王秉鑰　崇子。淮府長史。

程光裕　文德孫。南京前府都事。

徐宗書　學顏子。由增廣生。見人物。

武廕

盧　瓊　鎮撫得子。襲安陸衛鎮撫，調蘭州衛。

盧　本　得孫。陞甘州左指揮僉事，調肅州衛。

盧　貴　本子。

盧　政　本孫。相繼襲。今爲肅州人。

封　贈

非選舉也，因選舉而推及之者也。選舉之士盡其事君之忠，以成顯親之孝，斯可謂兩得之矣。志之益所以爲選舉勸也。

宋

胡承師　則父。贈吏部郎中。

應氏　　則母。贈永寧郡太君。

陳氏　　則妻。封潁川郡君。

林禄　　大中曾祖。贈太子少保。

陳氏　　大中曾祖妣。贈咸寧郡夫人。

林邦　大中祖。贈太子少傅。
姚氏　大中祖妣。贈高平郡夫人。
林茂臣　大中父。贈太子少師。
李氏　大中母。贈信安郡夫人。
趙氏　大中妻。贈永嘉郡夫人。
樓洙　炤父。贈太師。
姚氏　炤母。贈越國太君。
章氏　炤妻。贈安國夫人。
章侯　服父。贈朝散大夫。
陳氏　服母。贈宜人。
應氏　服母。贈宜人。
陳氏　服妻。
鄭氏　服妻。並贈宜人。
應立　孟明祖。贈正奉大夫。
陸、邵氏　孟明祖妣。贈碩人。
應濤　孟明父。贈朝請大夫。
周氏　孟明母。贈令人。
林氏　孟明妻。贈衛國夫人。
胡惇　邦直父。贈中散大夫。

明

謝仲德　忱父。贈御史。
應氏　忱母。贈太孺人。
方氏　忱母。封太孺人。
王氏　忱妻。封孺人。
施孟善　信父。贈評事。
王氏　信母。贈孺人。

邵氏　信妻。封孺人。

施永縉　良父。贈所正。

呂氏　良母。贈孺人。

胡氏　良妻。封孺人。

童宗盛　信父。封主事。

詹氏　信母。封太安人。

陳氏　信妻。封安人。

章仁　嵩父。封署正。

盧氏　嵩母。封太孺人。

徐氏　嵩妻。封孺人。

趙存祐　艮父。贈給事中。

徐氏　艮母。贈太孺人。

應氏　艮妻。封孺人。

胡永明　錤父。贈經歷。

趙氏　錤母。封太孺人。

趙氏　錤妻。贈孺人。

胡叔盛　瑛父。封評事。

應氏　瑛母。封太孺人。

呂氏　瑛妻。封孺人。

徐仕家　沂父。封給事中。

樓氏　沂母。封太孺人。

應氏　沂妻。贈孺人。

蔣氏　沂妻。封孺人。

程堅　銈父,文德祖。封評事,贈吏部侍郎。

方氏　銈母,文德祖母。贈太孺人,加贈太淑人。

程銈　見進士。以子文德貴,加贈吏部侍郎。

趙氏　銈妻,文德母。封孺人,加贈太淑人。

潘氏　文德妻。封淑人。
徐朗　讚祖。贈都察院右副都御史。
顏氏　讚祖母。贈太淑人。
徐憲　讚父。贈都察院右副都御史。
程氏　讚母。封太淑人。
黃氏　讚妻。封淑人。
俞文治　敬父。贈主事。
楊氏　敬母。贈太安人。
楊氏　敬妻。封安人。
周儔　文光父。封御史。
陳氏　文光母。封太孺人。
孫氏　文光妻。封孺人。
朱隆　方父。贈郎中。
胡氏　方母。贈太宜人。
王氏　方妻。封宜人。
應尚德　照父。贈文林郎。
呂氏　照母。贈太孺人。
王氏　照母。贈太孺人。
程氏　照妻。贈孺人。
虞氏　照妻。封孺人。
應曙　廷育父。贈主事。
樓氏　廷育母。封太安人。
池氏　廷育妻。封安人。
俞洪　玘父。贈文林郎。
張氏　玘母。贈太孺人。
周氏　玘妻。封孺人。
曹勝　贊父。贈文林郎。

樓氏　贊母。贈太孺人。
董氏　贊妻。封孺人。
王福　崇祖。贈兵部左侍郎。
方氏　崇祖母。贈太淑人。
王科　崇父。封吏科給事中，贈兵部左侍郎。
李氏　崇母。封太孺人，贈太淑人。
謝氏　崇妻。封孺人，贈淑人。
程氏　崇妻。封淑人。
趙機　鑾父。封郎中。
孫氏　鑾母。封太宜人。
朱氏　鑾妻。贈宜人。
童氏　鑾妻。封宜人。
胡機　大經父。贈文林郎。
張氏　大經母。贈太孺人。
程氏　大經妻。封孺人。
李檸　鴻父。贈文林郎。
楊氏　鴻母。贈太孺人。
朱氏　鴻妻。封孺人。
吳海　九經父。贈主事。
李氏　九經母。贈太安人。
王氏　九經妻。封安人。
徐時　文通父。封參議。
孫氏　文通母。封安人，贈恭人。
趙氏　文通妻。封安人，加封恭人。
呂瓚　欽父。封員外郎。
周氏　欽母。封太安人。
朱氏　欽妻。贈安人。

朱氏　欽妻。贈安人。

李氏　欽妻。封安人。

周鍾　聚星父。封郎中。

王氏　聚星母。封太宜人。

王氏　聚星妻。封宜人。

徐文璧　師皋、師稷、師瓊父。有文行，嘗著《師古訓言》。以師皋貴，贈太平知府。

應氏　師皋母。贈恭人。

俞氏　師稷母。贈孺人。

葉氏　師皋妻。贈恭人。

盧氏　師皋妻。封恭人。

曹氏　師稷妻。封孺人。

程麟　正誼祖。贈四川左布政。

楊氏　正誼祖母。贈太夫人。

程梓　正誼父。贈四川左布政。

孫氏　正誼母。贈太夫人。

吳氏　正誼妻。封夫人。

徐文燦　師張父。封知縣。

陳氏　師張母。贈孺人。

呂氏　師張妻。贈孺人。

黃珪　卷父。封中書舍人。見耆壽。

胡氏　卷母。封太孺人。

孫氏　卷妻。封孺人。

郝氏　卷妻。以子一鶚貴，封太孺人。

徐氏　一鶚妻。封孺人。撫庶子，克有容德。

徐文沛　世芳父。贈文林郎。多善行。

俞氏　世芳母。贈太孺人。

潘氏　世芳妻。贈孺人。

王氏　世芳妻。封孺人。侍郎王崇弟。

李氏　贈僉事徐學顏妻。贈宜人。

應尚端　典父。贈兵部主事。

李氏　典母。封太安人。

朱氏　典妻。封安人。

周氏　王秉銓妻。贈孺人。

朱氏　王秉鑑妻。封宜人。

黃氏　王秉鑰妻。封孺人。

程章袞　光裕父。封南京太常寺典簿。

徐氏　光裕母。封太孺人。

趙氏　光裕妻。封孺人。

盧氏　光裕妻。封孺人。

徐文郁　一本父。移封南京石城門千戶所吏目。

應昱　本泉父。封南京兵部興牧所提領。

朱思道　仲智父。贈中憲大夫。

陳氏　仲智母。贈太恭人。

胡氏　仲智妻。贈恭人。

周勳　鳳岐父。贈屯田司主事。

徐氏　鳳岐母。贈太安人。

孫氏　鳳岐母。贈太安人。

徐氏

楊氏　並鳳岐妻，並贈恭人。

徐一楠　可期父。贈徵仕郎行人司行人。

應氏　可期母。贈太孺人。

施氏　可期妻。封孺人，進宜人。

王宗燿　世德祖。贈湖廣右布政。

應氏　世德祖母。贈太夫人。

王師周　世德父。贈湖廣右布玫。

杜氏　世德母。贈太夫人。

周氏　世德妻。贈夫人。

邵氏　世德妻。贈夫人。

汪氏　世德妻。贈夫人。

周濚　九皋父。贈江西參政。

吳氏　九皋母。封太安人。

孫氏　九皋妻。封孺人。

邊氏　光燮妻。封安人。

侯氏　光夏妻。封安人。

徐文訓　一桂父。贈文林郎。

王氏　一桂母。贈太孺人。

周潄　懋良父。贈徵仕郎。

呂氏　懋良母。贈太孺人。

應氏　懋良妻。封孺人。

呂九疇　應兆父。貤封贈將仕郎。

薛氏　應兆母。貤封贈孺人。

周廷奇　思敬父。贈徵仕郎。

應氏　思敬母。贈太孺人。

應氏　思敬妻。封孺人。

盧仲傳　元始父。贈文林郎。

王氏　元始母。封太孺人。

周氏　元始妻。封孺人。

徐懋學　明勳父。贈文林郎。

李氏　明勳母。封太孺人。

朱氏　明勳妻。封孺人。

周氏　汪弘海妻。封孺人。

掾　史

漢時，掾史與孝廉、文學俱入仕，並至公卿，自後漸以衰矣，世所趨也。然奔走管籥之任，蓋有不可廢者，矧其中豈無自立事業盡有可觀者如明之況鍾、徐稀葦，載在史册，事功政蹟斑斑可考者乎！今按舊志所錄，代叙名表，併以國朝各途入仕者續焉。其有政蹟舊入人物志者，仍志之。

宋 舊志無載

元 舊志亦略

俞翼之　市舶提舉。
徐養賢　安城巡檢。
陳　顏　本縣典史。
柴　興　樂清主簿。

明

馬文韶　見遺事。
陳　格　新泰典史。
戚廷玉　百順巡檢。
朱彥本　中堂巡檢。
朱　暉　倉大使。
胡宗朗　靳水典史。
金世昌　河泊所官。
胡　著　經歷。
王希賢　典史。
胡叔寶　見人物。

應　華　典史。
吳　瓊　巡檢。
應仕政　知事。
施　忠　驛丞。
魏仲成　主簿。
胡　清　知事。
應　紀　倉官。
陳　寧　巡檢。
章　洪　驛丞。
王子直　倉大使。
項孟善　典史。
項文鑑　倉官。
項　田　縣丞。
項思敬　倉大使。
胡　艮　倉大使。
趙文忠　局官。
呂　林　倉大使。
薛　旺　主簿。
薛文玉　倉大使。
薛孟造　典史。
胡　雙　主簿。
陳　鎰　縣丞。
樓文賢　倉大使。
胡　魁　倉大使。
朱　彰　經歷。
盧　泉　巡檢。
徐　達　主簿。

169

應　　開　巡檢。

胡　　華　巡檢。

呂　　義　草場副使。

施　　奇　巡檢。

葉　　陞　倉大使。

周存勗　縣丞。

林茂盛　主簿。

王　　寶　典史。

胡　　海　巡檢。

葉　　泰　倉大使。

馬　　興　南平主簿。

李廷相　主簿。

林　　讚　巡檢。

應　　權　倉大使。

牟德正　巡檢。

林　　完　經歷。

樓鳴鳳　主簿。

王　　賢　典史。

陳忠厚　巡檢。

李世良　倉大使。

陳良用　局官。

徐　　顯　典史。

呂鳳翔　縣丞。

應本泉　見遺事。

葉良佐　巡檢。

應惟德　典史。

呂大成　南容稅使。

王仕龍　巡檢。

陳克明　永寧典史。

呂德立　獄官。

呂思齊　吏目。

周邦惠　典史。

黃伯隆　主簿。

呂希明　巡檢。

呂考祥　巡檢。

章子榮　典史。

陳思明　巡檢。

王伯潤　婺源典史。

林邦文　巡檢。

林邦彩　欽獎督濬有坊，吏目陞主簿。

童國敦　巡檢。

章汝科　巡檢。

林樹德　巡檢。

應用明　倉大使。

童國任　巡檢。

徐文學　倉副使。

徐文棣　驛丞。

徐一本　沂州吏目。

徐一憲　巡檢。

徐應奇　巡檢。

應聯芳　巡檢。

王　榛　丹徒主簿。

王　桁　成安主簿。

蔡廷寬　吏目。

葉惟新　庫官。

呂文欽　典史。

倪光輝　典史。

章福紹　主簿。

胡鳳翔　主簿。

童　勳　吏目。

葉文標

鄭顯之　縣丞。

徐德英　省祭。

鄭文佐　倉大使。

應文寧　倉大使。

徐文逵　樂平典史。

鄭充之　主簿。

趙文逵　巡檢。

張仲和　主簿。

曹文瓔　巡檢。

章一清　岷府工政。

章弘德　倉大使。

呂　忠　倉大使。

童　滋　邵陽主簿。

程光祥　巡檢。

池　渟　巡檢。

池　瓚　巡檢。

田文用　州吏目。

俞用光　主簿。

應聯璋　西安衛經歷。

趙汝誠　巡檢。

林文悌　大同衛經歷。
湯應龍　沛縣縣丞。
朱文炤　永川主簿。
王　師　章平巡檢。
樓文正　金壇主簿。
王宗文　歙縣主簿。
應明用　開縣主簿。
孫世儀　沔池主簿。
周汝康　通州巡檢。
陳國華　楚府典儀。
周廷讓　典儀。
周一鳳　主簿。
周一鸞　吏目。
章文煥　太倉衛經歷。
章邦周　巴陵典史。
樓時叙　漢口巡檢。
徐應元　隆灣巡檢。
施應魁　淶水典史。
王師曾　沔陽吏目。
王師經　東筦吏目。
林國賓　草市巡檢。
徐應堂　懷集巡檢。
葉宗江　太原吏目。
葉宗夏　福寧巡檢。
盧仲奇　寧國知事。
盧仲誥　桃樹巡檢。
周士華　白椒巡檢。

吴鸣雷　俄嶺巡檢。

盧朝忠　惠州倉官。

汪應龍　潞府典簿。

吕文珍　龍門巡檢。

吕師堯　寧羌經歷。

吕應龍　寧府照磨。

吕一榮　揭陽主簿。

吕應遇　河陽主簿。

單必瑞　長沙府典儀。

單希皋　吳江巡司。

吕應兆　饒平縣丞。

應和中　南昌巡檢。

應志和　長沙典史。

應雲悌　永平司獄。

應鳴岐　興化巡檢。

周懋良　山海經歷。

周汝仁　銅梁典史。

周　材　四川巡司。

周應隆　金沙大使。

周聚奎　韶州巡司。

周聚精　鉛山典史。

周思敬　平涼經歷。

周思信　翼城典史。

胡國卿　桂林典史。

王文賢　沈丘典史。

曹一躍　鳧尾巡檢。

牟惟忠　淥口巡檢。

牟瑞奇　驗封令使。
馬仲理　浦城巡司。
馬宗謙　馬兜巡司。
朱尚質　濟河主簿。
朱　璋　安撫經歷。
朱廷澄　河泊所官。
朱大堯　河間府知事。
朱廷瀾　谷水巡司。
朱守進　羅源典史。
朱守正　廣豐大使。
朱潤身　河泊所官。
曹夢麒　崇府典儀。
陳用中　漳州照磨。
陳日升　胡樂巡檢。
陳良修　孝感典史。
王文贊　溧水主簿。
周德順　蕭縣典史。
周大益　高平丞，陞經歷。
章大默　宜陽主簿。
章德安　烏潯巡檢。
呂宣齡　東筦主簿。
朱大校　閬中主簿。
朱家英　廬陵巡司。
朱家棟　三水巡司。
邵仲升　藤縣典史。
章廷桂　苑馬監正。
陳廷玉　延平巡檢。

陳天相　上猶典史。
陳應懃　稅課大使。
應世永　南陵主簿。
應時聘　武進主簿。
應時聘　臨清經歷。
應曰元　重慶府經歷。
王師旦　黟縣主簿。
王世紀　睢寧主簿。
陳惟勤　吳縣巡司。
陳端中　潞安贊政。
陳三材　平定倉大使。
李應霈　平海經歷。
李　星　淮安司獄。
吳從周　永嘉大使。
徐一鳳　監利典史。
程胤孝　岳陽典史。
姚天祿　唐邑典史。
樓文通　藥徑巡檢。
樓文皋　左屯經歷。
陳應時　福清典史。
陳應祥　河南大使。
施守璽　安仁典史。
徐一桂　武陽典史。
徐大紳　新會主簿。
徐大經　泉州司獄。
徐大綸　仙鄉巡司。
徐大有　平河巡司。

徐鳳珪　河澗知事。
徐一璋　廣東巡檢。
呂應占　龍潭巡檢。
王文祐　寧鄉巡檢。
王大德　建寧照磨。
徐廷玉　嘉山巡檢。
章文勝　長墩巡檢。
徐士成　大冶縣丞。
胡子傑　揚州經歷。
林茂春　刑部司獄。
程大禮　石門巡檢。
李允遷　牛肚巡檢。
汪若海　陳墓巡檢。
應明達　萬口巡檢。
應明敬　岑縣巡檢。
應俞賢　漳縣典史。
應　紹　海門典史。
應明修　石門巡檢。
曹汝美　福州經歷。
汪守臣　南津巡檢。
程國寶　清澗典史。
黃一誥　仁化主簿。
黃應春　池河驛丞。
顏文淳　三水巡檢。
童祖昂　臨湘縣丞。
胡應化　主簿。
俞應綬　潭口司巡檢。

童明時　清溝巡檢。

童汝稑　廣德所吏目。

李汝元　楚府典儀。

汪弘海　富州吏目。校梓縣志。

陳應高　吳川巡檢。

汪宜孝　大倉嶺巡檢。

黃應文　堷坪巡檢。

呂應元　縣丞。

徐逢熙　主簿。

樓文曙　主簿。

應三選　主簿。

武

周一麟　南錦衣衛指揮。

王世愷　鎮撫。

牟士龍　溫州府鎮下關守備。海寇犯境，拒敵，力追陣亡。民感其功，爲請立祠。

王安邦　溫州都司，功陞福建漳泉興總兵。

國朝各途入仕

應　明　生員。廣西梧州知府。

杜　廣　黃平知州。

李鐘課　永定衛經歷。

陳文學　儒士。閩縣縣丞。

林先春　大名府經歷。

李國纓　鎮安典史。

林芝翰　建寧教諭。

徐士行　由貢監龍巖縣丞。

周士貴　生員。福青典史。
徐大統　生員。三水縣訓導。
楊光龍　生員。海陽縣丞。
葉日藍　廣東布政司經歷。
朱吉人　生員。松陽教諭。
趙循毅　廣東布政司照磨。
周啓商　丘縣典史。
吕際明　南陽主簿。
王同玉　玉田典史。
王公詡　江南司獄。
王同禧　高平驛丞。
王起鴻　新喻典史。
金　元　綏德州吏目。
金守起　新化典史。
林正台　興安州吏目。
周立志　安遠典史。
林士文　贛榆典史。
李邦樞　浮溧縣丞。
杜子延　平定倉官。
李邦旆　如皋典史。
李正曉　長洲主簿。
金　貴　台州水師僉事。

贊曰：選舉，二志俱傷略，至歐陽志乃詳遠而能詳，其搜羅亦足尚已。論者謂其多總人家銘譜而別無徵據，詳而近誣，固不如略之近核也。於是正德新志反之，多所刊削。論者又謂其徒憑宋、元二志無能改，於其略而當詳者並疑而缺焉，過疑而近苛，又不如存疑之近厚也。

彼此違異，竟無定論。於是洪令續志又多取歐陽爲準，無能改於其誣，而當刊削者亦從而存焉。論者於是愈不知所以折衷矣。今所修者，參考諸志，而益以各史及諸大家文集，詳略存缺，皆有徵據。信則從核，疑則從厚。筆削之際，實留意焉。○此應志舊文也。今日續修，無以易其言矣。

永康縣志卷之八

知縣事雲杜徐同倫疉源重修

楚人尚登岸未庵、邑人俞有斐晛蒼彙輯

儒學訓導虞輔堯允欽校正

邑人徐光時東白編纂

徐宗書廣生參閱

王世鈇柳齋、程懋昭潛夫編纂

汪弘海校梓

人物篇　名賢　士行　耆壽　民德　女貞

叙曰：山川毓秀，名賢迭生。爰及士行，民德女貞。不有載籍，于何其徵？志人物第八。

有百世之人，有一世之人，有一郡一邑之人。才節著于當時，文學傳于來世，卓爾不群，不必稽諸國史，而迄今聞其名誦其言者想見其人，此可以爲百世之人矣。陳文毅公是也。謨猷足以致主，惠澤足以及民，雖越世之下而言行功德之著于信史者弗可泯也，此可以爲一世之人矣。林正惠、樓襄靖諸公是也。諸如胡汲仲之文學，其去吳全歸遠甚下此固未敢概論，要其砥節礪行，不同流俗，亦不失爲一郡一邑之人也。夫百世之人與一世之人，國史載之矣。一郡一邑之人，捨郡邑之志而弗録，將誰與録乎？第舊志以兩字標定品目，今但據世代先後，叙爲列傳，略以名賢、士行、耆壽、民德第之，以女貞附焉。且夫驪黃牝牡，善相馬者猶將得諸形色之外，而欲以兩字品目鑒定人物，不亦拘乎！

名賢列傳

宋名賢

胡則　字子正。少倜儻，負氣格。方五代吳越以戈鋋立國，獨奮志劬學于方巖蘭若。登端拱己丑進士。宋婺士登進士者，自則始。釋褐，調許田尉，以幹辦聞，轉憲州錄事參軍。時靈夏用兵，轉運使索湘遣入奏兵備，召對稱旨，太宗顧左右曰："州郡有如此人！"命記姓名中書。大將李繼隆出塞十旬弗返，移文轉運司云："兵將深入，糧可繼乎？"則謂湘曰："兵老矣，矯問我糧，爲班師之名耳。請以有備報之。"未幾，繼隆師遂還。遷著作郎，簽書貝州觀察判官。會遣使省冗役，檄則行河北道，所省凡十餘萬，民用休息。陞著作丞，知潯州。時有虎患，則齋戒禱城隍神。翌日，得死虎廟中。改太常博士，提舉兩浙榷茶事，兼知睦州。丁母憂，廬墓終喪，以本官知永嘉郡。遷屯田員外郎，提舉江南路銀銅場鑄錢監。得吏所匿銅數萬斤。咸懼且死，則曰："吾豈重貨而輕殺數人之命乎？"籍爲羨餘，不之罪。擢江浙制置發運使。會真宗奉祠景亳，則主供億。至于禮成，無纖毫缺，帝才之，面加獎勞。轉戶部員外郎，入爲三司度支副使，賜金紫，除禮部郎中、兩浙轉運使，移廣南西路。有番舶遭風不能去，且告食乏。命瓊州出公帑錢三百萬貸之。吏曰："蠻無信。"則曰："遠人之來，不恤其窮，豈天朝綏懷意耶？"已而竟償錢如期，視所貸且三倍，朝廷覽奏嘉焉。按宜州大辟十九人，爲辨活者九人。改戶部郎中，充江淮制置發運使，遷太常少卿。尋坐丁謂累，責知信州，又徙福州。有官田數百頃，已佃爲民業久矣，計臣上言請鬻之，責其估二十萬貫，民不勝弊。則奏之，章三上，且曰："百姓疾苦，刺史當言之。言而弗從，刺史可廢矣。"竟得減其直之半，而民賴以安。遷諫議大夫，知杭州。入判流內銓，坐舉官累，責授太常少卿，知池州。未行，復諫議大夫，知永興軍，領河北都轉運使，進給事中，入權三司使。寬於財利，不以尅下爲功。時朝廷方以兩京、陝西榷鹽病民，議改通商，有司憚於改作，則首請如詔，事遂行，民皆便之。進工部侍郎、集賢院學士，出知陳州，遷刑部侍郎，移知杭州，得請加兵部侍郎致仕，卒。則常奏免衢、婺二州身丁錢，民懷其德，户立像祀之，在方巖者賜額曰"赫靈祠"。其後陰助王師殄巨寇，累著靈異，宣和及紹興、淳祐、寶祐中屢敕加賜爵號，更祠號曰"顯應"云。

徐無黨　從歐陽文忠公脩學古文辭。脩稱其文日進，如水湧而山出。其馳騁之際，非常人筆力可到。嘗注《五代史》，妙得良史筆意。皇祐癸巳省試第一，賜進士出身，仕止郡教授。惜弗究厥施云。

樓炤　字仲暉。登正和五年進士。調大名府戶曹參軍，進尚書考功員外郎。高宗在建康，移蹕臨安，擢右司郎中。時銓曹患員多缺少，自倅貳以下多添差，炤言："光武併省吏員，今縱未能損其所素有，又安可置其所本無乎？"紹興二年，召朱勝非爲侍讀，罷給事中胡安國。炤與程瑀等言勝非不可用，安國不當罷，皆落職。六年，召爲左司員外郎，尋遷殿中侍御史。明年遷起居郎，言："今暴師日久，財用匱乏。考唐故事，以宰相領鹽鐵轉運使，或判戶部，或兼度支。今宰相之事難行，若參仿唐制，令戶部長貳，兼領諸路漕權，何不可之有？內則可以總大計之出入，外則可以知諸道之盈虛。"詔下三省，措置施行。又言："監司、郡守，係民甚切。乞令侍從官各舉通判資序或嘗任監察御史以上可任監司、郡守者一二人。"詔從之，命中書、門下置籍。七年，宰相張浚兄滉賜出身與郡，中書舍人張燾封還。以命炤，又封還。乃命權起居舍人何瀹書行。於是炤與燾皆請外，以直秘閣知溫州。未幾，除中書舍人，尋遷給事中兼直學士院。九年，進侍讀，除端明殿學士簽書樞密院事，繼命往陝西宣諭德意。炤奏："統制吳革死于范瓊，知環州田敢成、中郎盧大受死于劉豫，乞賜褒恤，以表忠義。又奏陝西諸路不從僞命之人所藉田產並勘驗給還。"炤至東京，檢視宫室，尋詣永安軍謁陵寢，遂至長安。會李世輔自夏欲歸朝，玿以書招之。世輔以二千人赴行在，賜名顯忠，後卒爲名將。又至鳳翔，以便宜命郭浩帥鄜延，楊政帥熙河、蘭鞏，吳璘帥鳳翔。還，以親老求歸省，命給假迎侍，仍賜金帶。十四年，以資政殿學士知紹興府，過闕入見，除簽書樞密院事兼參知政事。尋爲李文會等劾罷，與祠，除知宣州，徙廣州，未行而卒，年七十三。謚襄靖。

胡邦直　字忠佐。建炎二年登丙科。建議復讎雪恥，忤秦檜意，坐廢十餘年。檜死，乃起爲監司，累遷知封州。所著有《雲谷集》。

章服　字德文。自幼穎悟，窮經旨，至廢寢食。登紹興二年進士，授青田尉，累遷朝奉郎。用魏良臣薦，除兩浙提舉市舶公事。常俸外，例所可得者一弗取，對人亦不輒非前例。除朝請郎，差知建州。軍糧久不給，軍情洶洶。服至，爭走訴馬前。時庫錢不能三萬。服徐諭之曰："第歸營，得一月，當次第給矣。"立案稅籍，得豪要奸胥要領。及期，軍用以足。於是省教條，寬科索，安於法守，而事大治。連遭父母喪，服闋除，知鄂州。鄂當水陸之衝，敵分兵扼上流，朝廷出軍戍鄂，一日或須船千艘、馬五千疋。服度不可辦者奏聞，餘悉給，無留難。此時朝廷置武事不問者餘三十年，敵卒棄好，民不識兵革，往往流徙，更居迭去。服區處不遺餘力，民得不以兵事爲恐。州額租纔五千，上供至萬斛，他須稱是。服視稅籍，得贏錢立辦，人以爲神，而服乃戚焉若不自得也。改提舉兩浙常平。先是漕司貸常平錢二萬，久置不問。服曰："此非法意也。民不知賴矣。"立移文督之。既而戶部復請貸三萬，服難之。銜命小校，恥不即得，出不遜語。服叱之曰："此聖旨耶！常平，民命也。當以法奏覆。奴何敢爾！"戶部尋覺其不可而止。召除吏部員外郎，再遷侍御史。上疏言："祖宗之大讎未報，中原之故地未復，嘗膽之志可少忘乎？歡好常敗於變詐，師旅或興於無名，歃血之盟可久恃乎？淮堧瘡痍，江淮饑饉，邦財未裕，軍政久墮，士風或懷於奔競，朝綱或撓於私曲，此皆當今急務，不宜以偃兵而置度外也。"又上言："願以財賦、邊備二事，專委大臣，集郡人之説，參訂其可行者，置局措畫，假之歲月，責以成功。不然，因循苟簡，臣恐後日不可悔也。"又請博求武勇以備將帥。三十年來，將帥以事廢、罪不至誤國者，願一切與之自新。知池州魯訔以竹生穗實，圖之求獻，且言："饑民實賴以食。"服言："物反常則爲妖。竹非穗實之物，是反常也。竹生實則林必枯，是爲妖也。以妖爲瑞，是罔上也。況饑民有食糟糠者，有食草木實者，有食土之似粉者，豈以是爲珍於五穀哉？猶愈於死而已。訔牧民，顧使其民至此，猶以爲瑞乎？邪佞成風，漸不可長。"初，朝廷揀諸路廂禁土軍，就閱行在所，約以防秋遣。久留未遣，軍人不堪，相率詣臺自言。服爲移牒樞密院。不報，即上言："足食、足兵，爲政之先務。聖人以爲必不得已則去兵、去食，而信終不可去。今因兵而去信，無乃不可。"仍于上前反覆固争，上頷之。時虞允文兼知樞密院事，召戚方議之，竟復寢。一軍竄逸無留者，又相與拒鬭，不可捕，將校以下皆貶官，而方獨放罪。服遂併劾允文挾私任情，連章不已，允文竟罷去。中官梁彦俊幹辦皇城司，轉官不行臺謝，服劾其廢法，彦俊坐諭贖。會服除吏部侍郎，彦俊摘其章有不遜言，上大怒，責罷汀州居住。在汀七年，杜門觀書，世念泊如也。得旨放還，提舉太平興國宮。著有《論語孟子解》、《易解》若干卷。

林大中　字和叔。登紹興庚辰進士，調湖州烏程縣主簿，遷知撫州金谿縣。郡督賦急，大中請寬其期，不從，取告身納之，求劾而去。守愧謝，許焉。丁父憂，服除，知湖州長興縣。訟牒必究曲直，不許私和。或謂恐滋多事，大中曰："此乃所以省事之方也。"由是訴訟日稀。用侍郎詹義之薦，得幹辦行在諸司糧料院。求補外，同擬者四人，孝宗指大中與計衡姓名曰："此二人佳，可除職事官。"遂除太常寺主簿。光宗受禪，詔舉察官，用尚書葉翥等薦，除監察御史，論事無所回避。遷殿中侍御史，兼侍講。紹熙二年春，雷電交作，有旨訪時政缺失。大中言："孟春雷電，則陰勝陽之義。蓋君子爲陽，小人爲陰，其邪正在所當辨。趨向果正，雖一節可議，不害爲君子。趨向不正，雖小節可喜，不害爲小人。正者當益厚其養，無責其一節之過以消沮其正大之氣。不正者當深絕其漸，無以小節之可喜而長其奸僞之萌。"知潭州趙喜俊得旨奏事，大中劾其憸邪，罷之。帝問今日群臣孰賢，大中以知福州趙汝愚對，汝愚由是被召。浙江西路民苦折帛和買重輸，大中抗疏論之，有旨減其輸者三歲。尋求補外，改吏部侍郎。辭，乃除直寶謨閣，知寧國府。朱熹遺書朝士曰："林和叔入臺，無一事不中的，去國一節，風誼凜然，當於古人中求之。"尋移知贛州。贛爲劇郡，大中一以平心處之，文移期會，動有成規，裁斷曲直，不可動搖，猾吏豪民，爲之束手。寧宗即位，召還，試中書舍人，遷給事中，兼侍講。知閤門事韓侂胄來見，大中接之，無他語。使人通問，因願納交，又笑却之。會彭龜年抗疏劾侂胄，有旨侂胄與内祠，龜年與郡。大中請留龜年經筵，而斥侂胄外任，不聽。侂胄愈恨。御史汪義端以論趙汝愚去，侂胄引爲内史，大中駁之。改吏部侍郎，不拜，遂以煥章閣待制出知慶元府。舊傳府有鬼祟，大中謂此必黠賊，亟捕治，既而果然，并前後所失物皆得之，由是奸人屏息。丐祠，得請，未行，給事中許及之，侂胄黨也，承風繳駁，遂削職歸，與趙汝愚、朱熹等俱入僞籍。歸凡二十年，優游别墅，時事一不挂口。或勸通書侂胄以免禍，大中曰："福不可求而得，患可懼而免乎？"及侂胄誅，召見，試吏部尚書，擢端明殿學士，簽書樞密院事。公世居在城縣治左側，有别業在八都，後徙居縣東十里，以龜潭爲遊息之所。嘉定元年六月卒，年七十一。贈正奉大夫、資政殿學士，謚正惠。

　　應孟明　字仲實。登隆興癸未進士，調臨安府教授，繼爲浙東安撫司幹辦官，樂平縣丞。時郡守酷甚，孟明以書諫。事聞於朝，朝令守、丞兩易其任。以侍御史葛邲、監察御史王藺薦，爲詳定一司敕令所删定官。輪對，首論："南北通好，疆場無虞，當選將練兵，常如大敵之在境，而可以一日忽乎？貪殘苛酷之吏未去，吾民得無有不安其生者乎？賢士匿於下僚，忠言壅於上聞，無乃衆正之門未闢、兼聽之意未盡乎乎？君臣之間，戒懼而不自恃，勤勞而不自寧，進君子，退小人，以民隱爲憂，邊陲爲警，則政治自修，綱紀自張矣。"次乞申嚴監司庇贓吏、薦舉徇私情之禁。帝嘉獎久之。他日宰相進擬，帝出片紙，書二人姓名，曰："卿何不及此？"其一人則孟明也，乃拜大理寺丞。故大將李顯忠之子家僮溺死，有司誣以殺人，逮繫幾三百家。孟明察其無辜，白於長官，釋之。出爲福建提舉常平，陛辭，帝諭之曰："朕知卿愛百姓，惡贓吏。事有不便於民，宜悉以聞。"因問當世人才，孟明曰："有才而不學，則流於刻薄。惟上之人教化明，取捨正，使回心向道，則成就必倍於人。"帝曰："誠爲人上者之責。"孟明至任，具以臨遣之意咨訪之。帝一日御經筵，因論監司、按察，謂講讀官曰："朕近得數人，應孟明其最也。"尋除浙東提點刑獄，以鄉部引嫌，改使江東。會廣西謀帥，帝謂輔臣曰："朕熟思之，無易應孟明者。"即以手筆賜孟明曰："朕聞廣西鹽法利害相半。卿到任，可自詳究事實。"進直秘閣，知靜江府兼廣西經略安撫使。初，廣西官鹽易爲客鈔，客戶因多折閱逃避，遂抑配於民。行之六年，公私交病。孟明驛奏除之。禁卒朱興結黨，弄兵雷、化間，聲勢漸長。孟明遣將縛致轅門，斬之以徇。光宗即位，遷浙西提點刑獄，尋召爲吏部員外郎，改左司，遷右司，再遷中書門下省檢正諸房公事。寧宗即位，拜太府卿，兼戶部侍郎。慶元初，權吏部侍郎。卒，贈少師。孟明以儒學奮身，受知人主，官職未嘗倖遷。韓侂冑嘗遣密客誘以諫官，俾誣趙汝愚，固却不從，士論以此重之。

陳亮　字同甫。生時目光有芒，才氣超邁，善談兵，議論風生，下筆數千言立就。年十九，考古人用兵之迹，著《酌古論》。郡守周葵奇之，禮爲上客。及葵爲執政，朝士白事，必令揖亮，因此遍交一時豪傑，盡其議論。乃授以《中庸》、《大學》，曰："讀此可精性命之說。"遂受而盡心焉。隆興初，與金人約和，天下欣然，獨亮持不可。婺州方以解頭薦,因上《中興五論》,不報,退修于家,學者多歸之。隱居著書十年。亮嘗環視錢塘,嘆曰:"城可灌也。"蓋以其地下於西湖云。淳熙五年,亮更名同,詣闕上書數千言,勸帝移都建康,漸圖恢復。孝宗赫然震動,欲榜朝堂以勵群臣,召令上殿,將擢之官。左右無知者,惟曾覿知之,特來謁亮。亮恥之,踰垣而逃。覿不悅,大臣惡其直言無諱,交沮之,乃有旨都堂審察,命宰相以上指問所欲為。落落不少貶。待命十餘日,再詣闕上書,言尤剴切。上欲官之,亮笑曰:"吾欲為社稷開數百年之基,寧用以博一官乎!"亟渡江而歸。嘗因醉飲,言涉不遜,或告刑部侍郎何澹。澹亦被亮嫚語者,即繳狀以聞。事下大理,笞掠無完膚,乃誣服為不軌。孝宗知其妄,遂得免罪。居無何,家僮殺人,又下大理。宰相王淮知帝欲生亮,得不死。歸家,益勵志讀書,究觀皇帝王霸之略。嘗與宋熹書,辨論三代漢唐之際,數往返不屈。熹雖不以為然,至於"心無常泯,法無常廢"二言者,雖熹亦心服其不可易也。其學自孟子後惟推王通,於當世諸儒皆不少讓。嘗言:"研窮義理之精微,辨析古今之同異,原心於秒忽,較禮於分寸,則於諸儒誠有媿焉。至於堂堂之陣,正正之旗,風雨雲雷交發而並至,龍蛇虎豹變現而出沒,推倒一世之智勇,開拓萬古之心胸,自謂差有一日之長。"高宗崩,金遣使簡慢,亮復上書言恢復大計,不報。光宗策進士,亮對稱旨,擢為第一,授簽書建康府判官廳公事。未上,卒。吏部侍郎葉適請於朝,命補一子官。端平初,平章軍國事喬行簡為請謚,云亮"以特出之才,卓絕之識,而究皇帝王霸之略,朝於開物成務,酌古準今,蓋近世儒者所未講。平生所交如朱熹、張栻、呂祖謙、陸九淵皆稱之曰是實有經世之學","當渡江積安之後,勸孝宗以修復藝祖法度,為恢復中原之本,將以伸大義、雪讎恥。其忠蓋與漢諸葛亮、本朝張浚相望于後先,尤不可磨滅"。命太常定議,賜謚文毅。更與一子官。

　　呂皓　字子陽。少負志節,學於林大中,而友陳亮、呂祖謙。以出粟賑濟,受知倉使。朱熹薦諸朝,補郡文學。淳熙中舉,上禮部,會父兄爲怨家誣搆,逮繫大理獄。皓叩閽上書,理其冤,願納所得官以贖罪,且言無使聖世男子不及漢緹縈一女子爲歿身恨。翌日下都堂議,宰相白無例。孝宗曰："此義事,安用例?"由是其父兄與連坐五十餘人皆得釋。再試禮部,不第,遂絕意仕進,隱居桃巖山,與陳亮往來講切,克己脩慝,孜孜不倦。父母繼没,茹素三年,廬墓以終喪。割兄弟所遜田爲義莊,以贍教鄉族。制置使劉光祖、郡守王夢龍、陳騤以遺逸孝友交薦于朝,俱不起。嘗作《雲溪逸叟傳》以見志。

呂源　字子忠。性孝友,嗜學。兄皓常語之曰："充其義,以行於家,而及於卿可也。何必應舉求仕?"執親喪,哀毀踰禮,苦塊三年。常置義莊、義倉、義塚,且別爲小廩,收恤閭里棄兒。病革時,兄遊江陵,仰天大號曰："不及見吾兄一語而訣,吾目不瞑矣!"人莫不哀思之。郡邑以孝弟聞於朝,贈通直郎,旌表其門。

徐木　字子材。登乾道丙戌進士。盛有才名。朱元晦與遊,嘗過其家,爲書《家人》卦辭於廳事之壁。朋友有喪不能舉者,輒助舉焉。陳同甫與元晦書云："徐子材不獨有可用之才,而爲學之志亦篤。"又云："陳聖嘉之與人交,應仲實之自處,徐子材之特立,皆吾所不及也。"其爲名流推重如此。

章徠　字敬則。淳熙甲辰進士,歷官右文殿修撰。時陳賈議貶道學,徠與劉光祖極言道學之正,光宗嘉納。及趙汝愚罷相,又與章穎抗疏,劾韓侂胄專擅,坐罷官歸。寶慶間,召爲宗正少卿,兼侍講,卒。所著有《凝塵集》。

應純之　字純甫,孟明子也。剛毅自任,與兄謙之、茂之篤尚考亭之學。登嘉泰三年進士,授洪州新建主簿,轉從仕郎,調泰州如皋鹽場,改秩餘干縣。秩滿,差監左藏東庫,再差監都進奏院。簡易廉明,屢著聲稱。時江淮多事,遴選能臣,以純之知楚州。崇儒勸學,士知向方。慮敵人南侵,修治城堞,簡閱軍士,力爲戰守之具。鑿管家湖,建水教亭,演習舟師。又以餘力,督長吏,練甲兵,創烽臺,屯要害,給坐團者鎧仗,使遇賊得自擊。敵人帥師南下,詔以李珏及純之等俱便宜行事以禦之。敵知純之有備,不敢犯,淮、楚以安。嘉定十年,主管京東經略使,節制淮東、河北軍馬。時李全等勢張甚,純之用計招之,全遂來歸,因密聞於朝,請濟師,謂中原可復。史彌遠鑒開禧之事,不明招納,但敕立忠義軍,令純之節制。於是歸者日衆。會東廣謀帥,以純之爲兵部侍郎,兼經略安撫。猾寇剽劫郡邑,勢莫能禦。純之授諸將方略,生擒渠魁,餘黨悉平。帝嘉獎之。甲申秋八月,敵人大舉入寇,兵少援絕,守臣望風奔遁。純之嘆曰:"吾不能剿賊,何面目見天子!"率所部力戰,遂死之。事聞,朝廷嘉其忠,遣使葬祭,求其首不得,爲鑄金以葬焉。

　　胡巖起　登嘉定甲戌進士,授知閩縣事。卓行危論,奇文瑰句,士大夫皆自以爲不及,廣帥真德秀雅敬重之。轉江西提刑幹辦公事。值贛卒朱世倡亂,殺提刑使者,朝命以陳愷繼其任。巖起調度事宜,佐愷密設方略,遂平之。贛人作《平贛錄》紀焉。子居仁,登淳祐甲辰進士,累知台州。其文詞、政事,亦絕出於一時云。

　　胡佽　字子先。登寶慶丙戌進士,累官監察御史。內侍董宋臣竊弄國柄,屢疏劾之,奪職調將作院少監。佽即棄官歸,稍治田園以自給,泊然不以勢利經心。後累召不起。所著有《孝經》、《論語釋》。人稱爲雲岫先生。

　　章塤　倈之孫也。咸淳末,都城失守,浙東諸郡多陷。時衛、益二王在福州,塤自念世受國恩,與弟墅捐家貲,募忠勇,得義兵數千,收復婺城。制置使李珏以聞,授塤直秘閣知婺州,墅主管官誥院通判衢州。率麾下陳子雲、唐開等奮勇入城。三十六年六月,與元兵力戰于丁鼠山,既而援絕,城遂陷,塤與墅皆死之。永嘉吳洪爲傳其事,贊曰:塤兄弟少有文名,留滯下僚,卒以孤忠自奮,徇國亡身,功雖不就,其忠憤矣。

吴思齊　字子善。其先括人，祖深，有奇才，陳亮以子妻之，遂爲縣人。父邃，官至朝散郎。思齊少穎悟，工詩能文，慷慨多奇節。用父廕補官，攝嘉興丞。以書干宋臣用事者，言賈似道母喪不宜賜鹵簿。又言御史俞浙以論謝堂去職，宰相附貴戚，塞言路，如朝廷何？凡所爲要以直遂其志，第知有是非，不知有毀譽禍福也。宋亡，麻衣繩履，退隱浦陽，家無擔石之儲，有勸之仕者，輒謝曰："譬猶處子，業已嫁矣，雖凍餓不能更二夫也。"所善惟方鳳、謝翺，相與放遊山水間，探幽發奇，以洩其感憤之意。遇心所不懌，或天末流涕，自號全歸子。學者慕其義，爭師尊之。方鳳評其爲人如徐積、陳師道，君子不以爲過。大德辛丑，思齊年六十四，手編聖賢順正考終之事曰《俟命錄》。錄成，賦詩別諸友，遂卒，神明湛然，無怛化之意。所著有《左傳缺疑》及《全歸集》，凡若干卷。

元名賢

胡長孺　字汲仲。知台州居仁子也。性聰敏，九經諸史，下逮百家，靡不貫通。咸淳中，以任子入官，中銓，試第一，授迪功郎，監重慶府酒務，兼湖廣總領所軍馬錢糧。與萬彭等號"南中八士"。後轉福寧州倅。會宋亡，歸隱。至元中，應求賢詔，擢集賢脩撰。因忤執政，改教授揚州。秩滿，遷遂昌錄事。時程文海方貴顯，其外門侵官道，亟撤而正之。轉台州路寧海縣主簿。善摘奸伏，人稱神明。縣有銅巖，惡少狙俟其間，出鈔道，爲過客患。長孺僞衣商人服，令商人負貨以從，戒驍卒數人躡其後。長孺至，巖中人突出邀之，長孺方遜辭謝，驍卒俄集，悉擒伏法。永嘉民有弟質珠步搖於兄者，兄妻愛之，紿以亡於盜，屢訟，不獲，往告長孺。長孺曰："爾非吾民也。"斥去之。未幾治盜，潛令盜誣其兄受步搖爲贓，逮問不伏。長孺呵曰："汝家信有是，何謂誣耶？"兄倉皇曰："有固有之，乃弟所質者。"趣持至，驗之，呼其弟，示曰："此非爾家物耶？"弟曰："是矣。"遂歸焉。其他類此者甚多。浙東大侵，民死者相枕。宣慰脱歡察斂民錢一百五十萬賑之，以餘錢二十五萬屬長孺。長孺覺其有乾没意，悉以散於民。脱歡察怒。長孺曰："民一日不食，當有死者。誠不及以聞。然官書具在，可徵也。"脱歡察默然而去。尋遷長山鹽司丞。謝病歸，隱杭之虎林山。晚得疾，正衣冠，端坐而逝，年七十七。長孺師青田余學古，學古師同邑黄夢松，夢松師龍泉葉味道，則朱文公高第弟子也。爲人光明俊偉，專務發明本心之學，慨然以孟子自任，末年更慕陸九淵爲人，每取其"宇宙即吾心"之言，諄諄爲學者道之。爲文章有精魄，海内購之，如獲珙璧。屢司文衡，賤華貴實，士習爲之一變。在至元中，與金履祥並以學術爲郡人倡，學者尊而仰之。所著有《瓦缶編》、《南昌集》、《顔樂齋稿》。從兄之紀、之綱，亦皆以文學名。之綱字仍仲，嘗被薦書，於字音字畫之説，自謂獨造其妙。之紀字穆仲，咸淳甲戌進士，踐履如古獨行者。其文尤明潔可誦。人稱爲"三胡"云。

明名賢

呂文燧　字用明。爲人寬厚深謀。其弟文華，字元明，尤慷慨有智略。至正十五年，括寇吴英七等聚衆爲亂，郡縣發兵討之，皆敗，遠近騷然。用明、元明合謀，散家貲，率其弟文烜、兼明，姪元吉、季文等，團結鄉兵以備之。設禁令，明賞罰，日殺牛釃酒飲食之，諭以大義，出粟布以給其貧乏者。於是衆皆有固志。十二月，賊陷縣治，分其衆四出焚掠。文燧使元明、季文率五百人迎敵於尖山下，累戰皆捷。會沿海翼萬户石抹厚孫統兵適至，與元明等夾攻，賊遂敗走，縣治以復。帥府署文燧諸暨州同知，元明永康縣主簿，季文義烏縣尉，皆辭不受。賊既招安，而恣睢不受約束，人心憂恐。文燧等益添兵葺械爲守禦計。十七年，賊復驅煽饑民爲亂，其勢益張。文燧先詗知，詣帥府白之。府即命文燧總制民兵討賊。邑大族朱世遠、俞榮卿、董仁恕、孫伯純等亦皆以兵來會。文燧命元明出方巖，季文出東窖，而自屯青山口。累與賊戰于左庫、雙牌、胡陳，皆捷，斬獲甚衆。會義士胡元祚敗死占田，賊乘勝復陷縣治，執達魯花赤野速達。而文燧兄弟合兵擊賊走之，乘勝追至上黃橋，賊大奔潰。山路深險，追兵前後不相及，有賊突出叢薄間，季文被創死。文燧乃命從弟國明代領其衆。會行臺都鎮撫邁里古思帥師專征，將與元明會兵方嚴。賊乘其未到，掩至松明橋以逆官軍。國明麾諸軍直衝其前，而自率精銳橫出其後，元明繼之。諸軍四面夾擊，合戰移時，適邁里古思大軍至，賊遂大潰，追至胡堰，枕屍三十餘里，死亡略盡。元明、國明及黃彥美諸將分道窮追，地方悉平。論功，加文燧婺州總管府判官，元明永康縣尹，兼明永康縣主簿，國明諸暨州判官，復皆辭不受。十八年四月，嚴州城破，樞密院判官右抹宜孫假元明本院行軍鎮撫，兼義兵萬戶，將兵赴援。臺官用讒者計，因其入見，伏兵殺之庭中，其子堪併裨佐濫死十餘人。衆皆冤之。未幾，明兵下婺城，文燧籍其衆歸附，授永康翼副元帥兼知縣事，遷中書管勾，轉嘉興府知府。松江民作亂，襲嘉興。文燧使告總帥李文忠，遣兵擒獲。諸將欲屠城，文燧力爭止之。入朝，差往諭闍婆國。行次興化，暴卒于驛舍。兼明授永康知縣，尋致仕歸。

朱仲智　字大智，號雲泉。洪武中以人材舉，授江西吉安知府。政蹟載在《明紀》，有曰寬厚廉潔，剗革吏弊，禮賢愛民，民甚戴之。被召，改重慶知府，吉安之人思慕不已。後得藺芳繼之，其善政大類仲智，至今吉安人稱賢守必曰朱、藺。《明捷錄》稱郡守循良，亦必曰朱、藺。大學士楊士奇像贊，以公在金華爲衣冠文獻，在廬陵爲文章太守云。

謝忱　字惟壽。貢入太學，領應天鄉薦，登永樂壬辰進士，授監察御史。遇事敢言，不避權要。九爲巡按，詰奸禁暴，無所假借，人稱爲謝閻王。漢府謀不軌，廉得其實以聞，命勦之，賜反屬男女吳德等四人。因忤尚書蹇義，僅陞四川按察司僉事。歲歉，民多抵法，忱憫之，爲求可生之途。適地方多虎患，示以得虎皮三者免一命。人爭捕之，於是虎患息而民命以全。卒于官，歸葬之日，行李蕭然。

趙昺　字時中。登成化己丑進士，授刑科給事中。梗介敢言，因災異條陳謹天戒、重國本、恤民艱、鎮邊境四事。忤旨，杖于庭，幾斃。歲丙午，左右希意請立宮媵所生二歲子爲太子。抗疏力諍，止之。及孝廟正位東宮，又疏請簡正人爲師傅，以職輔道。滿九年，遷本科都給事中。先是重臣王越被劾，銜之，譖於中官汪直，以言事不謹，謫四川廬山令。弘治改元，擢四川僉事，陞副使。卒于官。

徐沂　字希曾。登弘治癸丑進士，授刑科給事中。彈劾不避權貴。泰寧張鶴齡兄弟恃寵冒法，及中官李廣納賂干政，皆抗章論之。改南京工科給事中。奏罷歲取蘇州細密苧布、福建改機、陝西紵絨，民稱便焉。陞廣東參議。卒于官。歸裝惟圖書而已。

徐讚　字朝儀。登弘治乙丑進士，授棗強知縣。劇賊劉六等流劫郡邑，所過屠掠一空。讚繕兵城守，先事爲備。賊聞，獨不犯棗強界。民饑，捐俸募粟，作糜食之，富人義激，爭先發廩，所全活以萬計。陞山西道監察御史，理醝長蘆，兼巡河道。逆瑾遺黨楊虎等流劫開濟間，熾甚。讚以計擒之，械送京師。巡按江西，勦湖寇徐九齡等數百人，陞俸加級。時宸濠久蓄異志，潛結郡寇以自樹，此舉實剪其羽翼也。又累疏請寬逋負、罷徵役、釋冤獄，風采翼然。陞知蘇州府。抑奢麗，剔蠹弊，課才惠民，百務釐舉。宸濠之變，治兵給餉，遣戰船出江，爲上流聲援。濠遂敗於安慶，不能直窺南郡者，讚實與有力焉。大駕南巡，讚慮吏書因緣爲民擾，乃戒所部飭儲峙而不從公斂。既而駕至鎮江旋斾，蘇民宴然若無事時。加陞河南右參政，仍掌府事。佐巡撫都御史李充嗣開白茆港以洩太湖之浸，授任責成，具有方略，役鉅費省，遂爲蘇、松、常及嘉、湖諸府久遠之利。在蘇凡七年，其政大要以愛民爲本。後蘇人舉祀名宦，其稱之曰"寬厚有三代長者之風，循良得兩漢牧民之體"，僉以爲實錄云。實授江西左參政，陞貴州按察使，尋改湖廣，又調雲南。土舍安銓叛，讚造小旗千餘，書"同心協力,各保身家"八字,令聚執聽撫,以陰誘其脅從之黨,賊勢遂衰。及土舍鳳朝文繼叛,與安銓連兵,進窺省城,上下震悚。讚挺身登陴,諭以朝廷威德,問其來故,衆皆伏地曰:"不敢有他,但欲平爭襲耳。"讚權許之,令退舍俟命。即走使各哨,亟集諸軍合擊,俘獲以數千計。陞本省右布政使,尋轉左。以母程年登八十乞終養,得命,陞都察院右副都御史,撫治鄖陽等處,改撫河南。值歲饑盜起,條陳救荒三事,曰寬賦斂以安人心,廣賑恤以救民命,發防禦以彌強梁。又陳便宜四事,曰減歲派以資歲用,均地糧以蘇民困,移水次以便兌運,處馬政以節民力。事皆施行。陞工部右侍郎。丁母憂,歸,以哀毀屬疾,卒。

李滄　字一清。領弘治戊午鄉薦,登正德戊辰進士,授南京工部營繕司主事。興作經畫,率不勞而事集。嘗差督甓儀真,措置有方,凡前官鍾襲之弊有病於人者,悉罷之,往來者皆稱便。儀真當漕河之衝,津要多道此者,一毫無徇。及司龍江關抽分,廉慎執法,人不敢以私干,雖中官同事者亦肅然敬憚之。朝寧聞其名欲大用,會以疾卒,不果。滄素貧,病革時顧謂所親曰:"吾即死,慎勿需材公家爲平生累。"及卒,賣馬質屋,乃克殮,士論高之。滄幼凝重,不妄語笑,事親以孝稱,執喪哀毀骨立。遊太學時,受知楓山章公,慨然有志於聖賢之學,與崑山魏校、永豐夏尚樸同官郎署,日相講切,於一切世味泊如也。鄉人重其風節,請於有司,率錢爲立門以表之,章公題其額曰"清修吉士",識者以爲無忝云。

應典　字天彝。性沉篤,操尚不群。自業舉時輒奮然有希聖之志。正德甲戌登進士,授兵部職方司主事。益購經史百家之書,晝夜研窮,而志益弘遠矣。既而以母病告歸,過蘭谿,謁楓山章先生請教。章曰:"吾婺自宗忠簡功業、宋潛溪文章、吕成公道學以來,久失其傳,子將安任乎?"典拱手受教。歸,偕仙居應良、黃巖黃綰過從講切,又師餘姚王守仁授良知之旨,建麗澤祠於壽山龍湫下,祀宋吕東萊、朱晦庵并陸象山三先生,將以一鵝湖未合之餘論,而會之於周、程也。

因集諸生講授，四方從游者常百餘人。又增損《藍田呂氏鄉約》，率其鄉老之可語者行之，以勵風俗。再起兵部車駕司主事，大爲尚書王瓊所器異，委總四司奏案。時南北黨論已有萌，念欲先幾潔身，既滿考，即引疾歸。先是母病目不愈，適值良醫針治復明，人咸謂孝感所致。朝紳多論薦，陞尚寶司丞。遭母喪，不赴。服除，巡按御史周公汝員檄郡守姚公文炤禮訪之，乃徜徉壽山五峰間以示無起意，當道弗能強也。釋褐三十年，前後兩任，僅一考而已。學者稱之曰石門先生。

朱方　字良矩。登正德甲戌進士，歷知泌陽、丹陽、南皮縣事，俱有惠政，民咸德之。陞淮安府同知，職事畢脩，賢聲益著，一時撫按交薦之。陞南京刑部員外郎，尋進郎中。剖決明審，議讞允當。陞寶慶知府。寶爲南徼，民寇雜居，方寬嚴並運，上下帖然。陞雲南副使。秩滿，進本省右參政。未幾，乞致仕。當道疏留之，竟引疾去。方性誠樸，言笑不妄。舉進士時，年三十九矣。或勸以隱年，方曰：“初學事君，可即欺乎？”至於冰蘗之操，終身不渝。初令泌陽，官道傍植棗，歲貨可得贏若干金，方不取。後邑人復追餽於丹陽，亦弗納。在淮安，代守入覲，諸屬邑供送行齎，俱峻却。即守賕賕至一履襪，亦却之。守驚曰：“一至此乎？”乃大書“廉吏”二字以贈焉。在雲南凡八年，從唯二僕，一榻蕭然，皆人所難也。歸居屏山，吟詩種菊，怡然終老，蓋十有五年，足跡不至城府云。

程文德　字舜敷。登嘉靖己丑進士，廷試擢第一甲第二名，授翰林院編修。繼侍經筵，進無逸殿講章，大旨與《伊訓》、《說命》相表裏。又進《郊祀議》、《內訓四詩》、《親蠶行》。以偕同官楊名言事忤旨，庭杖，下獄，謫信宜典史。當道爲建嶺表書院，兩廣名士翕然尊之，時有山斗之譽。遷安福知縣，立鄉約之法，合糧里之役，政大得民。丁外艱歸。服除，授兵部車駕司郎中。會北方猖獗，上禦備四事及車戰事宜，多見采用。尋陞廣東提學副使，未上，擢南京國子祭酒。嚴立科條，黜浮文，敦實行，以太學賢士所關，務在培養人才以收太平興理之效。未幾,丁內艱去。服闋,起爲禮部左侍郎,尋改吏部。癸丑,當天下述職,門無私謁,詔知貢舉,公明周慎,竣事,加翰林院學士、掌詹事府事。典教庶吉士張四維等二十八人。是歲兩直隸、河南、山東四省大饑,開例納銀,以便賑濟。文德具奏:"救饑如救焚溺,緩則何及！聚銀爲難,食物頗易,宜隨民所有,凡可以充飢者悉得輸官散給。"上可其奏,敕四省,於是輸者踵至,四省之民得以全活。時大內歲例大祈,文德撰玄詞多寓諷諫,忤上意,落職回籍家居,杜門謝客,日以著書爲事。比卒,遺笥肅然,質產始克就殮,士論難之。侍御王好問疏請恤典,有云"正言正色,學術無忝於儒臣；古道古心,行誼足稱乎君子",人以爲確論。加贈禮部尚書,謚文恭。

  李琪 字侯璧。以歲貢授東鄉訓導,陞漵浦教諭。躬行教誨,士咸宗之。嘉靖乙丑,詔拔異材以風羣吏,當道薦琪,擢大理評事。琪夙有志理學,徒步見陽明先生于越。先生授以致良知之訣。琪悟,獨居精思,盡得其旨,同輩咸推重之。在東鄉,當道聘主豫章書院教事。及漵浦,日與同志訂會,所至發明師訓,聽從者衆。平居不事生業,死之日,惟曰:"只此見在良知,吾今緊密受用,性命皆了。古所謂得正而斃者,琪之謂與？"所著有《質疑稿》若干卷。

  王崇 字仲德。嘉靖己丑,以禮闈第二人賜第,授吏科給事中。直言讜論,一時著稱。寇犯寧夏,總兵趙英擁兵不前,我師敗績。英欲以賄免,崇奉命往正其罪,朝論快之。謝駙馬侵馬場,崇時巡青,發覺之,詔還縣官。諸貴人俱畏其口。出爲廣東僉事,尋丁外艱。服除,補河南僉事,陞本省參議。踰年,轉山西副使,備兵井陘。井陘當三關要衝,崇躬親簡閱,上下功賞,兵遂雄於諸鎮,醜寇遁跡,有緋衣金帛之賜。丁未,轉湖廣參政。會諸苗攻陷印江。崇設策破之,悉聽約束。陞貴州按察使。復丁內艱。服除,補山東,歷轉山西左右布政使,遂以夙望擢副都御史,撫治山西。崇既授節鉞,慨然以保障地方爲任,除器械,繕城隍,倡勇敢,嚴斥堠,寇至輒以捷奏。加兵部左侍郎，仍兼督撫。丙辰，召貳本兵。丁巳，湖、廣、川、貴苗民不順，廷議得老成諳練者，乃命崇以原官出鎮。二年，苗穴底平。以微疾致仕。文章汪洋浩瀚，爲一世所宗。另有集若干卷。

應廷育　字仁卿。年二十七，登嘉靖癸未進士。或勸增年以需科道之選，笑曰："欲事君而先欺君，可乎？"值爭大禮，廷育據歐文《濮議》，廷論莫有合者。因乞養，改南刑部。繼而丁外艱。服闋，補南刑部。凡三入刑曹，明法律，每讞獄，爲囚求生。常與人談名理，聽者悚然。會巨俠滕泰犯大辟，主部者欲寘其死，廷育堅執惠文不少貸，主者銜之。尋中蜚語落職，同知荆門州，檄署穀城縣事，專以德惠民。及還署州事，爲政如在穀城。日講學于象山書院。秩滿，陞道州。一日，聞苗掠永明縣義家，奮然勒州衛兵追捕之，斬獲無數。擢僉閩兵道。入閩，以患病，力請致仕。四十餘年講學論道，類多格言。府守王公戀德輯郡志，廷育會疾，辭不赴，乃懇所著《先民傳》，其志人物，卒祖之。邑侯吳公議修邑志，時育已逝，署學事胡君得育遺稿以獻。閱之嘆服，遂付諸梓。部使者節行薦舉，皆不就，迨將終，揮毫數章，怡然而逝，惟存圖書數卷而已。所著書在官有《刑部志》、《讀律管窺》，在家有《中庸本義》凡十五種。

王楷　字子正。性敏，經史皆抄讀。嘉靖丙辰進士，授揚州推官。值島寇亂，楷守南門，見城外百姓號泣，開門納之。事聞，賜金帛，徵爲給事中。歷刑、禮二科，彈劾無忌。陞湖廣參議，敕守太和宮。會有旨駕幸武當，楷以水災具疏遂止。性至孝，居喪哀毀，卒因奠母誕辰，一悼而絕。

程梓　字養之。生而明慧，及長，聞何、王、金、許，欣然慕之。讀《正學編》，躍然曰："學在是矣。"弱冠爲諸生，徒步往姚江求文成之學，歸里即壽山洞中倡明正學。鄉豪以睚眦隙，詣御史臺，訟梓建淫祠倡僞學。御史不察，遽削梓籍，祠廢。越數年，梓普訴當道邑士紳，詣御史臺言狀，復梓籍，仍建祠。隆慶辛未，子正誼舉進士，司理武昌，迎養署中。時政府操切，正誼以部郎慮囚吳魯生決不滿品罰，曰："兒以無冤民壽我，我頭足矣！"前後三錫命服，拜賜畢，即橐之。著有《白翁吟稿》。年八十有八，素髮委地，月朔掌文作丹砂色，所居亭瓦有朱光。忽一日，曰："吾逝矣，內省不疚，不倍吾學矣。"學者祀于五峰書院，配享文成公，稱方峰先生。

程正誼 字叔明。精晰六經。登隆慶辛未進士，司理武昌。武昌屬邑，向無雉堞。誼至，建議築五城。陞刑部。慮囚吳魯，時政府操切，誼以決不滿品罰，恬如也。癸未分臬雲南。時土司車里、八百、老撾等負固，誼至，開誠感諭，遂悅服。乙酉，廷議勘羅雄州。中丞以誼才，越境委誼。誼受任經理，拔羅雄，陞廣西參政。時靖江王逝，悍宗煽亂，誼令閉守，諭以威德，不復噪。壬辰，晉河南憲長。時兩河大浸，飢民黃江等行掠，誼策賑兼撫，單騎至賊營，感泣歸命。乙未，陞山東右藩，校梓《五經傍訓》。尋轉四川左藩。時三殿鬱攸，蜀中采辦為厲。正誼立折算銷算法，鐫為書，商民不困。既而知土官有亂萌，乃遍訪諸隘為之圖，係以說。及楊應龍反播州，總督李化龍議撫，正誼曰："此益長其驕。"乃出向時圖說，指以正奇之法。化龍曰："不謂今日復見臥龍事。"悉諮之。及奏凱，化龍疏正誼功，陞順天府尹。時蜀帑羨餘數萬金，吏以請，誼正色却之。赴京，以蜀扇不工，罰及僚屬，誼引罪，請寬僚屬，遂飄然歸，日與同志講學五峰林下十年。壽八十。所著有《宸華堂集》行世。

黃卷 字惺吾。天性警敏。登萬曆丁丑進士，授中書舍人，考選河南道御史。遇事敢言，不避權貴。奉敕巡視蘆溝橋及節慎庫，風采奕然。巡察長蘆鹺政，請建學滄州以處鹽商子弟。巡按山東，訪求周公後而復其家。癸巳，國本未定，下三王並封詔，時建言諸臣如余念東、王省軒、朱納齋、王介石皆以批鱗削籍，號"四君子"。卷賦詩慰贈，復抗疏以冀回天，直聲震朝廷。蒙留中，放歸。光宗登極，詔起用，卷已歿，遣道臣賫帑金以旌直。晚年講學碧蘿居古松下，著有《四書五經發微》若干。號松朋先生。卷子一鶚，以郡丞撫軍昌平，晉秩賞金，富於著述。一鶚，書法踵二王，分刺濟南，閤門殉難，人稱濟美云。

　　王世德　字長民。生有異徵，善讀書。萬曆辛丑進士，任同安縣，以廉能調繁閩縣，陞工部主事。督造殿門，陞郎中。典試山西。陞湖廣黃州府。民有以病魔告者，世德禱城隍，忽一童子斬泥神頭獻，曰："魔已伏誅。"擢湖廣副使。備兵下江，屢擒大盜。會詔舉異才，撫按以世德名聞，遷右參政。尋丁外艱。服闋，起貴州監軍。安邦彥謀犯省城，世德請駐節威清待之。邦彥圍威清，世德鼓以忠義，會大風，募敢死士砍賊營，賊驚潰。敘功，陞本省按察使，仍監軍。苗寇肆亂，進勦盡平。敘功，陞湖廣右布政使，兼督黔餉，賜帑金。陞廣東左布政使，以弭鍾凌秀之亂，敘功，賜帑金。劉香老謀犯省城，世德調閩將鄭芝龍來援，與之夾擊，香老於洋溺死。事平，敘功，會滇撫缺，懷宗顧左右曰："豈有知兵術、恤民瘼若王世德者乎！"即日擢左副都御史，巡撫雲南。世德去廣時，庫中羨金數萬兩，悉籍以充軍餉。抵雲南，牝妖萬氏結黨狂逞。世德築造建屯，百廢具舉，諸逆斂迹不敢出。旋疾，卒於官。滇人哀之，公舉祀名宦。按臣以聞，贈兵部右侍郎，賜祭葬。世德居官廉謹，立身謙恕，家僅中產，割膏腴以奉公祠，教人以孝友爲先，讀書務求實用，嘗刻《五紀講》及《龍川文集》。所著有《左氏兵法》若干卷。崇禎十六年，學道王批准祀府學鄉賢。

　　周鳳岐　字邦聘。萬曆己未進士，授中書。天啟丁卯，轉陞郎中，管節慎庫。魏忠賢差索靴料銀兩，屬色拒之，歸家。邑中大祲，鳳岐捐粟濟饑。崇禎元年，巡撫張延登、戶科陳堯言交章薦，略曰："風高愛鼎，節重如山。"奉旨起禮部郎中。庚午，陞湖廣江防道。洞庭湖沅江一帶萑苻不靖，會議建設衙門，調守備巡守。甲戌，陞四川兵備道。黔司與蜀苗爭疆，鳳岐單騎立碑爲界。陞湖廣參政，川省士民哀籲，上聞加俸，復任。己卯，蒞武昌，偏院王永祚、撫院宋一鶴會題，陞澧州左參政。壬午，流寇猖獗，當事檄任監軍。流寇圍荆州，鳳岐提兵應援，賊將王老虎襲澧州，鳳岐移文恢復常德府等縣。癸未十二月，寇張獻忠破長沙，轉攻澧州。參議陳璸出戰，全軍覆沒。鳳岐望闕謝恩曰："臣力竭矣，惟死以報天恩。"城陷被執，嘆曰："吾豈懼死乎？"擊賊，罵不絕口。賊怒，剖腹斷臂，慘不忍言。甲申正月，楚撫李乾德、黔督李若星具題，請將死事二臣厚與優恤。贈都察院右副都御史，賜祭葬，蔭一子。

徐可期　字烜父。讀書務窮理。萬曆乙卯鄉試，崇禎戊辰進士，授行人。適覃恩贈父一楠如子官、母應氏太孺人。庚午奉差册封蜀藩，所至屏供帳、省夫役。竣事，將復命，王贈金帛，辭曰："册封，君命也。使臣敢營私辱命哉！"竟辭不受。著有《紀行》并《蜀遊吟》。壬申，又奉差諭祭豫王。癸酉，將推陞福建道御史，都掌科某素喜賄，或為之言，可期曰："吾平生一介不妄取，寧能以賄得官哉！若違道以干，寧散秩終耳。"以是改刑部山東司主事。甲戌，陞本部湖廣司員外。乙亥兼掌四司印。時國事操切，可期意存矜恤。八月，病卒于官，無以為殮，親朋賻之，舉柩歸。崇禎十六年，祀郡邑鄉賢祠。

徐學顏　字石松。穎敏端恪。年十六遊太學，萬曆丁酉、戊午，天啓辛酉三中順天副榜。性至孝。父世芳，官西城正兵馬，以直忤權貴，下詔獄。學顏廢寢食，膝行伏闕，上疏鳴冤，屢為納言所阻，乃謁司寇，咬臂深入，出血濺其廷。司寇心動，上報，蘇其獄，顏以是含痛，不噉牛羊豕終其身。母王氏邁疾，諸醫不效，學顏籲天請代，夜夢白衣人惠之藥，乃遍走藥肆，揣其形，得荊瀝服之，病遂已。常搆愛日軒致色養，邑人程正誼作記美之。崇禎甲戌，以副榜推恩改貢，准廷試。己卯，拜楚府左長史。危襟正色，王敬憚之。往豪宗不若於訓，學顏理奪勢格，弗少阻。檄署江夏縣印，時寇氛震鄰，顏捐俸築炮臺，繕城隍。壬午冬，滿三載報最。時楚王特奏補顏備兵使者，宗紳士民集控撫院，留署江夏。癸未五月，獻賊圍武昌。院司守令或陞遷，或入覲，學顏佩雙印，率宗民兵，拮据城守。賊將解去，遭賊弁內應，城陷。學顔與賊格鬥,賊斷顔左臂,右手尚持刀不仆,罵賊益厲,遂被支解,闔室殉難者二十餘人。御史黄澍按臨武昌,特疏署官死不辱身,以爲常山之血,落落數點。懷宗皇帝嘉顔孤忠,贈按察司僉事,諭祭葬,建祠,録一子入太學。所著有《四書日衷》等書。已上纂載史略並章正宸《忠烈傳》。有特祠在郡城。

曹成模　字國範。天啓丁卯舉人,五上公車,不以資斧浼有司。與人粥粥,未常以清介自異。崇禎甲申謁選星子知縣。星子故疲邑,成模一力自隨,即勺水不以累民。又爲請蠲宿逋,民有起色。時江右大擾,悍帥逼餉勒犒,方舟而至,成模談笑却之。又高、黄二寇數萬圍城,殫力捍禦,彈丸無恐。出署之日,主僕二人,行李朽敝,通邑士民,望而泣下。清興定鼎,成模以路梗山棲。士民赴當道具呈,給咨赴部改選。成模買舟歸,貧益甚而卒。順治十二年,學道張准祀府學鄉賢。

士行列傳

宋

石天民　存心寬厚,制行嚴毅,奇士也。任知軍,爲嚴陬保障,可謂有守有爲者。陳同甫與交最厚,嘗貽朱元晦書,稱其貧日甚。其卒也,祭之以文,蓋極稱美云。

胡侃　字子仁。當宋嘉定間,以克己養性之學,持内聖外王之論,應賢良方正直言極諫科。時科廢且百年,不得試矣,退居杭州西湖,築雪江講堂於三賢堂之側,遠近學者咸宗之。

周望素　卓有才名,無意榮達,士君子重其爲人。嘉泰間,過釣臺,慕嚴子陵清風高節,爲文自見胸中之奇,時人傳之。

元

吕溥　字公甫。從學許文懿公之門,講究經書,悉領其要。爲文馳聘雄暢，落落有奇氣。詩動蕩激烈可喜。治家，冠、婚、喪、祭，一遵《朱子家禮》。嘗著《大學疑問》及《史論》。其詩文有《竹溪集》若干卷。溥從兄洙，字宗魯，亦從許文懿公游，同門服其精敏。俄以疾卒。所著有《太極圖説》、《大學辨疑》。

戚仲咸　名崇僧，以字行。其先居金華，祖紹，隱居養親，人稱爲真孝先生。父象祖，道一書院山長。仲咸自少端居苦學，爲詩文皆精麗綿密可喜。年十七，從許文懿公游，潛心性理之説，旁通諸子百氏，同門推爲高第。克己礪行，爲人所難。自奉清約，不以時好改其度，每謂人知富貴之可欲，而不知貧賤之可樂也。呂氏創家塾，延仲咸主其教，師法嚴整，學者皆敬憚之。居常默坐一室，環書數百卷，非有故不妄出。其室扁曰"朝陽"，人稱爲朝陽先生。所著有《春秋纂例》諸書。

呂汲　字仲脩。少嗜學，至老不輟。讀書務窮理，於百家數術靡不旁通其説。養親具必豐。族人貧者月有廩，年當入學者家有塾，隣里有急必周之。歲歉爲粥食餓者，所活千百計，至自奉，乃極儉薄。甫踰弱冠，大盜竊發，官軍進討，强起其父懋以鄉導。汲隨在行，身踐重山密林，探其巢穴。事平，口不言功，識者推其雅量。晚益務韜晦，自號水西翁。子機，字審言，刻意于學，通《春秋左氏》大旨，好讀司馬温公《資治通鑑》，孝於父，敬於兄，事必咨而後行，撫育二妹，逮於有家。待賓客朋友有禮，樂賑鄉人之急。人或懷嶮巇以相傾，忍弗與較，綽有父風。

陳舉　字德昇。至元初仕至都倉，尋去，隱居杜溪之上。清貧好古，博窮典則，考論諸家。鄉邑從其學者，因材造就，彬彬有君子風。

陳璪　字仲餙。清約苦學，淹貫經傳，文辭典雅。至正間，縣尹丁從正辟爲縣學訓導。所著有《質庵稿》若干卷。其門人胡仲勉、盧誼、林維亦皆以文學知名于時。

薛蕃　幼勤學，有才識，不求聞達。士林高其行，後進多從之遊，有三代逸民風焉。

明

唐光祖　字仲暹。其先金華人，父以仁，從聞人夢吉遊，學行爲夢吉所重。光祖幼承家學，長從李曄游，言動必則古昔，雖造次無戲謔。爲文典實有法。隱居授徒，儼然以師道自尊。邑大夫累以人才起之，不受，號委順夫。所著有《委順夫集》。子道隆，孫蔭，皆淳朴有祖父風。

胡仕寧　歷覽書史，從委順夫遊，得其底蘊。晚號耕讀翁。日與文人詞客徜徉山水間，學士呂原、侍御范林咸有詩文紀其實。

呂熒　字慎明。父槖，博覽經史。熒承家學，復從宋濂遊，爲文純正蔚贍，有奇氣。洪武中，吳沉以才德兼備薦於朝，歷官周府左長史，改刑部郎中。未幾，忤旨坐罪，縉紳惜之。著有《雙泉文集》。

應恂　字子孚。純朴好古，頗涉書史。治家勤儉自足，一介弗苟取于人。訓誨子孫，教授門人，必依於孝友勤儉，禮義忠信。嘗自贊曰："不能執中，寧過于厚。不能有爲，寧過于守。"晚自號曰純朴翁。所著有《純朴翁稿》。

胡叔寶　以掾進授四川中江縣典史。惠政及民。九年考滿，民詣闕保留，陞知縣。又九年致仕，民不能捨，又留二年，乃歸家，肖其像祀焉。年餘八十，無疾，一日忽沐浴更衣坐中堂，命子孫羅拜于下，曰："吾將還中江矣。"翛然而逝。

汪宏　字器洪。以歲貢，南靖振鐸九載，造就王玭輩登甲第。時沙尤寇亂，保定伯梁公瑤檄宏擒殲渠魁劉乾輝等，民賴以安。當事上功，遷唐府伴讀而卒。長才偉略，不竟其用。惜哉！

應綱　字恒道。少喪父，母胡氏守節撫之。長，補邑弟子員。事母克孝，母嘗病不食，綱亦不食。成化七年省試，回經錢塘，舟人多溺死，綱念母寡居乏人供養，水中若有援之者，得不死，以爲孝感所致。後應貢，任歸德訓導，奉母就養，孝義逾篤。母沒，水漿不入口者三日，廬墓三年。有司具奏，敕旌其門曰"節孝"。著有《孝經刊誤集注》。

應璋　字德夫。宋少師孟明九世孫也。嘗受學於章楓山先生。一見語以黃勉齋所云"真實心地,刻苦工夫",璋佩服弗懈,先生稱其純篤。後膺貢,授徽學訓導。補長樂,再遷羅源教諭。正己率人,人皆樂從。致仕,年九十終。學者稱爲東白先生。所著有《四書索微》、《尚書要略》等書。

盧可久　字一松。邑諸生。從陽明先生游,潛心理學。東陽許弘綱作傳,程松谿稱之曰一虁足矣。蓋直接何、王、金、許之傳云?所著有《或問》、《遺言集》。崇祀五峰書院。

周佑德　字以明。性至孝,居喪三年,不見齒。親未入土,猶不除服。講學五峰,創學易齋。居鄉建義倉,人多德之。弟有章,一門孝友。二人,並祀於鄉約社。

王師堯　字尚雍。少有才名,及長,砥志爲己之學。事祖母,以孝聞。晚年益醇謹優行。五膺憲獎,起文陪貢,卒。著有《省身錄》、《筆古集》二十卷。子世鏗,崇禎癸酉、丙子二科副榜。世鈇,著《經史管見》、《律呂圖説》,製璿璣玉衡儀,人皆稱其家學焉。

程明試　字式言。性孝友,刻苦砥礪,所交皆一時名碩,與太史李本寧、張凌虛、王百谷賦詠贈答。所著有《海運議》、《七松吟》、《松窗頌古》。

呂一龍　字雲君。邑庠生。聞東陽春洲、誠源兩先生礪志內求之學,遂師事之。生一子,以兄弟多子,乃計口均分其產。兩師卒,皆服心喪三年。講學五峰,學者咸師事之。

徐明勳　字筠巖。幼失怙,依母成立,篤于孝養,行己公方,讀書識大義,究經史。子六,悉庭課成人。著有《史衡》二十卷,未梓,歿。

耆壽列傳

尚齒,先王之訓也。齒而賢,士即士行,民即民德也。以其得天厚,故另志之。

明

徐伯敦　嘉靖癸卯年一百有三歲。有司爲建百歲坊。郡守朱公禮致之,問曰:"何爲得此上壽?"對曰:"無他,只寡欲而已。"

徐時　舊遊甘泉先生門,時年八十九。寡居,敦禮善俗。遨遊西湖天竺間。年至九十九卒。有司爲之建百歲坊。

俞希聲　年八十五,讀書談道,家貧晏如也。

黃珪　年八十四,褆身教子,卓有古風,興意多形於詩,猶能作蠅頭小楷。

汪大滿　年十六,獨往福建奔父喪。常還遺金于中市火中。三赴郡邑賓筵,年至九十一歲,值子潔七旬介眉,邕飲而卒。

王師禹　邑庠生。怡情古學,以穀其子。年九十三赴郡邑賓筵。樂善好施,接之者如坐春風。

國朝

徐光時　字東白。三任教職,致仕歸。見今年九十。所著有《東白軒讀古餘話》。併同修邑志。

徐應顯　字子祐。業儒,精醫術,多所全活,晚年益精。歷游名公卿間。貧寒以疾請,匍匐救之。所著有《醫方積驗》。歲大祲,倡行糜粥。有以逋賦告者,爲貸錢焚券,人德之。御史牟公按部,廉其行,酌酒表廬。年八十餘卒。

徐宗書　字廣生。痛父武昌殉難,覓骸歸里,隨請恤典。教子成名。倡族中拓祠產,興文會,創蒙六祖祠,建聖廟大門,敦本急公。近年八十。

徐懋問　字去非。事繼母至孝,持己廉隅,教子義方。崇禎歲貢,廷試授訓導,年八十而卒。

徐宗瑞　素履公平,敦隣睦族。近年八十七歲。

胡文明　深嫻禮法，爲郡功曹，並不以私干官府。教子義方。年九十，尚康強，洵耆碩可風。

民德列傳

宋

陳慎　宣和中，納粟賑饑，授中州助教。寇亂，積骸平野，躬率二子良臣、良能收瘞之。紹興中，二子並登第授官。乾道間歲大歉，爲粥以食饑者。隣有逋稅，代償之。復建橋三處，曰上降，曰下降，曰東濟，甃道以便行役。孫五人亦相繼貴顯，人以爲施德之報云。

元

李叔安　大德丁未中遭時大歉，發粟萬斛賑饑，隣邑扶杖襁負就食者以數萬計。置大釜煮粥食之，多賴以全。有司表其所居坊曰"由義"。

胡嘉祐　字元祚。至正乙亥，縉雲蕛溪賊杜仲光率衆剽掠，嘉祐不忍鄉里罹害，乃散家財，集丁壯，立保伍，大書其幟爲"義兵"。賊偵之，不敢輒犯。會官兵至，嘉祐率衆助討之。賊退去，兵駐邑中，頗恣睢。嘉祐白主將，出旗樹於鄉，約曰："敢擾吾民，殺無赦。"士卒皆如約，郡民按堵。尹嘉其能，白憲府，署曰"義士"。俾與方允中合而拒賊，賊畏之不敢越李溪而西。時太平呂元明軍屯方巖，致書嘉祐求援。祐曰："吾衆以義合，將以排難存鄉里耳。委之而去，豈吾志耶？"益勵衆固守，山砦之民受圍者輒出兵援之。歲丁酉正月，賊寇武平、合德，嘉祐與戰，破之，逐北數十里。二月丙午，戰於前倉，又破之。賊衆復間道出方巖，與呂元明載巖下。呂不利，其屬孫伯純死于陣。又明日，賊復至，與嘉祐遇于占田。嘉祐盡銳以戰，顧謂允中曰："賊衆我寡，惟死鬥耳，不可退也。"自辰至午，嘉祐戰益力，厲聲罵賊死之。士民莫不感泣。

明

田子貞　名貞，以字行。至正丁酉，寇起縉雲，民多奔竄巖穴，且饑饉相仍，道殣相望。貞出窖中粟賑之，皆羅拜於庭，曰："我等已在鬼録，賴公生我。倘有役使，蹈水火無恨。"子貞因結爲義旅，使捍鄉井，賊不敢犯。廉訪司檄授以巡檢，不受。歲戊戌，明兵下浙東，福建省臣遣使持空名敕授子貞武義縣尹，欲鈎致之。貞知天命有歸，殺使者，焚其書，其卓識如此。

黃嵐　生平孝友。會兄黃崇上輸課，廷讞重辟繫獄。嵐聞往省，以貌相肖代繫赴京，遇宥獲免。譜詳其事。

程堅　字世剛。性慷慨，樂賑貧乏，雖凶歲乞糴，亦必分濟。嘗雪中以囊貯粟户給之。有負債者飾哀求憐，遂折券焉。母吳氏病篤，醫禱弗效，輒割股肉作糜以進。生子一十二人。以第八子銈貴受封。孫文德，嘉靖己丑進士第二人及第。

應杰　字尚道。雅志好古，著家範，立祠堂，製深衣幅巾，行古冠婚喪祭之禮。事祖及父母，克盡孝敬，與諸弟析產，輒自取其薄者。他如葺明倫堂、造梁風橋、代完鄉民逋稅諸義事，如此類者甚多。其歿也，縣令李公躬臨其喪。至今鄉黨聞其流風，猶稱"善人善人"云。

俞統　成化十九年大水，家被衝沒，妻女皆淹死。先是有商人市苧者，寓白金數十兩其家而去。及水退，商人泣而至。統曰："無憂也，家雖破，銀幸尚存。"挈而還之，毫釐勿爽云。

倪大海　祖病，侍奉湯藥不離側，焚香告天，願減己齡以延祖壽。後祖年逾九十方終，大海哀毀逾禮。及葬，廬墓三年。繼母李患癰，吮其膿出之而愈。父歿，又廬墓三年。值歲旱，饑者施粥，死者捨棺，仍割田儲廩以賙其族人之貧者。有司具奏，旌其門曰"孝義"。

徐寶　字伯珍。行蒙六，事親孝，式穀四子，皆有古人風。且好周急，如家貧親老與喪不能舉、壯不能婚者，多被其惠。正統十四年，部起運數千金於家，值括寇邑城，焚掠殆盡，有司議重徵諸民。寶避寇晚歸，悉挈以還，議遂寢。鄉人咸德寶，歲首三夕，戶設香燈祝之，因相沿成俗。其孫惆，以隱德著。孫昭暨文卿、文通、可期、之駿輩蟬聯科第，而學顏以忠烈膺特典。父老咸美寶食報云。

王孟俊　性孝敦行。念父永昌曾捐百金建府學兩廡，乃繼志出粟千石賑饑，有璽書羊酒之褒。後孫洙楷、世德、世鈁、世衡聯登科第，人咸謂累德之報云。

俞柏　字汝禎。富而好行其德，如賑窮周乏，常畏人知，則其心闇。如創宗祠，立家法，修明倫堂，建胡塘橋，則其績彰。如冒認聖裔，乃通邑所關而任其費；湖州官糧為合郡所辦，而挺其身，則其舉豪。方伯姚公文炤表其閭曰"義士"，豈虛也哉！

徐文景　字汝憲。孝友性成，以母耆，同臥食至老。兄弟五十年不分爨。喜放生，濟人危急，為黨族推重。年逾九十赴賓筵，巡方胡按郡乘傳引見，給冠帶銀兩，扁其廬曰"百歲善良"。署儒學教諭包世傑有傳。

國　朝

呂應光　力行節儉，不侵然諾。歲大饑，捐穀千餘斛賑濟，捐己田為乃祖鄉賢文燧春秋饗祀，又捐己田立義塾以教四方。年九十八終。

徐惟啓　出粟賑貧。順治十七年，巡按楊公特表其閭，引見親酌酒。年八十餘卒。

女貞列傳

一與之齊，終身不改，《易》之所謂"利女貞"也。其中有未字之女四焉：杜氏、陳氏，蹈刃不辱；周氏守死前盟；章氏七十年皎皎一處子。此皆如草茅矢致身之義，亦烈矣哉！

宋

杜氏女　宣和庚子，方臘倡亂，所在嘯聚，有悍賊輩謁杜氏門，大言:"爾以女遺我,否則滅汝宗。"舉家驚泣,以謂女。女揚言曰:"無恐。以一女易一宗,奚不可?"家人以告賊,賊歡笑俟。女乃沐浴盛飾,既而潛縻帛於梁,而圈其下,度不容冠,抽去之,籠其首,整髮復冠,乃泣而死。家人惶遽號泣,賊聞亦驚去。陳龍川爲作傳,贊曰:"方杜氏之不屈於賊以死,猶未足難也,獨其從容整冠,無異於子路之結纓,是其難也。雖古烈女,何以加焉!"

陳氏長女　宣和辛丑,官軍討賊,所過乘勢剽掠。邑富室陳氏有二女,併爲賊執,植白刃于傍脅之,曰:"從我,妻之。否,且死。"其長女神色自若,掠髮伸頸,厲聲曰:"請受刃。"被砍而死。陳龍川爲傳其事,贊曰:"世之人喜斥人者,必曰兒女態。陳氏之態,亦兒女乎?"

應氏　章侯妻,其姒周氏。方臘之亂,村莊咸走避,應病足,與十歲兒居,其姒亦歔欷不忍去。應曰:"吾以足病死,命耳。姒宜急避。"周曰:"生死同之,何避焉?"未幾,賊入,應、周俱遇害。當殺應時,兒泣謂賊曰:"殺我,無殺我二母。"賊併殺之。宋太史濂爲傳其事,贊曰:"婦姑勃蹊者有矣,況姊姒乎? 姊姒不相能者有矣,況與之同死乎? 若永康二婦者,何其賢也!"

元

呂氏　何顧妻。年十九,顧亡,一女甫三月。至元丙子,盜剽村莊。呂囊篋一空,輾轉劬勞,以鞠其女,竟無二志。至治二年,旌表其門。壽至九十乃終。

明

陳氏　胡蓋妻。正統己巳,括寇掠境。陳氏携子自外家歸,道遇寇,以刃加其頸曰:"從我,不死。"陳紿之曰從,拽之前行。至塘濱,棄子於岸,投水死。

盧氏　李淳妻。嫁二載而淳亡,一男一女相繼夭。李宗咸迫其再嫁。歸依母家，□弟亦迫之。盧度不免，乃紿之曰："吾所以不從者，夫子亡未薦、服飾未備耳。"衆以爲然。乃潛治自己衣衾喪具。及期置夫神主，哭祭之，夜自縊而死。

周氏女　幼許嫁鮑勤。鮑家日替，父二三欲改嫁，不從。有陳姓者，恃勢脅娶之，投水，救不死，脅者愈急，乃縊而死。

朱氏　年十八，歸程浪。未一月，浪游學南都，遘疾亡。朱日夜號慟，誓不再適。有黃某者欲求之。朱泣告舅姑曰："烈女不更二夫。願終吾志。必欲嫁我，惟有一死。"舅姑不聽，潛許黃矣。朱聞，大哭夫柩，沐浴更衣，自縊死。郡以其事奏聞，旌之。

呂氏　名主奴，閨諱淑。適李汀。汀溺死，呂慟哭仆地，水漿不入口者數日。舅姑憐其少寡，強更適之。呂聞，乃密縫白衣裙，撐其手足，夜分秉燭，赴汀溺所死。是夜風雨，燈光不滅。後督學張公校金夜坐假寐，恍見白衣女子遍體淋漓，作聲曰："淑。"行查八邑，至永得之。會按臺上疏，奉旨建坊，立祠山川壇側，有司歲時致祭。

黃氏　程章甫妻。歸三年，章甫卒，即剪髮繫夫手，誓同死，遂絕飲食，蓬首垢面，依夫像號泣，淚盡，繼之以血而死。

徐氏　葛吉甫妻。年二十七，吉甫亡，二子穉，徐養姑教子。聞有欲奪其志者，乃自誓曰："修短有命。而離姑棄子，無仁義也。寧死不易吾志。"竟全節壽終。洪武十年旌表其門。

陳氏　王和欽妻。年二十九，夫亡，遺孤德中僅歲餘。刻苦守節，治女紅，訓子□□自給。德中性孝，嘗因母病，籲天以死求代，遂獲痊。一日東隣失火，將延及，德中向火稽首，火遂西轉。人皆謂王氏母子節孝所感。洪武十六年有司奏而旌之。

葉氏　徐與道妻。年二十六，夫亡，一子三歲。姑憐其少且貧，間風之。葉曰："飢苦事小，失節事大。棄姑與子而自圖安飽，異日何以見夫于地下？"仰天誓死，守志不貳。養姑育子，孝慈兼至。洪武十六年旌表其門。

何氏　吕堪妻。堪父元明，聚義兵討賊，爲臺官所殺。堪往視，亦遇害。時何年十九，無所出，以侄三錫爲嗣，矢心守節。年至六十八而終。洪武辛巳旌之。

謝氏　楊汶妻。以役卒於京，時謝年二十五。聞訃痛哭，幾斃。或憐其少無子，諷以改適。謝曰："夫兄子可繼，安可失節。"卒不易志。

曹氏　王士濓妻。年二十九，夫逝，哀毀幾斃，截髮置棺曰："妾不即死以從君於地下，以有遺孤在也。"躬織紝以訓子。年幾九十，父老欲上其事。曹曰："此女職常耳，毋庸是也。"識者義之。

俞氏　李軻妻。子祿妻吳氏，孫齊妻陳氏。俞年二十五而寡，吳年二十九而寡，陳年十九而寡，相繼守節。台郡王一寧題其堂曰"一門三節婦"。其後吕氏年廿二而夫李榮卒，章氏年廿九而夫李相卒，並守節終身。蓋一門五節婦云。

胡氏　應永和妻。年二十六，夫亡，剪髮自誓，撫子綱成立，以克孝稱。成化十一年旌表其門。

曹氏　盧弘妻。年二十九，夫亡，誓不改醮。侄任三妻章氏，年二十七，亦寡。或諷其無嗣改適，章答曰："獨不能效曹節婦耶？"苦節以終。時稱"盧氏雙節"云。

周氏　應敬妻。生一女。敬卒，年方二十四，以死自誓，撫姒子茂爲嗣。家替而守益堅。踰七十而卒。

葉氏　進士吳寧妻。生二女。年二十九，寧亡。矢志守節，撫二女以居。每遇忌辰，輒哀泣不自勝。年八十二而終。

李氏　徐仕妻。年二十五，仕亡。家貧甚，一子在抱，未幾亦亡。舅憐其孤苦，命之適人。徐曰："與其失節，寧飢餓而死。"叔伯受富室賂，逼之。李哭罵，欲自殺。衆知其志不可奪，乃已。年八十而終。

李氏　徐叔高妻。年二十九，夫亡，一子甫三歲。甘心守節，父母强其再適，因收回義田以困之，卒不從。靜居一室，不輕出閫外，全節而終。

陳氏　徐季順妻。年二十四，夫亡，生一女。堅心守節。父母憐其年少無子，諷令再適，乃以死自誓。常獨處一室，雖貧窘日甚，處之裕如。弘治十八年，有司奉詔優恤。年踰八十而終。

　　陳氏　俞淮妻。年二十六，淮亡，哀毀幾不自保。一子三歲。勤於紡績，足不出門限，雖至親兄弟，鮮與交接。鄉里稱之。

　　陳氏　董珌妻。年十九，珌亡，一男方踰月，甘守無二志。有求娶者，堅執不從。人咸嘉之。

　　應氏　徐澄妻。年二十四，夫亡，遺孤在抱，家甚窘。終無異志。富室欲強娶之，潛避得免，剪髮自誓。有司嘉之，為復其家。

　　徐氏　黃二一妻。夫亡，年二十七，貌美無子。有巨姓欲娶之，乃剪髮自誓，家貧志節愈勵。年踰七十而終。

　　呂氏　趙鎬六妻。年二十，夫亡，遺腹一子。誓不改節，子亦蚤世，撫二孫以居。年九十餘而終。

　　樓氏　王謙二妻。年二十四而寡，一子甫三歲。多有求之者，堅執不從。紡績自給，備嘗辛苦，終無二志。

　　童氏　王珏妻。知府信之女孫。年二十四，夫亡，守志不二。嘉靖六年，旌表其門。

　　陳氏　金璽妻。璽弟和，妻周氏，俱年二十而寡，同心一節，之死靡他。嘉靖十二年，旌表其門。

　　呂氏　程縉妻。年二十五，夫亡，遺孤在襁，冰蘗自甘。子孫相繼先沒，三世一身，年及百歲。巡按傅公以"貞節上壽"額表其門。

　　朱氏　樓偉妻，參政方之女也。年十九，夫亡。或擁兵欲奪之，自没於水，救得不死。撫侄文昇為嗣，終不易志。有司奏旌其門。

　　徐氏　胡鈇妻。年二十，夫亡無子，矢志苦操，坐臥傍夫柩，足跡不越戶閾之外。隣火延及寢室，衆勸其出，則堅抱其柩，呼曰："得同爐矣。"須臾，遂反風以免，人咸異之。年八十二，無疾而終。事上，都御史谷公表其家曰"貞節之門"。

　　胡氏　呂寶妻。年二十二，夫亡，止一女，無子。勵志守節，足不出門，雖近隣莫見其面。

呂氏　葉行十妻。年二十四夫亡，一子繼殀。居貧守志。年逾七十而終。

徐氏　何三九妻。年二十二夫亡。或議欲改嫁之，輒引刀自割。自是人莫敢復言。

貞女章氏　名韞奴。幼嫺《內則》，寡言笑。當年十六結褵，伊邇夫侵痘症將危，女即倉皇求侍。父母力阻，不與易。及門拜舅姑，入夫室，侍湯藥三日。永訣之夕，誓死無二。毀容斷髮，不復歸寧，爲夫治喪事成禮。踰年立叔子從海嗣，撫養勤閔，冰霜自持，四十餘年如一日。朝廷旌其門曰"故童馬"。世稱未婚妻章氏貞烈之門。傳載藝文。

雙節二虞氏　庠生徐士壽妻。虞氏名登，一十六歲，夫亡，矢志，立後繼叔子璜爲嗣，聘胞兄女侄枝淑爲媳，育一女。枝淑年二十二歲，璜又亡，控地甘殉，登以婦有遺腹不聽，踰月得男。姑媳教誨十有二年，男與女又亡。枝淑遂絕食死，時年三十四歲。姑現今年六十。刑科姜應甲、常卿金漢鼎、九十老人教授徐光時作傳，紀其始末。康熙十年，邑侯徐公以其事詳上，候旨建榜。

贊曰：或謂名賢核矣乎？曰：然。傳之信史，著之前志，且今亦多俎豆之矣，何弗核焉？士行也，而掾厠焉，何居？曰：掾而士也，斯士之矣。耆壽附焉，不僅以其壽也，民德繼名賢、士行而人物之者也。諸子若是斑乎？曰：取節焉耳矣。其無遺乎？曰：士有倖而成名，或不倖而名泯，不有含光閟耀脫離形迹而遊於其天者乎？吾將求其人焉而未之得也。女貞舊錄夥矣，今間掇以入遺事何？曰：守節，女婦恒事耳，非經旌表與志行殊尤者弗特書，爲其不勝書也。雖恒事，然而人弗恒能也，故於遺事存焉，亦用以勸諸弗能者而已。噫！流風懿行，彰往範來，人傑地靈，爲不朽矣。高山仰止，景行行止，其在後之君子哉！

永康縣志卷之九

知縣事雲杜徐同倫甾源重修
楚人尚登岸未庵、邑人俞有斐晛蒼彙輯
儒學訓導虞輔堯允欽校正
邑人徐光時東白編纂
徐宗書廣生參閱
王世鈇柳齋、程懋昭潛夫編纂
汪弘海校梓

藝文篇 詩 文

叙曰：文以記事，詩以寫物。彬彬詞采，哀錄靡逸。徒飾虛車，泛載奚益。志藝文第九。

詩

別方巖　　　　　　胡　則

寓居峰頂寺，不覺度炎天。山叟頗爲約，林僧每出禪。虛懷思往事，宴坐息諸緣。照像龕燈暗，通霄磬韻傳。冥心資寂寞，琢句極幽玄。拾菌寒雲下，烹茶翠竹前。遠陰臨岳樹，清響答巖泉。僻徑無來客，新秋足亂蟬。松風生井浪，溪雨長苔錢。自省隨浮世，終難住永年。遍遊曾宛轉，欲去更留連。明日東西路，依依獨黯然。

紫霄觀

綺霞重疊武陵溪，鷟嶺相將路不迷。白石洞中人乍到，碧桃花下馬頻嘶。深傾玉液琴聲細，旋煮胡麻月色低。猶恨此身閑未得，好同劉阮灌芝畦。

　　　　　　靈　巖　　　　　　何子舉
　靈巖之境最超卓，高隱翠微浸碧落。迢迢一徑倒青松，壁立危門敞虛閣。敞虛閣，見寥廓，萬疊青山連海角。山田疏密布棋文，行看遠近分鳬雀。入虛堂，真邃寞，太山以來天所鑿。上如屈曲老龍腰，下似空明巨鰲殼。豁然平鋪如琢削，低不礙人高可摸。洞徹中開隱籟傳，虛通遠映飛光鑠。烟嵐前後如簾幪，洞戶東西迢鎖鑰。明月宵涵兩玉壺，白雲曉度長銀索。壺天春秋長不惡，瓊室夏涼冬燠若。老僧雪夜不親爐，童子炎天尚狐貉。夜靜風清冰露薄，天碧境寒河漢爍。冷冷風吹叱斗牛，浩浩清聲生萬壑。我欲飛王喬之鳬，呼丁令之鶴，架羽仗之輕車，奏雲臺之妙樂。披星機綸素以爲衣，舉金莖沆瀣以爲酌。因結友呼群仙以遨遊，將來休此巖而宴樂。或叱石以爲羊，或指松而化鶴。酒容漁父之參盤，棋許樵夫而看着。殊不知烏之東飛、兔之西躍，相將遠逐無窮濱，逍遥永脱塵緣縛。

　　　　　　壽　山　　黃　溍 義烏人。翰林學士。
　鑿開混沌是何年，一石垂空一髮懸。飛瀑化爲天下雨，老僧常伴白雲眠。舊遊不改桃源路，化境能同祀國天。回視人間成壞相，無端劫海正茫然。

　　　　　　桃　巖
　立石平如削，飛雲近可梯。莫窮千古勝，但惜衆山低。靈草經年長，珍禽隔樹啼。人言舊朝士，感事有留題。

　　　　　　壽　山　　胡　翰 金華人。衢州教授。
　一峰橫闢五峰連，巖屋層臺勢絶懸。日月只從空外擲，雲烟渾似洞中眠。泉飛玉雪常清暑，木落軒窗始見天。四十餘年黃太史，足音兩度走跫然。

又　　　　朱　濂 義烏人。長史。

講筵陳說記當年，須念蒼生急倒懸。曾奪鴻儒重席坐，却分老衲半床眠。玉堂雲霧真成夢，石室烟霞別有天。明日紛紛塵土裏，可憐回首一凄然。

又　　　　　　李　曄

雙澗橋西五老峰，分明朵朵翠芙蓉。半空絕壁開金像，一道飛泉噴玉龍。怪石生來斜聽鳥，曲欄憑處倒看松。平生自倚凌雲筆，不愧山僧飯後鐘。

方巖喜雨

觸熱區區到上方，疏簾小簟夢秋光。片雲忽作千峰暗，一雨能爲五月凉。從此統兵無戰伐，況今多稼免逃亡。天涯野客雖寥落，吟罷新詩喜欲狂。

石　室

石室初從混沌分，呀然一竅氣氳氳。山僧常住黿鼉窟，野老能穿虎豹群。行怪帽簷常礙蘚，坐驚衣袖忽生雲。何時更借禪床坐，六月松聲絕頂聞。

大通寺

大通寺裏題詩處，鎮日晴雲繞筆端。蘇晉醉來偏好佛，陶潛老去不求官。紺樓未午鐘聲動，綠樹生秋雨氣寒。因學山僧燒笋法，瓦盃行酒罄交歡。

東覺明寺

招提重到處，秋色正紛紛。紅葉皆新句，青山只舊雲。姓名雖動俗，心跡喜離群。因與閑僧話，相忘落日曛。

靈巖　　　　宋濂

不到靈巖二十年，重來風景固依然。三光每隔須彌頂，一竅誰穿渾沌先。佛向壺中開淨域，僧從井底望青天。玉堂無復金蓮夢，暫借僧床半日眠。

西巖瀑　　　　韓循仁

雲根飛瀑瀉巖隈，松墾砂泉響似雷。誰謂人間無此境，五老峰前曾看來。

靈巖山　　　　徐文通

歇馬空山裏，蹉跎又隔年。法筵春雁改，梵語客心憐。雨颭瓊花落，經飜貝葉傳。上方聊假寐，明月夜深懸。

又

鐘磬扣禪扉，松蘿釣客衣。烟霞來復去，車馬是還非。秋色無甘露，泉聲滿翠微。祇應留石室，累月未言歸。

又

客子憩東林，翛然俯北岑。花陰跌座淺，草色臥鐘深。衣著翠微潤，琴虛流水音。平生慕丘壑，從此豁塵襟。

登方巖自飛橋上入峰門

　　　　　　　吳安國 長洲人。本縣知縣。

曲曲危橋倚翠微，攀躋還喜挹春暉。梯雲萬疊虹堪跨，躡石層霄鳥不飛。絕磴已窮猶有徑,峭巖中斷忽成扉。蒼茫祇覺諸天近,好向玄門早息機。

方巖晚眺

峭壁平如削,晴嵐望更賒。泉飛峰際玉,石鎖洞中霞。松老還巢鶴,林深欲斷鴉。禪心依梵宇,春思繞天涯。蕉鹿虛成夢,蓬壺別有家。疏鐘夕陽外,長共飯胡麻。

壽山石洞

鑿開頑石是何年,始信人間有洞天。幽嶠杳疑三島入,危樓遙對五峰懸。薜蘿霧氣生衣上,巖穴花香佛坐前。却笑烟霞早成癖,賣書寧惜買山錢。

壽山瀑布

桃花峰上水,萬丈灑晴空。幽壑珍珠碎,懸崖匹練同。非烟籠樹杪,疑雨濕花叢。總覺塵心洗,清音瀉晚風。

登靈巖同諸君飲洞中

危巒千仞白雲隈,玉洞凌空積翠開。怪石却愁羊化去,野花誰遣鹿銜來。題詩顧我憐芳草,載酒勞君掃綠苔。解使山靈容吏隱,可令猿鶴莫相猜。

石室小酌酬徐大夫

不信桃源路,招尋路轉深。日斜蘿徑藹,雲鎖石門陰。丹竈茶猶沸,琳宮磬已沉。願留徐穉榻,同卧碧山岑。

雪後登方巖逢主人自巖下至

黃猷吉 山陰人。僉事。

方巖面面削芙蓉,雪色擎看仙掌重。九曲駕橋行鳥跡,半痕拆石度雲蹤。卷阿洞隱清虛府,連嶺鞭馳白玉龍。倚望忽驚來紫氣,真人飛上最高峰。

遊壽山尋宿不遂

方巖登罷日西舂,餘興還能踏五峰。白晝雨飛泉在壁,丹梯冰墮玉攀龍。臺空迴憶嘉熙歲,山下有兜率臺,宋嘉熙二年建,朱晦庵題額。墨妙生看同甫容。厓有陳同甫題字,墨跡如新。我欲就中留信宿,洞門誰啟密雲封。

附錄詩

答侍郎胡則　　　　范仲淹

千年風采逢明主,一片靈襟慕昔賢。待看朝廷興禮樂,天衢何敢鬭先鞭。

又

都督再臨橫海鎮,集仙遙綴內朝班。清風又振東南美,好夢多親咫尺顏。坐笑樓臺凌皓月,行聽鼓吹入青山。太平天子尊耆舊,八十王祥未賜閑。

山居　　　　韓循仁

避地來東谷,蹉跎已二年。青山常對面,白髮漸盈顛。釀黍時邀客,湌芝漫學仙。此生通與塞,一笑總由天。

華溪釣隱　　　　童璲

華溪釣隱誠自豪,齊門操瑟非吾曹。綸竿百尺水雲渺,鐵笛一聲山月高。放鶴引尋紫芝洞,得魚醉卧滄江濤。黃塵滿地不歸去,萬里天風吹布袍。

題府館風月臺　　潘　珏 本府同知。

兩度華溪驛裏棲,重來移館驛亭西。便誇景勝乾坤別,莫怪年來屋宇低。坐執簿書銷舊案,閑收風月入新題。悠然清興誰能會,正是山前雪漲溪。

吊龍川先生墓　　謝　鐸 黃巖祭酒。

生芻一束萬年情,欲拜龍川恨未能。讀罷三書毛髮竦,不勝豪氣尚憑陵。

送徐汝思參議之山東
王世貞 太倉人。大理寺卿。

散帙明燈至故人,焚魚酌醴坐相親。未論開府諸侯貴,且數游燕萬事新。說劍寒星高北斗,褰帷春雪滿東秦。憐予莫嘆薪從積,留得朝來爨下身。

集　　句　　胡長孺 邑人。

拜掃歸來走鈿車,二年寒食住京華。自憐慣識金蓮燭,奉使虛隨八月槎。其一

慈母年高鶴髮垂,鄉書無雁到家遲。初過寒食一百六,一日思親十二時。其二

殘花悵望近人開,不盡長江滾滾來。寒食清明都過了,鷓鴣飛上越王臺。其三

寒食家家出古城,滿川風雨看潮生。八千里外飄零客,起向朱櫻樹下行。其四

一百五日寒食雨，風光別我苦吟身。尚書氣與秋天杳，同是天涯淪落人。其五

東溪行　　　　徐文通 邑人。

仙源何處訪東溪，溪上人家秦世遺。路僻春生芳草遍，水流日坐白鷗期。白鷗相對青精飯，布衣有客從來願。岸幘談詩每入玄，逢人貰酒常折券。兩岸桃花物外春，烟艇漁簑空一身。樽前楚塞三湘雨，棹裏潯陽九派津。只憶臨流慣洗耳，不學垂簾隱都市。飄飄把釣自滄洲，即有蒲輪終不起。林間歲月山海經，茅屋數椽多聚星。陶公五柳門前綠，蔣生三徑几上青。練藥更求采瑤草，白髮紅顏稱綺皓。西山日落歌紫芝，南浦雲深卧蒼昊。籍籍令弟中丞公，擁麾開府雄山東。功名要在稷契上，逸思高出風塵中。一見為予諾山水，予心久逐澄江沚。水中居兮荷可衣，河之清兮誰能俟？

方　巖 五首之一　　程正誼 邑人。府尹。

東海多名山，處處有奇峰。雁宕與天台，朵朵玉芙蓉。何如方巖奇，壁立訝鬼工。四方如削成，嵯峨陵蒼穹。憶昔上古時，真境閉鴻濛。不孤飛鳥去，始與人世通。人世通一隙，奇哉造化功。危橋駕青冥，白日飛長虹。潛蛟倏忽起，雲漢蟠蒼龍。蒼龍抱靈光，晝夜常融融。以此胡生來，煉藥於其中。左熟覆釜丹，右植桃花紅。見我引手招，奇哉有仙風。就之忽不見，縹緲雲山空。

五峰雪霽 為諸生時作。　　程正誼

山樓當午快晴暉，玉樹瓊花漸損肥。泉瀉碧空銀漢落，冰摧蒼壁曙星飛。南山日近青峰出，北壠陰凝綠樹稀。十載巖棲葵藿冷，青雲何日着金緋。

方　巖　庚子從遊記其勝,賦之。　　　徐可期　邑人。

巖向東南開勝地,滄來秀色數峰青。雲階渺漠誰攀躋,洞出玲瓏絕倚凭。風送遠濤山有瀑,光團萬籟鳥無音。何時重躡閒中屐,飽玩天工水墨屏。

憶上封古刹　　　　徐可期

古寺由來莫記年,碧波翠岫兩依然。輕陰淡淡描秋色,落焰溶溶雜野烟。谷鳥倦棲三徑地,禪鐘夢入五更天。小山招隱知何日,暫爾潛踪到法筵。

登絕塵山　　　　俞有斐　邑人。

天半蒼茫鳥道開,短筇移屐上崔嵬。塵飛不到山容靜,石踞如扶雲氣來。避世有人忘魏晉,尋幽何處復蓬萊。悠然物外情無限,笑問梅花酒一杯。

其　二

絕巘岩嶤萬仞間,森森古木映霞關。捫蘿徑險疑無徑,到壑山深復有山。數畝白雲呼鹿耨,一池丹掖帶烟潺。相逢野老渾閑事,茅屋清風好駐顏。

松化石歌　　　　俞有斐

永康之邑古麗州,地踞金華之上游。東接括蒼連閩甌,山水多奇清且幽。靈巖方峰鬼斧修,潭底桃花石縫流。神仙丹窟在其丘,唐有馬生鍾呂儔。名曰自然意悠悠,燒松煮藥城北陬。自言人是水中漚,長生有術天地侔。丹成白魚變龍虬,乘雲飛去勝蓮舟。朝臨三島暮十洲,神仙去後杳難求。當年老松踪跡留,相傳聞道知點頭。忽然根枯葉不抽,化爲怪石堅如鏐。鋀皮鱗甲色蒼緻,匠石驚顧凝雙眸。棟梁欲選今且休,徒有斤鋸奚雕鎪。此物無用誰之尤,仙乎仙乎没來由。何不俾石化松楸,斲之作室并成樓,小爲犁杖大車輈。道旁朽木棄爲廂,拆之尚可爲薪樞。乃令有用化虚浮,飢不可炊寒難裘。非松非石徒贅疣,胡爲統志廣裒收。煩衝瘠邑當道周,擾擾過客每求搜。薦琴枕筆此物優,仙踪古蹟寶爲球。輿擕擔負逐行騶,民夫困苦發吁憂。從來神仙有賑賙,奈何化石重民愁。

　　　方巖山　　　　　張祚先 本縣知縣。

曲曲危橋曲曲微,躋攀無路忽驚疑。梯雲萬疊虹堪跨,躡石層霄鳥不飛。絶磴凌空猶有路,峭巖中斷忽成扉。解使山靈容吏隱,可令猿鶴久相隨。

　　　贈永康周嘉成詩 有引　王十朋 樂清人。梅溪。

樂清之東,地名左原,中有古井,深數丈,時冬旱冰枯,井僅盈掬。有女子數人提罌而汲,綆絶罌墮。俄有男子鋭然解衣,入井取之。既而石陷,聲震山谷,井深石重,咸謂壓者必虀粉矣。越三日,事聞於邑,尉周以職事來,環井而視,惻然嗟悼,命役夫具畚鍤,扶石取骸,將以葬焉。自旦逮午,猶未及尸。俄而役者驚相告曰:"井底有聲,其鬼物乎?"周曰:"此陷者不死,須吾以生。"於是捐資募出之,衆力争奮,頭顱稍露而語可辨矣。土石撼動,勢將復壓,救者驚潰。周乃整衣焚香,叩井而拜,命工植板以捍石危墮,益以緡錢啗役夫,裨陷死以救。時尚未飯,吏以進,却之曰:"必活人而後食。"日没井昏,繼之以燭。用長綆繫衾挽而出,觀者數百人,歡呼震動嗟異之。梅溪目擊其事,作詩一篇以紀。周名勔,字嘉成,婺州永康人。

君不見溫公年方髫齔時,奮然擊甕活小兒。至今遺事在圖畫,活人手段良可奇。又不見耿恭昔年困疏勒,孤城鑿井踰千尺。整衣一拜精神通，俄頃枯泉飛爲液。樂清有地名左原，地幽井古知幾年。一朝陷溺誰氏子，萬石壓腦沉黃泉。路隔幽冥生望絕，三宿沉魂豈能活。鬼神莫救功莫施，天遣仁人爲之出。彩斾來臨驅五丁，抉石求屍俄有聲。頭顱半露語未辯，人疑鬼物相視驚。拯溺辛勤功未果，土圮石攲紛欲墮。爭言陷者不復生，救者徒遭頹壓禍。梅仙惻然臨井旁，焚香再拜祈彼蒼。散金募衆蹈死救，手植板榦加隄防。土石相銜危不倒，薑粉餘生僅能保。須臾奪命鬼窟中，萬口歡呼喜填道。翕然輿論咸奇公，異事行將達帝聰。感物誠居耿恭上，活人手與溫公同。況公才學俱超絕，吏隱那能久淹屈。使君前日飛鶚章，茲事詳明已廉潔。鰌生桑梓居此間，具書目見非妄傳。太史采詩儻見取，願付銀筆書青編。將見大書特書屢書不止此，史筆芬香此其始。

方巖 丙申秋同武林柴蓮生、桃溪汪燕平遊作。

鄭賡唐 縉雲人。兵憲。

躐蹬攀蘿望杳冥，飛橋鳥訝未曾經。平分山勢神皆肅，遂有天門夜不扃。石散獅毛昏日月，池涵豹霧起風霆。嶙峋亦在高深裏，謾問何年役五丁。

鳳凰塔 仝陸揆哉年丈。

尚登岸 湖廣人。庚戌進士。

怯試危橋步，烟林遠近青。扣關驚竹夢，倚檻耐花醒。塔靜鐘遙度，雲荒雨不靈。松濤連唄語，留響媚清聽。

上封寺 訪袁靜公年丈。　　尚登岸

古寺晴雲繞碧巒，半簾竹影動高寒。香生茗椀詩如話，露簇烟芽草是蘭。老樹鋒稜催石裂，幽鐘飄緲報秋殘。曲江悔失懷人晤，試解囊琴一坐彈。

　　　　　延真觀 中有馬自然松化石、白龍井仙蹟。　　　尚登岸

淺池蹙水拜秋空，緩放晴烟破野叢。井檻龍歸雲曠渀，松根石帶月玲瓏。真人擁笠驚殘瓦，羽客驅塵補敗囱。披拂仙風靈夢想，滿庭芳草夕陽紅。

　　　　　方　巖 和徐躋庵。　　　尚登岸

盤巖驚力倦，遥擬就山眠。選樹全遮影，桃雲半壓肩。竹驅清宿澗，松漲碧留天。耐險凌幽勝，斜陽醉晚巔。

　　　　　靈　巖　　　　　尚登岸

何代驅山手，劈開石裏天。虛窗凝雪晃，老樹透霜妍。磬響傳深谷，松鱗醉冷烟。上方翻拒我，未許寄牀眠。

　　　　　壽　山　　　　　尚登岸

緣巖結侶衝雲出，踏徹荒荒谷口阡。盡廢樓臺留古洞，生飛霧雨迓山泉。林端楓可還添樹，屋頂石當不架椽。秀立五峰成畫理，空堂遺主景高賢。

　　　　題徐東白先生回首青山圖　　　尚登岸

東南巖壑擅靈奧，石罅燒丹留井竈。萬仞孤峰插紫烟，縈合冰霜殊靜躁。初來命駕出名山，高座談經覯孔顏。飄然無繫撤皋比，花拂琴罇自往還。架上牙籤富鄴侯，流觀紀注歷千秋。發函勤課青燈裏，簾空月午聲遲留。偶泛桃谿一灣淥，暮宿方巖第幾曲。春樹流香春水生，青山青處雲漸續。回首故園松菊存，草木誌歲霞朝昏。丹頤赤輔安期侶，仙犬當關鶴守門。

　　　　　桃花洞 二首　　　尚登岸

何年谿水泛桃花，古樹烟濛綴晚鴉。彷彿武陵深洞口，綠簑小艇

問仙家。

其　二 徐君亶源立放生潭於此，故及之。　　　尚登岸

荒荒亭子送斜陽，豆架繁花別院香。指數放生魚萬點，憑秋共水約三章。

桃谿喜雨 奇旱四月，重陽對此喜賦。　　　尚登岸

欲覓黄花一笑緣，香魂無主醉輕烟。雲枯累月盼餘靏，雨濕今朝灌野田。續續炊茅圍蔀屋，憨憨沽酒壓平川。倚樓廢却尋山興，細注《南華・秋水篇》。

書

上孝宗皇帝書　　　呂皓

臣聞言動之過，而非故爲之，此士君子之所不免，而正法之所宜宥也。父兄之難而不能以死救，此天地之所不容，而王法之所宜誅也。宜宥而不獲宥，宜誅而不及誅，是雖匹夫之幸不幸，猶螻蟻之自生自死於天地之間，固無損於造化之功也，然一夫之不獲，尚足爲至治之累，自昔聖人在上，蓋甚憂之。凡下民之微，有一不平，而義激乎其中，莫不使之朝聞而暮達，不啻如家人之相與，以情通焉。嗚呼！父子兄弟之際，天下之至情也。以不獲宥爲不幸，而自幸其不及誅，揆之常情，猶不能以自安，況夫至情所在，渾然一體，無所間斷，庸可以幸不幸爲區別，坐視而弗之救，畏一死之輕而廢大義之重，不一仰扣天閽，以庶幾一悟，而甘自投於不孝之域也耶？臣，婺之永康人，世修儒業，而未有顯者，於是臣父縱臣之兄與臣宦學于外，以從四方之士游，而求光其先業焉。中間郡縣旱暵相仍，聖意軫念赤子無以爲生也，降詔捐爵，勸諭富室出粟以賑之。臣父慨然動心，令臣首出應命。既而朝廷雖特授臣以一官，臣不佞，自少稍有立志，不忍假父之資以

食君之禄，于兹三年矣。去年之冬，獲從群士貢于禮部，未能以遂其志，而讎人怨家所競不滿百錢，至誣臣之兄以叛逆，誣臣之父以殺人。叛逆，天下之大憝也；殺人，天下之元惡也。非至棘寺，終不能自明。一門父子既械繋，而極囹圄之苦，獄告具而無纖芥之實，卒從吏議，以累歲酒後戲言而重臣兄之罪；搜抉微文，以家人共犯而坐臣父之罪。夫酒後果有一二戲言，而豈有異意！此所謂言動之過，而非故爲之者也。深山窮谷之中，蓽門圭竇之戲言，而至上瀆九重之尊，則幾於失朝廷之體矣。且讎怨告訐之情，累歲不可知之事，所不應治也。有司今獨受而窮究之，則幾於長告訐之風矣。子實有罪，則子受之，固也。搜抉微文，以致其父，則忠厚之意亦少損矣。昔漢女緹縈上書，自乞爲官婢以贖父罪，猶足以感動文帝之聽。臣不佞，亦嘗聞義矣。父兄不幸，誤入於罪，而有司一致之以法，則上以失朝廷之體，下以長告訐之風，而損忠厚之意，所關如此其大也。乃不能乘是略出一言以動天聽，寧不愧死於一女子乎？臣重念士之求仕於時也，亦將以行其志云爾。今日閨門踐履之基，即異日朝廷設施之驗也。平居父兄落難，乃庸懦顧惜，不能自出死力而哀救之，是無父也。天下豈有無父之子可以受君之爵、食君之禄而立乎人之本朝者哉！臣願納此一官，以贖父兄之罪，而甘以末技自鬻於場屋之間，毋寧冒此一官，以爲無父之子，而無所容於聖明之世。苟以爲國家自有定法，置之不問，是非陛下之聖明有虧於漢之文帝，實臣之不肖有愧于一女子，而不足以盡感動之情也，則臣惟有先乎父兄而死爾，復何所憾哉！

論建儲疏　　　　　　　　　趙　艮

刑科給事中臣趙艮謹題，爲陳言端本事。臣聞元良主器，則前星炳燿，而萬國由貞；樹子成祧，則國本滋殖，而庶孽屏息。所以尊宗廟，重社稷，繋四海仰望之心，絶群小覬覦之念。自古帝王創業垂統，莫不以此爲先務。而當時宰臣輔世義民，莫不以此爲令圖。乃古今之通義,天下之達禮也。洪惟皇上,德符穹昊,仁被宮闈。愛及賢妃,篤生皇子,年方二歲,望隆一時。皇上憂深思遠,慨從群臣之請,特允建儲之議。此蓋防微杜漸、慮患於早之意,甚盛舉也。然臣犬馬之心,竊以皇上春秋方富,皇后嫡嗣未生,遽以支庶之弱,使承神器之重,誠恐慮之太早,爲之已速,非所以重伉儷之情、長忠厚之風,將以係天下之心,祇以起天下之議。事體既大,所關匪輕。思昔成周之時,惠王娶於陳,生太子鄭及叔帶。愛叔帶,欲立之。齊威公以其廢長立幼,將啓亂階,遂率天下諸侯,會王世子於首止,示天下戴之,以爲天王之貳,以尊國本,絕亂階。説者謂齊威此舉,得禮之變,而孔子予之,所以正天下之大本也。夫世入春秋,王綱解狃,亂臣賊子,接迹當世,而聖人尤嚴於立法,以正大本,而況於清明之時乎!雖曰冢嫡未生而支庶實繁,已足繫人心、慰人望矣,而奚俟乎建儲之速乎!且皇上以英妙之年,皇后以貞静之德,此天然之配,萬世之嗣。訖今數載,未有所出者,蓋以時未至耳。《傳》曰:"君舉必書。書而不灋,後嗣何觀!"儻一旦天心仁愛,聖子出於中宮,則今日之議必將改圖,其舉動煩擾,何以詔天下、遺後世哉!臣又按《春秋》桓公陸年玖月丁卯,子同生。孔子特筆書之。而當世大儒胡安國謂經書"子同生"者,所以正國家之本,防後世配嫡奪正之事,是則國本之定在於始生之初,而不在於建儲之日也明矣。臣愚伏望皇上繼自今嚴妃匹之分,厚全體之恩,然後推一視同仁之心,遍九宮同體之愛,使本支百世,宜君宜王,遲遲數年之後,徐定建儲之策。儻得立子以嫡,固禮之正,萬世之法也。萬一又如今日,然後擇其長而賢者立之,則人心悦、天意得,而今日聖嗣之可以出就外傅、隆師就學,以培養聖德、講求治理,以慰天下之望。此則天地之義、正大之情,所謂公天下爲心、變而得其中者也,顧不偉歟!《書》曰:"圖厥政,莫或不艱,有廢有興,出入自爾師虞,庶言同則繹。"惟皇上萬幾之暇,留神省察,仍與二三執政大臣熟思而審處之,以爲久安長治之計,則宗社幸甚,天下生民幸甚!臣待罪言官,偶有所見,不敢緘默,謹以危言上陳,不勝惓惓爲國之至。

乞宥群臣争大禮被繫杖疏 嘉靖三年十二月。　　俞　敬

後軍都督府經歷、今陞貴州思州府知府臣俞敬奏,爲乞天恩宥敢言以張大孝事。臣嘗聞孔聖云:"天地大德曰生,聖人大寶曰位。"洪惟陛下德配天地,位等聖人,以不忍人之心,行不忍人之政,凡大小臣工,皆樂有更生之機,而争奮敢言之氣。邇者翰林院學士豐熙并部寺科道等,不諒聖心至孝,改"本生"二字,故聯名抗疏,伏闕呼號。言雖狂妄,實激愚衷。冒觸尊嚴,罪固莫逭,已蒙或下獄問罪,或薄示責罰。法網鮮漏,朝署爲空。今聞編修王相、給事中裴紹宗、主事余禎等已故矣,豐熙等在獄者亦垂亡矣,而呻吟衽席恐不能起者又不知幾矣。内外驟聞,驚惶無措。夫天之生才,以供世用。且古者設誹木諫鼓,以招直言,恕引裾折檻,以彰直臣,誠以人君高拱穆清之上,日應萬幾,一人聰明有限,而天下事變無窮,所以補王闕、保王躬者,實惟弼直之臣是賴焉。恭惟皇考恭穆獻皇帝神主入廟,正宜赦過宥罪,體悉群臣,潤澤萬民,以張大孝於天下。伏望陛下,量恢宇宙,怒霽雷霆,恩鋪雨露,於王相等已故者優恤其後,豐熙等垂亡者宥釋其身,則威福並行,寬嚴有濟,而死者不冤、生者感激。俾凡爲臣子懷有一得之忠者,無復以言爲諱,於凡國家忠孝利病、政事得失、生民休戚,莫不明目張膽,一一敢以上陳寬明之聽,以共讚維新之治,而綿祧祚於無疆也。臣職外官,言非其分,但兔死狐悲,擊目痛心,故昧進狂瞽之説,伏乞垂寬明之聽,亟賜采行,則宗社幸甚,天下幸甚!

乞恩宥積逋疏　　　　　　　　　徐文通

爲恤刑事。臣聞王者總一寰宇,司牧黔黎,而薄海稱治,卜世無疆者,此豈有他術哉?良以任德之意溢於任刑,惠澤之施踰於戮辱,

寧約己裕人，弛禁捐負，視財輕，視民重，而無罄竭膏血、草菅生靈之心也！是故教化不及而民作奸，觸死罪，犯贓逋，不得已而有眚災之赦，又不得已而有不孥之罪，無非體天地之大德，弘好生之至治焉。《易》有之："損下益上謂之損，損上益下謂之益。"《記》有之："一張一弛，文武之道。"自昔賢聖履天位、流聲稱、享永年者，皆由此其選也。惟我太祖定律：以贓入罪者，身死勿徵。老幼犯罪者，栲訊有禁。我孝宗定例：追贓年久者，並許奏聞。親屬各居者，不許濫及。仁心仁政，垂法盡善。暨我皇上臨御以來，屢屢詔旨，起解錢糧，係小民拖欠未徵在官者盡蒙蠲除。監追贓物，係正犯身死勘無家產者悉蒙宥免。瀚澤渥恩，繼悉惟良，後先一揆，真無愧於古帝王者。又五年一次差官審錄矜疑之外，凡追贓冤苦，悉得上聞，我皇上又無不稱可而哀此煢獨者，是宜逋負悉完而囹圄空虛也。頃臣奉命慮囚西蜀，睹茲僻遠之地，多觸刑戮之民。苟有生道，無不冒陳，仰體德意，用協刑中。除具題外，竊見追贓人犯，父死子代，兄死弟代，宗死族代，叔死姪代，義男代家長，族婦代戶丁，動千百計，監數十年，號泣悲楚，願訴宸聰。或編髻而觀三木之刑，或垂白而罹桎梏之慘，或煢寡而受械繫之辱，身無完衣，體無完膚，各類鬼幽，無望人世，其為冤苦，所不忍言。是豈我皇上德不遠逮而澤不旁究哉！但奉行者循故事，不燭其情，查勘者責虛文，不核其實，是使聖明之世，有及孥之刑，欽恤之朝，多冤被之命也。且巴蜀之地，惟山石居多，而生計甚微。贓逋之民，亦惟巴蜀為多，而法度難禁。蓋臣嘗之臨卭。臨卭沃野之地，非山田之比。乃至春乏耕農，田多蔓草，一望無際，百里丘墟。民之流亡，膏腴如此，至於山谷，荒竄可知。此其故何也？山土額於旱虐，派辦廣於戶工，盜賊繁於征役，邊運疲於轉輸。是以田空存而糧不減，人多亡而賦如昨，窮苦無聊，十倍他省。臣嘗閱夔州府追贓文册有賀登瀛者，內開止有生女一口，堪變還官。臣讀至此，不覺流涕，為之食不下嚥。賣妻鬻女，恐又不止一賀登瀛者！故臣察其如賀登瀛者，凡在贓不多,遵查節年詔書、用詔大賚,徑自釋放召保外,數內袁閣等十一名,俱正德年遠之贓,祖父遺孽,非其自犯之罪。余周生等六十八名口,俱親屬故絕,同姓貽累,非有居蠹之素。蔡傑之贓,既戮其身,又監死其子若孫三命,因其故絕,今又監追族侄蔡舫陽。一人之惡,非上二世之逮。孫男之代,猶可說也;户族之代,不可說也。且查各犯,屢報無產,必若照舊監追,是明以瘐死難完之贓,而斬艾無辜之命也,抑豈皇上哀矜元元之德意哉!死罪而下,其身親自犯者,荷蒙矜疑具奏,得從欽減,是於絶生之人尚求可生之路,況於此輩止因貼累代追,原非應死之人,而竟置必死之域!宇宙至廣,無陰以憩,豈不痛哉!臣是以謹按律例,除贓數太多、監追未久、正犯尚存、家產未絕者無敢濫開外,今擇其情尤可憫者,并事犯緣由、贓數多寡、監追年月久近,錄其略節,開具奏聞。伏望聖明俯賜憐察,敕下法司,再加詳議,明於損益之道,察於弛張之宜,寬而赦之。棄蠲積逋,始雖憫窮;生齒日繁,終以藏富。無疆之恤,亦無疆惟休焉。且臣聞政寬舒則民樂其生,天下有樂生之民,而軍旅會朝,國家之需不誅求而足矣。政迫促,則民輕其生,天下有輕生之民,而土崩瓦解,國家之患不徵令而至矣。況於今日,邊方多事,尤當以寬民為急,不可使有愁苦無聊之心。西蜀僻遠,民隱難達,皆陛下之赤子也。臣不勝懇切之至。

上饒州路太守書　　　　應孟明

某切思古之人成德有大過人者,無他,能受盡言而已。古人之事上也,期無負於上之人者,無他,能盡言不諱而已。今之人聞人之稱善則喜,聞人之諫己則怒,諛言以媚人則能之,忠言以救人則蓄縮而不敢。吁!是焉得為古人歟!某不敢以今人望明公,而敢以古人期明公。某之身不敢以今人自待,庶幾以古人自待。某之所學在是,所行在是,身為下邑之微官,仰視太守之尊,知而不言,言而不盡,則有負於明公,亦有負於所學。明公,古人之徒也,幸一聽之。天子置二千石,爲民也,非取民也。龔遂、黃霸之徒,撫摩涵養,使民安,使民富,使民耕鑿有餘力,不徒爲是空言而已。使其追求之速,禁令之嚴,督促期辦,州責之縣,縣責之鄉,不容頃刻暇,始號召於外,曰民力果得紓乎?縣令其無橫取乎?是欺民也!令行禁止,非嚴者不能辦。錢流地上,非取民者不能辦。大水失期,失期法斬,秦以是亂。令行禁止之弊,乃至此極,此豈撫民之良法歟!錢流地上,而曰斂不及民,天下寧有是理哉!催科政拙,書考下下,後人之論陽城、劉晏,果如其賢乎!令固不可不嚴,太嚴則酷。財固不可不辦,辦則傷民。明公開府之初,諸邑令尹受約束之始,某則傾耳而聆,曰必有寬徭薄賦愛利吾民之言乎!乃聞曰:日椿月解,月十五日不到,追坐押之官坐於客位,朝入而暮出,其官之趨走輩,則梏縛械繫於客位之傍。某聞之而驚,歸語子弟曰:"新使君之言及此,百姓之禍未歇也。"既而又聞之:鼎新樓店,聚州人飲酒,日之所獲餘數百緡。當飢民一飯無得之時,招而來之,日之輸酤者數倍,謂之能官可也,謂之善政可乎?行一約束,倉卒倚辦,官吏股慄,不敢後期。使人不敢可也,使人不忍可乎?荒饑之餘,縣邑凋敝,商旅不行,稅入無幾,民饑乏食,酒課不登,月數解錢不爲少矣。一文一縷,不取之民,將焉取之?月十五日,數足於歷,錢足於帑,官吏有賞,縣邑有能辦之稱,此明公之所知也。嬰木索,受箠楚,纍纍監繫者,明公不知也。閭巷細民,賣妻鬻子,明公不知也。中人破產,上戶空匱,明公不知也。其吏之摧拘者曰新知府之令,汝不聞乎?其官之行其箠楚禁械者,曰非我也,新太守也。彼民亦曰吾知新太守之令嚴也。然飢餓之身,未知死所,令雖嚴,若我何!嗚呼!明公忍受此名而不知察歟!且以某之身親者一事言之。坊渡拘解,某之職也。遭荒拖數,坊渡之當前者非不拘催,量其有無爲之多寡,計其辦否爲之遲速。今者不然。慮約束之嚴,憂月十五日之至,枷禁者日有人,鞭箠者日有人,追逮者日有人,猶不足於月十五日之數。某之枷禁箠楚其無從出之人,如己之受枷禁箠楚也,惘惘然不能以朝夕。而七年之拖下以千數,明公又不追索之令矣。以某之不安於追治坊戶,不得已而塞明公之責,諸縣之於百姓,死人甚於某之急諸坊戶也。某之所管坊渡二十一人,其輸官及期者,鄒祉一人而已。有頑猾戶楊璘,欲攘而奪之,某方不從,則厲聲於某之前曰:"州府不過欲多得錢耳,吾當高價以取之於州,以與鄒祉抗,且與縣丞抗。"某遂具稟剴詳告。意者明公灼見小人之情,楊璘者必得重罪。及行下前縣,以某之所稟與彼之所告,較短量長,而爲之先後,則是明公以利計不以義計。某之所忠告於明公,非以坊渡之爲己累也,因丞廳而推縣邑,見坊渡而百姓,庶幾以某之言不虛,而得於身親耳。今之官賦,上司催州,州催縣。若不加料理,其何以爲政?明公之理財是也。然殺人之中,猶有禮焉。一切不恤,而以嚴取之,睹板榜行下,則徒曰寬民力、無橫取,不知民力果若是寬乎?取民果可不橫乎?先儒謂操其器而諱其事者,或者其似之。傳曰:"惟有德者能以寬服民,其次莫如猛。"此非至言也。有德者不偏於寬,惟其中而已。其次莫如猛。其流弊殆如秦法之密乎!子產倡之,子太叔和之。後之爲政者,不知先王仁義之中,其寬也,非懦也;其剛也,非虐也。甘棠蔽芾,其禁之而不伐乎?其愛之而不伐乎?鈷䈽鈎距,其禁之而不犯歟?抑畏之而不犯歟?前太守以柔弱去,今以剛强代。困窘之民,栖栖無所告訴。邇者漲水爲災,其來也不以漸,没禾黍,漂廬舍,敗塚墓,激突浩蕩,若甚酷者,不知天意何所因而爲此歟!明公一麾出守,其僚屬之在府與在縣者不知幾人,出言嫵媚,稱道明公之盛德與古無前者,往往皆是。某一介頑鈍,獨抱區區之忠,獻之明公,自謂委曲面諛事上官求爲容悅者,非敬上官也,誤上官也。誤上官者,誤百姓也。誤百姓者,誤所學也。某上不敢負明公、天子,下不敢負百姓,內不敢負所學。以明公之高明而可望古人也,某也知而不言,言而不盡,則於門下爲有負;明公知而不行,則於百姓爲有負。漢宣帝有言:"庶民所以安其田里而亡嘆息怨恨之聲者,政平訟理也。與我共此者,其惟良二千石乎！"明公試反覆思之。

經書發題 前志刻《上孝宗皇帝書》，今删。　　　陳　亮

書經

昔者聖人以道揆古今之變，取其概於道者百篇，而垂萬世之訓。其文理密察，本末具舉，蓋有待於後之君子。而經生分篇析句之學，其何足以知此哉？亮也何人，而敢議此？蓋將與諸君共舉焉。夫盈宇宙者無非物，日用之間無非事。古之帝王獨明於事物之故，發言主政，順民之心，因時之宜。處其常而不惰，遇其變而天下安之，今載之《書》者皆是也。要之，文理密察之功用，至於堯而後無慊。諸聖人之心，是以斷諸《堯典》而無疑。由是言之，删《書》者非聖人之意也，天下之公也。

詩經

道之在天下，平施於日用之間，得其性情之正者，彼固有以知之矣。當先王時，天下之人，其發乎情，止乎禮義，蓋有不知其然而然者。先王既遠，民情之流也久矣，而其所謂平施於日用之間者，與生俱生，固不可得而離也。是以既流之情，易發之言，而天下亦不自知其何若，而聖人於其間有取焉。抑不獨先王之澤也，聖人之於《詩》，固將使天下復性情之正，而得其平施於日用之間者。乃區區於章句訓詁之末，豈聖人之心也哉！孔子曰："興於《詩》。"章句訓詁亦足以興乎？願比諸君求其所以興者。

春秋

聖人之於天下也，未嘗作也，而有述焉。近世儒者有言：述之者，天也；作之者，人也。《詩》、《書》、《禮》、《樂》，吾夫子之所以述也。至於《春秋》，其文則魯史之舊，其詳則天子諸侯之行事，其義則天子之所以奉若天道者，而孔子何作焉？孟子之所謂作者，猶曰整齊其文云耳。世儒遂以爲《春秋》孔子所自作，筆則筆，削則削，雖游、夏不能贊

一辭於其間，言其義聖人之所獨得也。信斯言也，則《春秋》其孔氏之書乎？夫《春秋》，天子之事也，聖人以匹夫而與天子之事，此王法之所當正也。不能自逃於王法而能正人乎？亂臣賊子其有辭矣。夫賞，天命；罰，天討也。天子，奉天而行者也。賞罰而一毫不得其當，是慢天也。慢而至於顛倒錯亂，則天道滅矣。滅天道，則爲自絕於天。夫子，周之民也。傷周之自絕於天，而不忍文武之業遂墜於地也，取魯史之舊文，因天子諸侯之行事而一正之。賞不違乎天命，罰不違乎天討，猶曰：此周天子之所以奉乎天者也。或去天稱王，或宰以名見，猶曰：此周天子之所以自贖乎天者也。天之道不亡，則周不爲自絕於天；周不爲自絕於天，則天下猶有王也。天下有王，而亂臣賊子安得不懼乎？然則《春秋》者，周天子之書也，而夫子何與焉！或曰："《春秋》而繫之以魯，何也？"曰：天下有王，凡諸侯之國之所紀載，獨非天子之事乎？而況魯，周之宗國，其事可得而詳也。夫子曰："如有用我者，吾其爲東周乎！"此夫子之志，《春秋》之所由作也。是以盡事物之情，達時措之宜，正以等之，恕以通之，直而行之，曲而暢之。其名是也，其實非也，則文與而實不與。其心然也，其事異也，則誅其事而達其心。微顯闡幽，謹嚴寬裕，如天之稱物平施，如陰陽之並行不悖，文、武、周公之政所以曲當乎人心者也。而謂《春秋》孔子之所自作，宜非亮之所敢知也。《春秋》所書，無往而非天。學者以人而視《春秋》，而謂有得於聖人之意者，非也。故將與諸君以天下之公而觀之，毋以一人之私而觀之，辭達而義暢，庶乎可以窺天道之全也。

禮記

禮者，天則也。禮儀三百，威儀三千，周旋上下，曲折備具，此非聖人之所能爲也。《禮記》一書，或雜出於漢儒之手。今取《曲禮》若《內則》、《少儀》諸篇，群而讀之，其所載不過日用飲食、灑掃應對之事耍，聖人之極致安在？然讀之使人心愜意滿，雖欲以意增減而輒不合。返觀吾一日之間，悚然有隱於中，是孰使之然哉！今而後知三百三千之儀，無非吾心之所流通也。心不至焉，而禮亦去之。盡吾之心，則動容周旋，無往而不中矣。故世之謂繁文末節，聖人之所以窮神知化者也。夫禮者，學之實地也。由敬而後可以學禮，學禮而後有所據依。三百三千而一毫之不準，皆敬之不至，而吾心之不盡也。一毫之不盡，則其運用變化之際必有肆而不約者矣。由此言之，禮者，天則也，果非聖人之所能爲也。

論語

《論語》一書，無非下學之事也。學者求其上達之說而不得，則取其言之若微妙者玩而索之。意生見長，又從而爲之辭曰："此精也，彼特其粗耳。"嗚呼！此其所以終身讀之而墮於榛莽之中，而猶自謂其有得也。夫道之在天下，無本末，無內外。聖人之言，烏有舉其一而遺其一者乎？舉其一而遺其一，則是聖人猶與道爲二也。然則，《論語》之書，若之何而讀之？曰：用明於內，汲汲於下學，而求其心之所同然者。功深力到，則他日之上達，無非今日之下學也。於是而讀《論語》之書，必知通體而好之矣。亮於此書，固終身之所願學者，方將與諸君商榷其所向而戒塗焉。

孟子

昔先儒有言："公則一，私則萬殊。"人心不同，如其面焉，此私心也。嗚呼，私心一萌，而吾不知其所終窮矣！先王之時，禮達分定，而心有所止，故天下之人各識其本心，親其親而親人之親，子其子而子人之子，其本心未嘗不同也。周道衰而王澤竭，利害興而人心動，計較作於中，思慮營於外，其始將計其便安，而其終至於爭奪誅殺，毒流四海而未已。孟子生於是時，憫天下之至此極，謂其流不可勝救，惟人心一正，則各循其本，而天下定矣。況其勢已窮而將變，變而通之，何啻反掌之易。孟子知其理之甚速，而時君方以爲迂，吾是以知非斯道之難行，而人心之難正也。故善觀《孟子》之書者，當知其主於正人心；而求正人心之說者，當知其嚴義利之辯於毫釐之際。嘗試與諸君共之。

宋建宣聖殿記　　　　　　　周虎臣

詔復鄉舉里選之法，十有三年矣。黨庠術序，應時營繕，無有遠近，咸務極宏麗，以侈上之賜，獨永康不知厥初執董其事，循襲卑陋，逮今弗革。虎臣列職之明日，祇故事奉奠告於學，視其廟貌弗嚴，視制狹冗，因惕然不敢寧於心，大懼不足以本一邑之風化。越明年春，有事於上丁，牲幣既陳，樽俎不得成列，登降執事周旋不能。退而嘆曰："此豈有司奉承詔旨哉！"乃度地慮庸，力請於提舉學事司，乞錢四十五萬。既得請，即敷告於邑之士民，不待訪山擇木，而椅桐杞梓之材，巨楩傑棟，文梁勁桷，水運陸馳，合沓四集，如懼後至。於是範金凝土，攻木礱石，塗墍設色之工爭出其巧，如恐不得盡。踰月而殿成，結桴增栿，重拱疊楹，煒煒翼翼，視之使人不戒而有肅心。又哀材力之餘，以新外廡，以作重門，階序廊閱，奕奕完密。庖湢器用，纖悉畢具。乃諏吉日，以十月戊辰，奉安宣聖神位，而以配享從祀次焉。環列側視，皆凜凜有生氣。越三日辛未，虎臣率諸生齋戒奉籩豆如上丁之禮。已事而退，乃升堂揖諸生，而進之曰：子毋美其輪奐，而入室在寢之志是進是力。子毋安其遊息，而鑽仰步趨之念是務是勤。子毋耽其文悅乎口耳，而務著於心。予也，惟學校卑陋，未足以稱，議者惜之。蓋舊嘗有學。宣和三年，凶寇作難，祠宮齋館，一變而爲飛烟烈焰，再變而爲頹垣圮墓。青衿逸遊弦歌之音不嗣。越十有一年，再建大成殿，塑先聖四公十哲之象。又七年，草創二齋，堂廡不立，牆壁不周，關鍵不設，未免嘯風沐雨之患。紹興辛酉之仲秋，強公友諒，初佩邑組，備儀告至，退而徬惶感慨，乃謂慶曆以來，詔天下立學崇朝，推行舍菜，光於前烈，實於先王。毋監諸利棘於百朋，而務信於斯，於吾夫子之道有榮焉。於是諸生咸唯唯，懌於心，見於色，且曰："不可無志。"宋政和四年縣令兼教諭周虎臣撰。

敕書樓記　　　　　　　洪清臣

藝祖皇帝制詔，郡邑建樓以藏敕書，惟時守令畢力殫慮，奉以周旋,罔敢失墜。夫創業之初,剗穢夷荒,掃闢區宇,抑艱難矣。時方底定,晨昏懇惻,誕布綸言,乃厲意於天下敕書樓何哉?蓋天於恤民之深、憂民之切,所賴以共治者,守令而已,爲其耳目接於民,號令易以行故也。然天下之大,千里寄一守,百里寄一令,人民社稷之所繫,責任重且尊矣。其人之賢否,未可必也。苟得賢者爲民師帥,則可以廣宣恩澤於天下,海隅蒼生咸被休福。若其貪冒貨賄以恷於利,阿附權倖以屈於勢,殘黎元以傷仁,溺宴安以縱欲,其視上之詔敕爲何如?往往棄委有司,徒樹牆壁。雖耳目接於民,號令易以行,適擾之也,民何賴焉!非獨爲守令之羞,亦爲國之大患。茲固藝祖之深意也。永康,婺支邑,建樓崇奉敕書,厥惟舊矣。宣和間,睦寇竊發,猖狂入境,官舍民居,蕩爲煨燼,民力日益窘。官吏或牽制不敢爲,或倥偬不暇作,因陋就簡,迄二十餘年,未曾復古。紹興辛酉秋,毘陵强公友諒來領是邑,顧其門戶迫褊頹圮而藏敕書於廳事,大懼無以稱國家垂訓之意,乃諗於同僚曰:"布德和令者,天子之惠;對揚休命者,臣下之職。方今邦家再造,王化復行,郡邑之臣,各共爾職,以播天子之惠。茲當廢壞之久,可不因時營造哉!"爰相舊址,增卑而崇,拓隘而廣,鳩工度材,談笑以辦。經始於季冬之己巳,落成於明年孟春之庚子。役方閱月,而土木之工,丹雘之飾,恍然一變。危梯層簷,翬飛壯麗,前此未有也。然不靡於公,不勞於民。人駭其成,若天造地設,不知此特政治之餘事耳,公何有哉!公之意,本於奉行敕命,則治之政也;崇侈樓觀,則政之具也。圖治而知其政,乃足以底治;爲政而知其具,乃足以行政。茲樓成,而二者兼得矣。至於崇學校以教士,載酒殽以勞農,坑冶廢者寢興,庫廩敝者必葺。新臨舍以便往來,制刻漏以謹昏曉。凡所措畫,亦莫不然。曾未及期,庭無留訟,獄無繫囚,而邑人宜之,可不謂政治之效歟!昔子路之治蒲,孔子及其境,見田疇易、溝洫理,知其民盡力。入其邑,見牆壁固、林木茂,知其民不偷。至其庭,見庭頗清閑,諸下用命,知其政不擾。故三稱善而美之。而今而後,道由華溪者,觀公爲政之具可知矣,安得不以是稱頌耶!清臣備員二令,不欲使無傳,書之以告來者。

重建縣治廳堂記　　　　　洪　垣

　　永康,嚴邑也。凡來令是者,率以嫌疑自避,懦懦然重足不敢有所爲。養濟者,羈繫者,居而肄者,儲備而賑者,善惡之明旌,監司之彌節,與吾一邑之官長僚友所以莅而聽政者,各無其所。予初至問俗,乃考厥治,作而嘆曰:"縣事,猶家事也。家之弗飭,爲厥長者已之乎!"維時乃院養濟,乃葺犴獄,乃脩學校,乃祠啓聖,乃造預備倉於興聖寺西。教養舉、善惡昭矣,乃悉檢其故址,立申明亭,建布政司,以別治之,皆以順民心所欲而已。惟縣堂朽腐浥爛,不忍用勞民也,乃支以兩木,權坐理於堂廡層階間,將待倉庫之餘而後舉焉。居閱月,義民趙廷懷輩各自輸所宜有,或以其楹,或以其棟,或以其欂桷,與其灰石瓦磚各若干,不日輦致於堂下。予問曰:"此何爲者?"咸曰:"吾侯,猶家長也。家長之弗居,吾其得以寧居乎?夫是以作父母居也。"三止之,不可,乃遂成其志。始於甲午年七月,訖於是年十一月,凡五月而完,計其費凡五百一十金。高廠宏壯,諸凡加於前云。是舉也,當時巡按有聞而固止之者,其意以永康舊俗重儉嗇、好強戾,苟一聽其所爲,恐彼得以一日之力要求於令,而令不敢復裁抑,以爲不便。其爲令謀則善矣,實亦有未盡然者。或曰是廳某初造於某年,其財力全出於官,某繼造於某年,其財力復出於民某,而督之以官,故民猶以爲官事,弗究其力,工雖速成,壞亦不久。不若即令廷懷輩自成其志,彼將顧身後之義,不爲苟免杜塞計。其爲利一也。或曰官民之財一也,官不足不能不取於民。與其取於民,不若從諸富民爲之,事省而衆不擾。其爲利二也。或曰化民者每因其所向而利導焉,應氏所尚,義也,縣學以創,而應氏子姓至今多良善者,今斯民之倡爲義也,安知其不因而不敢爲不善乎?其爲利三也。或曰古者君民一體,上下一心,故有興作力役之事,任之農隙,而民不以爲厲。爲之君者,亦直任其力之所供,不以爲勞,而義之名亡。夫自井田、學校、貢賦之法廢,民心日不如古,故在上者常疑其民之挾詐,在下者每疑其上之貪暴,甚至有倡義於官者,則又疑其以義行詐,始弗之信,是以上下卒於相疑,如頭目與手足不相聯絡。欲教化之入人心,以復三代之治,難矣!今夫諸民者,獨非三代之民乎?乃執疑而固遠之,則已過矣!覺山洪子聞之,嘆曰:是吾志也。夫一體之道微而後義彰,尚義之意息而後科索起,科索之毒起而後猜疑生,猜疑之念生,生民之道其不至於滅絕也幾希!故使民科索,不如使之以義。使之以義,又不如使之與吾爲體。與吾爲體,是吾志也。是吾志而未能如斯堂之有成也,吾其安焉!吾嘗清稅糧、興水利以養民矣,猶有不能舉烟火者十常二三,是民之得其養猶未如吾也。嘗立石巖精舍與石門應子倡斯學以教民矣,猶有溺於舉業之習而未能自信者常若安焉,是民之得其教猶未如吾也。嘗立十家牌約以變民俗矣,而健訟好鬬至有殺身破家而不知反者,是民俗之化猶未如吾也。常定淹沒子女之戒以坐民矣,猶有婚嫁之慮十不舉一焉,是民之能生生猶未如吾也。亦嘗嚴火葬之禁以厚民矣,猶有陰陽之忌十不能葬其一焉,是民之送死者猶未如吾也。吾不能充一體之心以體斯民,使斯民雖有一體之義,又不能體吾之志,達之於其親族鄉里也,居斯堂也,吾其安焉?雖然,吾限以召還去斯民之速也,斯民之於吾,真三代之民之心也。去縣二年,以命按治淮陽,掌教事可韋李子欲謁記於南山戚子賢而未果。又二年,梅坡甘子翔鵬政績用成,備述斯民之意,求記於余。余直以當創造之義告於後之來者,且以見余之未嘗一日安於斯堂也。時同義預茲事者二十人,而往來督役者,某也。嘉靖十八年仲冬月。

仁政橋記　　李　棠 侍郞。縉雲人。

永康縣東南三十步,有水匯而爲淵,涵浸汪濊,名曰華溪。溪當虙、婺之交，行旅輻輳。舊以木爲橋，起而隨廢，往來病涉焉。勝國至元間，改石橋，覆之以屋，揭名"仁政"。國朝洪武中，屋毀於火，知縣張聰新之。永樂戊戌，樗庵葉先生講《易》於華溪之上，予摳衣侍席者期年，講誦之隙，與二三同志散步於溪之南，睹長橋垂虹，萬室鱗次，環溪之傍，列肆張珍貨山積，黃童白叟，歌舞戲遊，皞皞虞周之世。予以承平之久，民被休養生息，故樂業豐裕如此。堪輿家云：仁政橋跨長流，通四遠，爲邑吭喉。邑之盛衰，於橋之興廢卜之。予既成進士去，官轍東西，殆數十年。景泰乙亥春，歸自南嶺，由瀫水舍舟即路，薄暮宿茭道，晨望華溪，見滄波浩渺，空闊無際，昔之橋若從而去者，諦視之，則傾覆盡矣。遂刺船而渡，顧市肆鞠爲瓦礫，訪故老僅一二在，皆欷歔而言曰：橋壞於水，市井焚蕩於寇，民奔迸未復，故四望寥落如此。予爲之默然低徊不能去者竟日。豈堪輿家之言，果有可徵！抑盛衰相尋，理勢然耶！其年秋，浙江按察僉事馮公誠行部過之，視橋之廢，惻然興嗟，遂以贖刑之金，庀材命工，悉將就緒，而馮彌節他郡，厥功未究。明年春，安成劉君珂以進士來宰是邑，治民事神，動必思古。屬橋未就，乃毅然曰："此有司責也，賢使者作之於前，我可不成之於後哉！"遂殫力竭思，窮日夜經營之，不數月而橋成。其長若干，廣若干，石以方計若干，工以日計若干，屋凡若干楹。完美壯固，有加於舊。費出自公，不取於下。衆德之，請記其事。嗚呼！有位者心乎愛人而無其政，是爲徒善而已。故以乘輿濟人者，而君子譏之。今橋之費，不啻數百金，而民不知。其濟人也博，其垂後也遠。由一念之發，則利澤無窮。仁政名橋，豈虛語哉！予嘗以巡撫爲職，每思安民之術無他，在賢守令而已。今永康得劉君，興廢舉墜，幾復承平之舊。他日予重過仁政橋，見溪山改觀，民物阜繁，既以信夫堪輿家之言，而又得賢宰爲邑民慶也。善始而善終，君其勉之！景泰七年歲在丙子冬十一月望吉。

譙樓記　　張元禎 編脩。豫章人。

邑有麗譙樓，古也。永康，古麗州之域，當婺、括孔道，行旅喧闐，使傳絡繹。公私寄舍者，伺漏鼓晨興趨道，憧憧逐逐無虛日，則永康麗譙，誠非偏州下邑比矣。正統己巳，括寇煽亂，長驅入境，民居焚剽十六七，麗譙亦相隨燼焉。前政扼於勢力，飭堂舍視事，具大較而已，卒未有能弘舉以煥其備也。成化己丑，山陽高侯鑑奉命來令，疏通愷悌，求民利弊建除之。甫再期，政通人和，乃進父老於庭而告之曰："麗譙實司晨昏，警荒惰，以崇一邑瞻望。俾今不圖改觀，則蕪莽瓦礫，擾擾黃埃。若等雖恝然於懷，典守亦寧免視如郵傳之過耶？"衆曰："諾。以佚道使民，誰敢不供！"於是侯請於郡守李公嗣，捐俸爲倡。貳守雷公霖、節推郝公榮咸協贊之，邑之富民、義士蜂屯蟻集，積帑者輸貲，蓄林者獻材，智者效謀，貧者效力。經始於成化辛卯之春月，四易弦晦告成。高敞宏觀，視昔有加。翼日侯率僚寀父老登焉，但見方巖獻翠，釜歷來清，密浦石城，映帶左右，華溪一水，澄練拖紳。萃勝景於座隅，移江山於咫尺。精神爲之飛動，心目爲之開明，宛乎瀛洲閬苑之上矣。父老咸羅拜致慶曰："耿矣哉，我侯之績也！"侯曰："非邑好義之衆，典守者獨勝耶？"縣貳甌寧劉肇、簿樂亭李傑、幕蓬萊紀能，咸預有力，乃屬邑訓分宜歐陽汶、建安田麟，以余抱痾衡門，走書幣豫章，請記。余嘗讀軹書，知西伯以民力爲臺爲沼，而民歡樂之。讀《春秋》，知魯公新作南門而民厭苦之。豈民有厚薄之異哉？善用與不善用也。永康俗故謹厚，山顏水腹，士民樂業。自經寇變以來，民始困乏於此，而興作焉，非特不能爲，亦不可爲也。比年來沐朝家清明之澤，省刑薄斂，田野宴然，侯尤能正其本，倡教化以導之，故民不戒而集，有不爲爲之，孰禦其成哉！天下之事難成於不易爲，而恒怠於不能爲。若侯，誠可謂之能爲而善用民矣！昔有以更鼓分明覘爲政者，侯之政殆將恢弘遠到，此特其權輿爾。因侯之善，余故喜談而樂道之，俾邑人志諸琬琰以傳云。

李溪橋記　　　　　　　　　洪　垣

李溪渡,東浙要津也。當衆壑衡流,其地墳沙。舊有橋,不久爲洪波橫擊以去,涉者病之。嘉靖癸巳,予承乏永康,耆民章德昭三走予,論兹渡利害甚悉,遂告諸府大夫,竟以剽悍難知未得其方而止。人以爲此渡終不可復梁矣。越七年庚子,予自嶺南外補永嘉郡,束裝晨涉,見德昭之子章根致、四明上人德顯,相與經始其事,若指諸塗,不以困意,予頗訝之。上人曰:"無吾異也,吾法則異耳。舊法立垛者以九,黎其石,或衡而乘之,其亘逾丈,其首之經,則僅減亘之半,迎水而與之争,故不利於水,而爲水所勝。若吾之爲法也則不然。視舊垛之疏數,而殺其三條,其石相比以屬,鋭其首,縱而應之,復深浚以浚其止,其浚一丈,其亘八尺,其首之經,則減亘而漸收之,以致於杪。故其合也如錐,其戢也如謝風之雕,其洞門之相闢爲分水也,則如九河之道,各安其故,無所於忤,是自避以避於水也。故水與石不相奪,而吾得以自存。夫何異焉!"予曰:"汝何以知之?"曰:"以吾師之學而知之。吾師之言曰,毋炫爾華,毋燿爾精。炫其華則奪神,燿其精則奪形。不炫不燿,順而與之,以歸於無有,是謂至人。吾因其言推之兹橋也,是以知之。豈惟有生之道爲然哉?雖我公之治温也,亦莫不然。遂其生,不以我生;復其性,不以我性。糾者理之,梗者達之。公好公惡,以委和其情,則民自歸於正。若曰我能立某事,興某功,善惡由己,自以爲烈,吾目見民之壅腫,而彼不知其甚也,則潰亂四出,欲其無所奪焉,不可得也。故曰爲政之道推之兹橋也,亦然也。"予曰:"汝豈知予之治温乎!"上人蓋學釋而慕老氏,且知竊附吾儒,故其論如此。上人既去,予亦之温。既二年,教養粗舉,温民頗寧。及予以科場事出華溪也,而兹橋亦成,屹屹然且試以三春之水矣。乃嘆曰:"天下之性,其真以利爲本哉!學道者觀此,其所得也多矣!"庠生章子樹詣予,遂爲之記其説。是役也,所費千金,括郡脉泉李公、永康尹敬齋陳公、寒泉龔公實督成之。若夫盗息民安,刑平俗厚,使一方士庶各樂捐其所資以成斯舉者，則兵憲冲庵歐陽公舉之德。

核田記　　　吳寬 長洲人。禮部尚書。

永康縣令王君爲縣三年，廉慎有爲，賦平訟息，縣大稱治。君謂吾所爲至此者，其勞亦甚矣！蓋縣爲里百二十有奇，田數出糧賦爲石萬八千有奇，皆立之長以司其事。國初至於今日，每十歲一造版籍，司其事者更易數輩，其人良則已，否則轉相爲弊。蓋以田可隱也，則有詭寄之術；糧不可除也，則有灑派之方。豪家鉅室有收穫之利而無徵斂之苦，其害悉歸之小民。於是其賦既無所出，往往毀屋廬、鬻男女償之。弱者忍不敢發，稍強而自立者始訴於官，而訟由是起，皆坐是也。其事不獨永康，而永康爲甚。君既數爲清治之，嘗曰：今爭者雖小息，然彼豪且鉅者終賄其長，能保其不更起而訟乎？且弱者獨不能訟，又何忍其終無伸乎！吾將躬視之以究其弊。則移於上，以示其事之不敢專；復誓於神，以示其事之不敢慢。至其里，則召其長若書役輩操版籍、緣丘壟從事，悉按圖式，求其主名。有爭辨者，輒復驗之，無不帖服。歷半年而事畢，疆界既分，罔敢踰越。凡諸弊事，一旦皆去，而賦始平而訟始息。人以君公且明，亦無敢怨者，而小民則相與感之曰："吾其自是竭吾力耕吾田以出吾賦矣！顧何以爲侯報哉！"欲生祠君，君不欲，乃止。會縣學生應綱貢於京師，乃請文以述君政蹟而揚之。予曰："君之賢，予固知者，固宜其政之美也。然小民感而祝之則已，何事於文哉？文之恐非君所欲也。"應君曰："民欲之，奚暇爲君計邪？"乃書以遺之。君名秩，字循伯，蘇州崑山人，成化丁未進士。其美政甚多。巡按御史嘗奏請旌異，朝廷行將召之矣。

遊方巖諸山記　　　吳安國 本縣知縣。

金華固多佳山水，永康其支邑也。四面諸山環峙圍簇，而在東南者爲尤勝。方巖，其最名者也。予至邑之明年，以公暇，偕二客爲登山之遊。而諸山俱有賢主人，具酒肴以竢，予乃獲畢所遊焉。去邑五十里，未至方巖，曰壽山。予遊自壽山始。山盤旋而上，萬仞壁立如削，而五峰屏列於前，蒼翠蓊鬱：一曰桃花，二曰覆釜，三曰鷄鳴，四曰固厚，五曰瀑布。峰之名，或以色，或以形，望之誠然。山之巔有石洞，廣可五六丈，深十餘丈。洞中開朗瑩潤，颯颯有涼意。洞前有臺，曰兜率，依石爲梁，凭闌一望，則峰巒之勝俱在目前。石上有丹書"兜率臺"三字，相傳爲考亭朱先生書。按志，考亭嘗與東萊、龍川三先生講學於此，而字畫遒勁飛越，意或然也。洞傍有瀑布，泉自峰頭半空而下，飛珠濺玉，噴沫萬態，望之若近若遠，抱之或有或無，蓋渺焉莫可測也。又西，曰三賢堂。危樓層疊，亦依石爲之，即三先生講學之所云。自壽山可三四里，始至方巖。山形益峻峭。駕石橋，凡幾百丈，緣崖縈級，攀援曲折而上，扺而行。既上，則有崔嵬大石，劃然中開，對峙爲關，險隘崢嶸，一夫守之，萬夫莫開者也。自關而入，山徑平衍，中爲廣慈寺，寺有佑順侯祠。侯，邑人胡姓，仕宋爲兵部侍郎，有德於民，嘗讀書於茲巖，歿而爲神，有靈應，邑人奉祀惟謹，每歲秋仲，浙東、西來禮於祠者率數百萬人，詳具邑志中。祠後爲屏風閣，亦就石洞爲之。洞復幽雅，有井曰研井，清洌可鑑。有坑曰千人坑，深幾百丈，俯而瞰，股栗不止。傍有小石穴曰讀書堂，胡侯所憩也。時春夏始交，萬綠如染，而雲霞落照，與山翠爭色。憑高四顧，塵襟爽然。自方巖十里許轉而至靈巖。靈巖之高，與方巖等，中亦有洞，廣如壽山，深倍之，坐可容數百人，前後通豁，境益佳勝，宋少師應公墓在焉。自靈巖可二十餘里，曰石室山。山亦秀峻，上有洞，洞差小，舊有洪福寺，今廢。至石室而歸云。予嘗弇載籍，天下山水名勝不可勝紀，今觀諸山之勝，有載籍所不及紀者。蓋石洞平豁，樓臺入雲，一奇也；飛泉灑落，霧雨溟濛，二奇也；危橋鑿空，烟霞入袖，三奇也；中峰忽開，人境迥隔，四奇也。至於嶙峋突兀，幽窈嚴邃，天之所造，地之所設，共工所不能觸，秦皇所不能驅，又奇之奇也。予又思之，山水之勝，或以高賢登覽而名，或以文詞謅藻而名，或以土木搆飾而名，而茲山不假斲削，自然成奇，即累牘未易窮其狀，而特以道僻境幽，騷人逸士足跡罕及，則茲山之不名於天下若有待於今也，豈亦有數歟！顧予方落落風塵中，爲山靈所嗤，且不文，烏能爲茲山增價！姑識予遊而已。茲遊也，以庚辰暮春之念有六日。二客爲邑博士徐君朝陽、夏君景星，主人爲邑大夫程翁養知、徐翁師皐，而予，長洲吳安國也。

重立戒石碑記　　　　　　　　　徐同倫

莅永之明年，重葺戒碑亭於堂廡之間，揭官箴也。凡物之廢興有數，恒視乎人與地。人與地失其宜，則廢易而興難。丁未夏，余受永令，詢之人。曰："永地山多而磽，俗頑以刁，譸張狡獪，慣習含沙之射，且矜鬭相高，每於同室操戈，而以几肉視里戚。糧額多逋負，路頗衝，夫役龐雜，疲於奔命，隣邑萑苻，間爾竊發。雖良有司不能振整之。"余聞而戚且懼焉。夏杪，買舟南下，走尺一諭吏人迎於江口，惜其遠涉，乃遙遙數千里竟無片帆相就候，直歷姑蘇，抵武林，易舟而進，時八月望前二日也。月光如練，清風乍起，揚帆擊節，經過雲山萬重。□望六晨，抵蘭江，假輿人，宿蘭郡旅次清樓，餘勞頓釋，詰朝疾馳，至荽道，見數人趨承道左，稱吏役而已。泄泄如是，其人其地尚可言哉！夜闌，至永，黎明履任，四顧荒頹，黯然削色。門內有亭，欹如就傾者，戒石碑也。碑則半臥半竪，劃焉中斷。余因力舉諸廢，自茲石始。鳩工運斤，礲錯交下。余問曰："攻於石有法乎？"工曰："唯唯。小人服習於斯，知有繩墨矩度而已，法則未之前聞。凡夫違繩墨者務盡去之，再則護惜之，惟恐其少損，更加以琢磨，合乎矩度。殫心援植，而屹然立焉。"余曰："噫嘻！此立石之法，而非止立石之法也。"夫永之未立者多矣，則政治其可弛乎？彼且違於繩墨也，余將以去之者立之。民生其可置乎？彼且護惜之未周也，余將殫心援植以立之。風教其可緩乎？彼且鮮合於矩度也，余將引繩切墨、礲焉錯焉以立之。立吾永，要無異於立斯石之法而已矣，況乎碑之立也，所以觸於目、惕於心也。欲厚於持己，薄於責人，嚴於御役，而寬於育衆也。更藉以砥礪躬行，顧畏民嵒者，胥視此矣。雖然，永之未立者，余知之，余將以立之。余之難以自立者，又誰知之？而誰立之也？鉛刀初試，即累交盤，蘗境備嘗，後此者凛凛乎其敢即於安也？惟恪守斯銘，以無負素心者，不負吾君與吾民而已。"是爲記。

放生潭碑記　　尚登岸 楚人。庚戌進士。

　　鬐源徐侯令永康，政化翔洽，林總謳歌，乃於桃花洞口沿至仁政橋，立爲放生潭，勒石嚴禁，遂除網罟。數年來，澄泓湛碧之中，於牣潛鱗，咸得其所。尚子旅間，偶步谿上，睹水面浮魚數千頭，揚首噴沫，出游從容，作而曰："美哉！洋洋乎盛德之致也！帝治雍熙，王風浩蕩，承流宣化，而仁民愛物，乃克臻此。"爰綜其行，實得十有八，則盥手載拜而記之：一曰緩徵比。永多瘠地，且山徑紆遠，往者里遞，朝輸庭，暮呼室，道路僕僕。催辦後時，箠楚殊峻。前任那欠八千餘金，交盤賠累，職是故也。徐侯立分銀寬限摘比花户之法，自春至冬，月分二限，如期報完者聽。蓋設處既易，智愚共曉，且可警豪頑而省雜徭，故不事敲朴，輸將恐後。一曰嚴保甲。環永皆山，舊無城郭，南北相距百數十里，多鄰別界。徐侯連年減從親歷，山隈遠村，皆爲聯絡，鄰邑接壤，創爲互結，城增栅欄，鄉設瞭臺，或有可虞，雲集響應。以故萑苻寧謐，遠邇獲安。一曰清糧畝。豪猾欺隱，向缺額賦一百八十餘兩，賠補飛灑，上下交困。徐侯殫心清查，不苛求已往。凡有舉首，必履畝詳核，盡力三年，始得欺隱漸吐，縣無缺額。一曰均偏重。永邑分田地山塘爲二十四則，其中僧道、官職、學原等田起科獨重。自前屆編審，照銀派役，糧重則役亦偏重。徐侯力詳各憲，題請均平。雖編審期促，暫爲停緩，而大澤將至，民其待於下流矣。一曰理訟獄。永民素稱奸猾，每有隙則訟，訟必致勝而止。徐侯虛公聽斷，務爲息讼平争，事无大小，皆涣然冰释。至于用刑之际，尤加軫恤。而赎锾一例，豁除為尽。遂致圜扉草满，繫累一空。一曰励冰操。徐侯廉以宅心，絜以飭躬，不惟门绝私謁，庭无倖賫，而苞苴柱上之念，邑之人亦无自而萌者。雪妍冰香之致、石坚铁练之操，数年如一日。一曰定编审。永邑都图错杂，竟有都名相次而居址远隔数十里者。徐侯因便亲歷，熟悉远近，临审各具亲供，始將各图总数照四至均配，诸弊悉除，以為久计。一曰除子户。子户之名，永邑陋習也。大户勢壓小民，於甲下訶责需索，等於奴隸，子孙受虐，冤抑无告。徐侯编审時，或令归宗，或令换图，悉為豁除。間有隐子户於总数之内无从查豁者，猶俟将来别釐。一曰革月夫。永當孔道，往来络绎，向来分里值月，劳逸失均。徐侯革去舊例，按時給發額载夫銀。署中置格眼木筒，内立行籤，循環輪转，夫役无偏累之苦。一曰禁錮婢。永俗婢女錮而不嫁，在在有白头之嘆。徐侯遵憲细查覓配，庶幾赋摽梅者得效于飛，亦至幸也。但行之一時，难期久远，尚當与子户图為永禁。一曰修学宫。兵燹之余，宫墙鞠為茂草。徐侯捐俸首倡，集通邑诸大姓，鳩工庀材，合力建葺。凡门廡堂祠，俱渐次落成。一曰励士風。永邑人文，素称雄长，年来稍觉未振。徐侯特加優異，以鼓励之暇，則进多士於庭，横经課艺。每季试外，有呈窗会业者，皆细加批阅，导以先民矩範。邇来英英秀起，有凌云干霄之势。一曰申勸諭。俗尚矜勝，同类相倾。徐侯為《十勸歌》，遍傳田野，讲六諭於公所，以动天良以维风教焉。一曰保贤墓。宋陈龙川先生墓在卧龙山，奸猾冒认宗枝，發塚盗葬。徐侯亲勘起遷，致先贤古墓复存。昔龙川為母黄夫人墓銘云："後千百年猶不废其為陈氏之墓，则必遇君子长者之人夫！"斯其验矣。一曰纂志书。永邑舊志，修於明万歷之初，简编断残。徐侯毅然续修，蒐采文献，手為釐定，兼付梨枣，俾百年以内无阙文、无遗行，斯為不朽盛事。一曰建署宇。邇来公所，倾頹殆尽。徐侯捐俸建仓廒為积贮地，飭堂阶，修廨舍，造宾馆，葺大司，晉接皇华之閒，輪奐美而體統肅矣。一曰制器用。前此徵比，封銀投櫃，每多錯亂。徐侯創立分眼銀櫃，每圖一格，編號收拆，不致相混，且創造升斗，於米稻出入皆以量計，本古先王二制不偏廢之意也。一曰崇儉約。徐侯蒞邑以來，凡日用瑣屑，俱照價市買，行戶無擾。署中隙地畝許，督家僮除瓦礫，蒔芹蔬。一行作吏而儉約比於儒素，綽有古人之風，猗歟盛哉！徐侯治理方隆，蒸蒸然力返斯世於三代，寧僅為一邑之良、一時之美！而必先此者，將善於始，乃克有終，舉其略可以該全也。揆之放生潭設立之初意，所謂澤一物以及億萬物，全一命以及億萬命者，引而伸之，仁心仁政，庶其靡既乎！因為記而叙其事於右，俾後之君子知所采擇焉。

龍虎塔碑記　　徐光時 邑人。教授。

近代浮屠史說半為形家所借。永康縣治前匯□流而反跳其下，形用弗取。昔賢嘆巨石對岸。以遏其勢。正嘉以降石圮，水播為細流，勢無從約。風會盛衰之故，亦略可言焉。萬曆辛卯，攝縣事郡司馬周公請於理氣，復循紳衿之請，議夾水樹兩浮屠，為華表捍門之意，以願力弗克併而先其一，曰龍虎塔者，緣地龍虎頭以名。其制：廣匝六十四尺，高七級，級貳尋有五，虛中，循級以升，瞯溪流如引，而適砥其來。美哉！於立事之本末，可云究厥指歸矣。又以餘力，締蘭若其下，禪室廚庫，具體而微。新創建以來，住僧三易，多所建置，真可謂白地蓮花矣。用三庠雄力，永鎖九津，於前意又何背乎！當日大力開山，某某其人，心源意緒，舉弗可誌與！住山僧名，具書如左。至如立址幾何，周遭開地幾何，皆以募資置買於民，籍於僧，從無檀□山由也。舊額額有據，咸鐫碑陰，匪直不忘其初，亦以防後起之紛更也。

陽明文錄跋　前志刻《車戰事宜疏》，今刪。　　程文德

《陽明先生文錄》舊嘗梓行，然多譌繆，間編帙有錯置者。歐陽子

崇一釐正之。太學生嘉興吳子堂，蓋慕先生而私淑焉者，欣然請復梓焉。既事同志者以告某，其識末簡。某作而嘆曰：夫世之讀斯錄者，以文焉而已乎？先生之不可傳者，文弗與也。弗以文焉而已乎？先生之文也，以載道也。夫可載者存乎言，而不可傳者存乎意，故曰：言不盡意也。玩其辭，通其意焉，斯可矣。嗟乎！聖學久湮，良知不泯，支離蔽撒，易簡功成，是先生之意也，而世以為疑於禪。明德親民，無外無內，皇皇乎與人為善惡毀譽齊得喪者，是先生之意也，而或以為詭於俗。世未平治，時予之幸，惟此學之故，將以上沃聖明而登之熙皞焉，是先生之意也，而天弗假之以年。嗟乎！嗟乎！斯道之不明不行也，豈細故哉！先生往矣，道無存亡，吾黨其共勖焉！若曰嘗鼎而足，望洋而懼，矯俗以相矜，剽端而殖譽，殆非先生意矣！殆非先生意矣！雖然，先生之意，先生不能盡之，而吾能言之耶？故曰讀斯錄者，通其意焉而已矣。

象山書院錄跋　　　程文德

《象山先生書院錄》成，遷客適歸，自嶺南，道金谿，思先生故里，慨然以吁，顧問僕夫祠墓所在，瞠然莫能對也。已見棟宇一區，翼然道左，問之，曰：「此象山書院也。」亟往瞻拜，則程侯所新創，而亦莫可稽也。比至，侯出示錄，乃知建置之由焉，知叙述之備焉，知賦頌之侈焉。予嘆曰：「侯政之善，占於是矣！夫政以移風易俗也，而始於學術之明，書院之崇，以明學也。學術明則道德一矣，風俗同矣，政無餘矣。」侯讓弗居，請識一言。予謝曰：「美哉悉矣，予又何言矣！然竊異之，夫鵝湖書院舊矣，今茲卜地，復得鵝墩，非跨千里而相合耶？先生遠矣，故里書院，自侯始建，非曠百世而相感耶！地之合也，數也。人之感也，心也。而皆天啓之也。然則是舉也，殆非偶然之故矣。但不知金谿士人果能精思實踐以副侯崇尚之意，以無負先生之教否？侯又能教思無窮，而使人不負否？是在侯，是在士人，而書院不與也。」

某服膺先生之訓有年，而又重侯之請也，敢以是識末簡，以爲書院規。

永康縣學教思碑序

程正誼 邑人。順天府尹。

宋淳熙間，吾邑龍川陳公、金華東萊呂公、新安紫陽朱公倡明理學於永康。迨宋末元初，則有北山何公、魯齋王公、仁山金公、白雲許公，相繼出於金華，而吾婺稱"小鄒魯"。萬曆癸卯，邑庠教諭缺，主爵謂玆邑師表，實難其人，乃於海内諸博士中採輿望所共歸者，得嚴陵翁公，以平原司訓領今職。雖循資，實拔異也。公下車，即進多士於庭，而與之約曰："國家設師儒之官，以訓迪多士，欲與爾多士切磋砥礪，以聖賢相責難也。其所謂窮理致知、反躬實踐者，有無體驗而窺其藩籬；所謂真實心地、克苦工夫者，有無繹思而得其要領，不佞所責難於多士如此，多士勉旃！"由是定章程，申約束，諸士亦蒸蒸奮起，趨於正矣。丙午秋，不佞抱痾謝客。忽道路誼傳，曰翁先生擢司牧矣。居無何，又誼傳，曰翁先生擢六館矣。有同業友盧君應試、葉君之望等詣不佞請曰："翁師之師華水也，化深淵海，望並嵩華，吾不忍其去也。今擢報且至，有計可留乎？"余曰："無之。""然則何如？"余曰："周人之思召公也，不剪伐其甘棠，棠存而愛存矣。晉人之思羊祜也，爲樹石於峴山，石存而思存矣。君輩並爲桃李於公門，披拂公之清風，不止一時之蔭已也。公去矣，公之心教諸君佩服而力行之。千載後，觀風使者采之，曰：此翁師之教所遺也。則公之棠陰永於召公矣！況峴山之碑可樹也，君何患焉！抑公自下車來，美意芳猷，有難更僕。往年博士君輿馬取給驛中，公以民貧賦逋、官帑不繼，諸期會所需輿馬，募以俸錢，是恩逮編民，而民思之矣。鄉賢祠年久未葺，公諭先賢子孫各捐貲有差，爲之鳩工飭材，會計出入，諸所費浮於所捐，又出俸金濟之。不三月而輪奐更新，神明獲妥。是恩及先賢，而諸賢在天之靈與其子孫皆思之矣！前後邑大夫，重公材品，有所咨詢，攄赤披忠。

公則以禮自閑。大夫之用情日篤,而公之事大夫益虔也,則愛深於寅采,而前後邑大夫皆思之矣!君欲爲公樹石,垂芳聲於不朽,則華溪士民無遠邇有同心焉,矧不佞固編民乎?亦鄉賢子孫乎?不佞子弟亦公門桃李乎?衆士民之思公者一,不佞之思公者三,若采華溪之石,共樹峴山之碑,不佞願執鞭以從諸君之後。若曰徵詞以宣令德,則不佞無文,何足以辱君命?惟諸君圖之。"

章氏貞烈傳　　陳調元 工部主事。海虞人。

貞烈,章姓,韜名。永康青龍人。生具淑資,莊靜婉娩,敦素即工,勿矜於靡,弗安於偷。待字十二,離奠自馬氏。越七載,結褵有期,而馬生害疹,險惡不救。寢來聞,顛倒害煩,五魂失主,嗚嗚飲泣。姑姊妹或誚或解,益嘷然放聲。父母慰親往詷,哭應:"嚴慈往,不如女自省耳。"叔父慶旁哂:"安有是理?"曰:"叔父善讀書知理,女亦各有理。"紛摧阻之,弗能奪。又父母慣憐之,恐不測,乃聽往。至則拜舅嬸,徑入室。時馬生已不省。擗頓啼呼:"天乎!妻之來遲也!"馬生息微尚覺,曰:"吁!"復久張睛疾言:"負汝,負汝!"指贈二釵訣。女抵嘎嘎,放聲曰:"家,余家也。何釵爲!余終爾妻。余終圖爾。"後又嘎嘎放聲,馬生吁吁而絕。哀慟悷惶,脱珥笄笄麻,親爪櫛,飯含,視襲斂。家人促歸。長號:"余何家?此其家矣!"囑卜兆者虛右祖遣憑棺約:"爾前遲我,我爲爾圖後事,即來。"嘗反寧,壽母。宗黨交諷之。唯曰:"女不幸,女之命也。"踰載,抱叔氏初孕之子從海嗣。恩勤篤閔,其孝敬雍睦特聞。性不耐逸,孤檠夜雨,絡緯蕭蕭,四壁涼風,剪尺鏦鏦,凛如也。郡縣歲交旌,今周甲子,臺憲上其事於部,禮臣議:女子從一,是不亦貞乎!未醮而決,是不亦烈乎!命之貞烈,以彰厥里。天子曰是,遂下所司,旌曰"故童馬世稱未婚妻章韜奴貞烈之門"。馬生故名家子,有志未究,咸惜之。貞烈父名龍,母金氏。初,母娠,族博士員璠,夢幢蓋鼓吹,送狀元來,是夕貞烈誕焉。脱時貞烈實産作男兒,榜首應兆,榮不過句臚一傳,斧瓜雙導,浮動俗耳目,光耀一時,科目以來已無限也。就與貞烈,以一無禄女子,嚴心正氣,植立天地,橫絶古今,有識者不以彼易此！贊曰：乾坤肇象,恒咸起義。曾未絪緼,徒有其意。乃貞乃烈,薄日干雲。狀元及第,蝸角虛名。

贊曰：文章之於世也,重矣！未其立朝獻替,蓋臣之猷也;紀政述事,史氏之略也;宣情詠志,騷人之事也。美而愛愛而傳矣,矧有關於邑之故實者乎？然諸名公著述多矣,而不勝其載,志固不得而盡也。抑別有集焉,不以志而傳也。若縣志,或泛取諸寺觀碑銘之文,以弗典故弗錄云。

永康縣志卷之十

知縣事雲杜徐同倫曡源重修
楚人尚登岸未庵、邑人俞有斐晛蒼彙輯
儒學訓導虞輔堯允欽校正
邑人徐光時東白編纂
徐宗書廣生參閱
王世鈇柳齋、程懋昭潛夫編纂
汪弘海校梓

遺事篇 坊巷井附　祥異　古蹟丘墓附　土産　遊寓　遺德　仙釋　傳疑

叙曰：著述有體，載筆實難。綱舉或略，賾探則煩。掇拾緒餘，用續稗官。志遺事第十。

夫志者，記事之書也。事以類叙，亦略備矣。而有不得以類比附者，其事雖微，庸可泯乎？志之備典故，示風勸，博聞見，固畜德者所不廢，而觀風所采也。

坊　巷

坊　表 先王表厥宅里意也。

仰聖興賢坊　爲儒學立。
狀元坊　爲陳亮立。
榜眼坊　並儒學前。
天官坊　俱爲程文德立。

父子進士坊　爲程銈、程文德立。

太史坊　爲王禮立。

登科坊　爲孫明立。

擢桂坊　爲呂鋭立。

鵬搏坊　爲李鴻立。

會試亞元坊

總督三省坊

大司馬坊　俱爲王崇立。

藩伯坊　爲徐時立。

繡衣坊　爲周奇立。

三代都憲坊

奕世郡侯坊　俱爲徐郎、徐文璧立。

進士坊

侍郎坊　俱爲徐讚立。

雲衢坊

繡衣坊　俱爲謝忱立。

清修吉士坊　爲李滄立。

京闈進士坊

彩鳳先鳴坊　俱爲童信立。

大諫議坊　爲王楷立。

瀛州吉士坊　爲童燧立。

鶴谿祠坊　爲徐昭立。

三世青雲坊　爲童珪立。

四牌坊

進士坊

都諫坊　俱爲趙艮立。

進士坊　一爲徐昭立，一爲徐文通立，一爲應廷育立，一爲樓澤立,一爲胡瑛立,一爲趙鑾立,一爲俞敬立。

傳芳坊　爲應恩、應奎、應照立。

進士坊　在缸窰者爲胡大經立。在後吳者爲吳寧立。在麻車者爲周秀立。在油溪塘者爲周聚星立。

科第傳芳坊　爲童信、童燧、童如淹、童如衍立。

孝義坊　爲倪大海立。

旌節坊　一爲樓偉妻朱氏立。一爲王珏妻童氏立。

旌淑坊　爲節婦胡氏、孝子應綱立。

旌義坊　爲王孟俊立。

雙節坊　爲節婦陳氏、應氏立。

科甲傳芳坊　爲王存、王洙、王楷、王世德、世鈁、世衡立。

百歲坊　一爲徐時立。一爲徐伯敦立。一爲胡英母應氏立。

奎璧坊　爲汪吉立。

鳴鳳坊　爲胡傑立。

世科坊　爲章安立。

擢桂坊　一爲章安立。一爲胡良立。

內臺秉憲坊

柱史坊　俱爲黃卷立。

大中丞坊　爲王世德立。

貞烈坊　爲馬姓女貞章氏立。

大京兆坊　爲程正誼立。

坊　隅　隅者,乃四隅所藉以區別者也。

撫字坊　縣南。

北鎮坊　縣北。

永寧坊

仁政坊　俱縣東。

宣明坊

訓化坊　俱縣西。

古麗坊

儒效坊

清節坊　東西門樓。黃姓重建。

澤民坊

福善坊

狀元坊　俱縣北。

皇華坊

仁化坊

迎恩坊

叢桂坊

由義坊　俱西北。

巷　聚居分別族類，并出入往來者由之。

馬坊巷

沿城巷

烏傷巷

黃坭巷

龍鬚巷

太平巷

馬站巷

櫺星巷

尼姑巷

毛亭巷

善化巷　巷十有一，舊志已云。有沒於居民者，然世遠不可玫矣。

市 居積貨賄并貿遷有無者趨之。

縣市

高堰市

李溪市

前倉市

净心市

可投市

四路口市

巖下市

芝英市

胡堰市

鳳山市

清渭市

楊公橋市

太平市

黄塘市

以上諸市，開廢不時，十里之内，布粟通易，非四方所□轉也。

井 民日用所資，所謂井廢而不窮者也。

龍泉井　縣東南三十步。

大寺井　興聖寺内。

永泉井　在永泉里。

石井　靈巖寺側。

福元井　上封寺前。

堂前井　峰峴坑口。

大井　縣東北三十里。

胡公井　縣東五十里。

三眼井　清節坊外五步。宋參議黃智偉建,於順治十八年裔下子姓重修。

蕭泉井　永寧橋東。

白龍井　延真觀內。

金鼓井　長安鄉。

東澤井　縣東南三十里。

澤民井　縣東北梁風橋。

烏樓井　縣南三里。

李家泉　縣東四十五里。

祥　異

災難者,天也。所以彌災而召祥者,人也。人定勝天,蓋自古記之矣。

宋宣和三年　邑遭寇火,縣治、廟學、民居皆燼。

十八年　八月大水。

龍興七年　旱。

淳熙十二年　大水。

慶元三年　九月水害稼。是年又多螟。

開禧元年　夏大旱。

嘉定三年　大水。

八年　大旱。

九年　大水。

十四年　螽螣。

十五年　大水。

元至元十三年　火。

明正統十四年　五月天雨霜,是年處寇焚公署、民舍殆盡。

成化十九年　大水漂溺田廬不可勝記。冬大雪,一夕深五尺。

二十三年　秋旱。

弘治四年　大旱，民采蕨食之。

五年　大有年。

八年　九月十六夜，有星如月，自東南流於西北，有聲如雷。

十一年　火焚下市民舍及布政司門、城隍廟門。

十三年　雨雹大如卵，屋瓦多碎。

十八年　九月十三日子時地震。

正德三年　大旱，自五月至十月不雨，民采蕨根、樹皮、野菜以聊生，飢死者甚衆。

五年　大水，又旱。

八年　三月，城東火毀民居幾盡。

十年　正月，大雪彌月不止。三月十六日，雹。四月初一日，又雹。

十六年　正月初一日，彗星見。二月，火從仁政橋起，延及譙樓。

嘉靖三年　大旱。

八年　夏，中市火。七月，大水，城中可通舟楫。

十八年　大雨浹旬，壞民田舍。

二十四年　赤氣見西方，是年大旱，餓殍相枕藉。

隆慶三年　七月，蜃發水溢，山阜多崩，禾稼盡没。

萬曆七年　正月，縣吏舍火，文卷毀盡，民居多火。六月、七月，大旱。

八年　穀價平。

二十年　大水，城中可通小舟。

二十六年　大旱，人多流離。次年春，發預備倉穀一十八厫賑濟。

三十九年　中市火。

四十七年　九月六日，縣東五里樹頭有甘露。

天啓三年　八月,上市火,北鎮廟前起至五聖殿上止,兩街毀盡。

七年　五月二十日,地震。越三日,大火。

崇禎三年　二月二十日,大雪,麥皆凍死。越十日復抽,麥苗加盛。

五年　正月,永寧坊火。

七年　正月初二日,雨雪起,隨雨隨消,至二月十五日止。七月,城中水滿過膝。

九年　大旱,斗米千錢,民食白泥。

十年　縉雲界上獲一人,裸體披髮,黑肌深目,問之言語不通,禁於獄,月餘而死。

十六年　冬,東陽寇亂,連陷東、義、浦三邑,初至永康十三都,民拒之。後從東路入邑城,署縣事教官趙公崇訓誘而殲焉,其大隊敗於金華,悉伏誅。

十七年　長生教煽亂,縣主單公世德密請捕殺之。

乙酉年　方兵肆掠金華,將入永康,縣主朱公名世築城茭道禦之。

丙戌年　夏,田兵過邑,城中男婦悉走,兵屯城中,一日,掠捲財帛而去。夏旱,斗米千錢。

順治三年　六月,國朝兵下金華,初選縣主劉公嘉禎,老成愷悌,民賴以安。始剃頭。

四年　大饑,斗米千錢,民食樹皮。昇平鄉民阿雨產一兒,四手四足若相抱者,面與腹則渾爲一。

五年　土寇亂,城中作木柵固守。五月,入仁政橋。協鎮陳公武力戰寇,敗走之。離城十里外悉寇蟠踞,凡六閱月。後上司檄官兵督保甲挨都廓清,投誠者隨給免死牌,然後東、義、永數萬之寇一朝解散,其渠魁皆伏誅。

八年　大饑,斗米千錢。以台鹽場廢,民暫食杭鹽數年,商、民俱困。

十一年　四月十四日,雨雹,大如鷄卵。夏秋,大旱。象山有熊。八月,東、義寇從八仙坑入境,大姓民居焚燒殆盡,至長恬,城中怔駭。縣主吳公元襄嚴守木柵,靜以鎮之。

十二年　大饑,米每石銀三兩,民食糠秕。

十三年　正月初五日起雨雪,至二十日止,雪深五尺,樹木盡枯。夏秋,亢旱,民食草根。

十八年　東、義寇又從八仙坑入境,東北居民悉遭焚劫。後府中調兵至,寇皆伏誅。

康熙四年　大澤民坊火。諸暨劇盜嘯聚十二都柘坑。連都四十里內保甲共起逐之。衆駐十三都,縣主李公灝給牛酒勞焉。

五年　亢旱,奉旨蠲租。

六年　豐。十一月,永寧坊火。

七年　豐。

八年　亦豐。

九年　大有。十二月,雨雪五日,高與身等。

十年　春雨麥爛。夏秋亢旱。稻生青蟲,黎民疑懼不安。縣主徐公同倫嚴點保甲勘踏災傷。隨奉旨蠲租,民掘山粉食之,亦有兼食石粉者。七月,大澤民坊火。是日鄉間火者五處。

十一年　春,大饑。縣主徐公同倫發倉米賑濟。又蒙分守遣梁公諱萬禩請米平糶,並捐銀買米施粥,民賴以寧。

古　蹟

沿革廢興,古蹟之不可復考者多,然有名存而未沒者,姑識一二,以俟俯仰今昔者稽焉。

鎮守千戶所　縣治北三十五步,舊縣丞廳址。

鎮守百戶所　一在縣東南四十五里,地名和樂官。一在縣東九十里地,名靈山。

尉司　縣西七十六步。

義豐鄉巡檢司　縣南十里,地名麻車頭。

合德鄉巡檢司　縣東南十八里,地名李溪寨,即宋溫處四州都巡檢司址。

拱辰驛　縣東北六十里,舊曰尚書堂驛。

行春驛　縣東南二十里,地名李溪。

稅務　縣北三百四十步。

酒務　仁政橋東。

銅牛人跡　縣西十七里,有石高一丈五尺,上有牛、人二跡,各長八寸。

仙人壇　縣西二里,有石高八尺,周百步。俗傳昔有仙車環珮遊憩於此。

仙人橋　鬭牛山北,有二石,上闔下開,在山之腰,故名。

謹按:府志詳載丘墓,而邑志闕如,僅以數處附於諸山之末。近時陳龍川先生故壟猶爲豪猾竊葬,致煩當事之勘覆。則凡類此者,愈傳愈久,益深荒廢之慮矣。茲采府志所載並名賢之有確據者,錄爲一則,附古蹟之後,庶世守罔替,而兆域不改,封植無恙,先賢有靈,當亦怡然相向九泉也。尚登岸識。

丘　墓

文孝子應均父墓　縣東二十七里。

少師應孟明墓　縣東三十五里。

二將軍程郭墓　縣東北,地名東庫。

胡邦直墓　縣東三十五里,地名倉口塘。

呂雲溪墓　縣東北五十里,地名密浦山。

侍郎胡則父墓　縣北，碑曰"達人之墓"。

侍郎胡則墓　履泰鄉，范文正公有銘。

樞密林大中墓　縣西火爐山之南。

徐子才墓　縣西三里，地名霞嶺。

陳昌朝墓　縣西北十五里，地名千牛車原。

狀元陳文毅公亮墓　縣北五十里，龍窟之原。

胡文質墓　縣北三十里，黃岡裏石山。

經略應純之墓　縣南官山。

章堉章壓義勇墓　縣南官山。

侍郎章服墓　在芙蓉山。

聞人夢吉先生墓　郭公巖下。義烏王禕銘。

樞密樓炤墓　在武義太平鄉。

侍郎徐讚墓　縣南五里，地名金豚山。

文恭公程文德墓　縣東南四十里，地名合盤。

侍郎王崇墓　縣西廿三里。

伴讀汪宏墓　縣四五里，七都飛鳳山。

程方峰先生梓墓　離縣五十里，在三十五都方巖上，自千人坑流水爲界，至峰門懸崖削壁，俱屬墓地。萬曆年間奉勘合給。

府尹程正誼墓　離縣五十里，三十五都，土名文樓山。

清修吉士李滄墓　縣西五里，土名端頭。

王給事楷墓　十三都，地名阿羅。

御史黃卷墓　縣西五里霞裏山，地名長塘裏。

侍郎王世德墓　縣西廿五里，九都金鼓源。

忠烈徐學顏墓　坐縉雲縣二十一都雞鳴山。

朱參政方墓　縣東，廿一都後葛山。

員外徐可期墓　縣西廿八里界領中，地名秋塘。

應僉事廷育墓　縣東北二十里，地名大安山。

星子令曹成模墓　縣北十里,地名下田園。

石門先生應典墓　縣南四十里,地名前倉。

評事李琪墓　縣東北二十里,地名陳蘆塘,住宅後。

敕旌孝子應綱墓　縣北五里,地名郭坦山。

御史周鳳岐墓　金華府東十五里,地名后鄭。

南和侯方瑛祖墓　在縣西顯恩寺側。萬曆間襲孫協回永謁墓,復墓田。

土　產

早禾　晚禾　早糯　晚糯　寒糯　大麥　小麥　蕎麥　仙粟　糯粟　黃芝麻　白芝麻　白豆　黑豆　赤豆　羊眼豆　褐豆　豇豆　刀豆　蠶豆　虎班豆　菉豆以上穀類。

木棉布　苧布　麻布　絲綿　苧麻　黃麻　棉花以上貨類。

白菜　芥菜　芋　薑　葱　胡荽　油菜　韭　萵苣　茄　苦蕒　瓜　薤　蒜　芹　蘿蔔以上蔬類。

棗　柿　橘　桃　梨　杏　栗　橙　臨禽　梅　李　楊梅　櫻桃　銀杏　蒲萄　蓮　藕　菱以上果類。

地黃　茯苓　菖蒲　天花粉　半夏　土芎　丹參　薏苡仁　草烏　茱萸　穿山甲　紫蘇　半夏粟　罌粟殼　山梔子　柴胡　陳皮　蔓荊子　香附子　天門冬　香薷　車前子　麥門冬　薄荷　牛膽南星以上藥類。

牡丹　薔薇　玉蘭　芙蓉　辛彝　雞冠　玉蕊　木犀　紫薇　芍藥　山茶　木槿　各色菊　木香　茉莉　瑞香　美人蕉　李花　映山紅　荷花　桃花　荼蘼　蜀葵　水仙花　杜鵑花　滴滴金　菉葱花　百合　榴花　臘梅　蘭花　鳳仙花　梔子　各種海棠以上花類。

猫竹　班竹　苦竹　金竹　桃絲竹　筀竹　紫竹　水竹　石竹以上竹類。

桐　柘　桑　榆　槐　柳　朴　柏　松　杉　檜　楓　楮　柏　梧　冬青　樟以上木類。

茅　蘆　虎耳　蓬蒿　絡蔕　莎草　觀音　狗頭蘋　蓼　龍鬚　艾以上草類。

喜鵲　雉雞　烏鴉　百舌　班鳩　鷺鷥　鸛鸛　白鷴　竹雞　鴛鴦　黃鶯　鵓鴿　鳲鴶　麻雀兒　雪姑　百勞　布谷　提壺　黃頭兒　白頭翁　畫眉以上羽類。

牛　羊　虎　犬　猪　猫　麕　鹿　麂　野猪　狸以上毛類。

青魚　鯉魚　鰱魚　鱖魚　鯽魚　鰻　鱃　鱔以上鱗類。

龜　鱉　蛤　螺螄　蝤蜉　蟹　蚌以上甲類。

蠶　蟬　螳螂　蟋蟀　蚱蜢　蝦蟆　田雞　蜻蜓　蝴蝶　鰕以上蟲類。

遊寓

夫地以人重，人不以地重也。古之賢人君子，其身所經歷，如太白之樓、來蘇之渡，百世而下有餘慕焉，況避地卜居，因以爲家者哉！是邑之光也。

朱熹　字元晦。婺源人。以金華爲文獻之區，屢遊永康，與陳同甫上下其議論，晚又與呂東萊、陳同甫三人講學於壽山之内洞，外洞爲僧舍，石上有朱書"兜率臺"三字，大可方丈，乃元晦手蹟也。内洞後建麗澤祠，祠朱、呂、陳三先生，至今勿替。每歲重九日，東、永之士禮拜畢，必聚首數日，歌詩習禮，演其緒論焉。

聞人夢吉　字應之。本金華人。父詵，嘗遊王魯齋之門。夢吉生有異質，受學家庭，父子自爲師友，手抄七經傳疏，深究義理，凡訓詁家說有紛揉者，皆爲別白是非，使歸於一。閉户十年，學者雲集。泰定中，因薦者起爲校官，累遷泉州教授。其教先道德而後文藝，前後學徒著籍者毋慮二千人，隨其資質而裁補之，多爲成材。至正戊戌治書侍御史李國鳳經略江南，承制授福建等處儒學提舉，不上。晚避地，依其婿胡伯弘、唐以仁僑居邑之魁山下。卒年七十五。平生信道甚篤，涵養益純，識與不識，莫不稱之爲有德君子。門人宋濂等謂其執醇而弗變，含和而有耀，私諡曰"凝熙先生"。

韓循仁　字進之。本金華人。明經潔行，隱居授徒，一時名士如宋濂、吳履皆爲深交。元末，避兵居邑之岡谷，專以山水文籍自娛，貧窶不以介意。濂嘗爲作《菊軒銘》，稱之曰"進之耆年碩德，爲後進矜式，濂四十年老友也"。所著有《南山集》。

李　曄　字宗表。其先汴人。元季徙家錢塘。少從永嘉胡僖游。僖奇其才，以女妻之。學成，結草閣北關門外以居，人稱"草閣先生"。後避兵金華，翱翔永康、東陽二邑間。入明朝，有司薦上上考功，奏補國子助教。未幾，以病免，歸卜築邑之魁山下，講學授徒，與諸人士酬唱爲樂，不以貧窮介意。其詩清新圓熟，一出李、杜二家機軸。天台徐一夔稱其"緣情指事，機動籟鳴，無窮搜苦索之態，而語皆天出，不渝盛唐家法"。識者以爲確論。門人唐仲遲編其詩文爲《草閣集》，凡七卷。子轅，字公載，亦能詩，嘗被薦爲宜倫縣丞，所著有《筠谷集》。

遺　德

補人物之遺也，雖一言一行之善，在所錄焉，示勸也。蓋至此，而庶乎其無遺矣。

宋

徐　綱　字邦常。少從范仲淹游。登皇祐己丑進士，授許田尉，累遷御史中丞。不避權勢，常劾呂惠卿、韓絳阿附王安石之非。弟紀，字邦振，同科進士，亦拜侍御史。有司旌其里曰"雙錦"。

元

李弘道　博極群書,以《書》魁至正甲午省試。時海內方亂,索居約處,横經講道,學者雲集。號盤谷先生。

明

吕德務　明太祖下婺時,駐驛赤松宫,與東陽陳顯道、括蒼章三益詣行在,陳濟世安民之略。悦之,列置左右。

馬文韶　以吏辦事陽武侯府。適永康歲祲,饑民競挾富家粟。或張大其事以聞。命侯勦之。文韶哀告曰:"永康之變實饑窘所迫,無他也。請勘實而後行。"侯如其言,兵止不發,民保無患。

張宗禧　娶厲氏,有淑德,生三子:旻、昺、冀。厲卒,宗禧感其賢,誓不再娶,惟力耕讀,家故裕。賙貧起仆,爲人舉喪葬婚嫁。嘗捐貲募傭築下黄官堰,溉民田萬餘畝。造舟楫輿梁,以便官道。孝友忠信,鄉人稱之。

林宗署　宋樞密大中十世孫。性朴古。早失父,事母以孝聞。正統間,寇亂,嘗上民情三策於鎮守都憲。晚築土室圭竇,巾服儼然,不妄交,不入城市。學問之功,至老不倦。

章希膏　侍郎服之裔。端莊謹飭,修己行義。永嘉周豈傳其事。

應　勝　字尚志。隱德不仕,性孝友敦睦,以禮讓爲宗人先,有搆爭者,片言輒服。尤善醫,所全活甚衆,而不責報。令尹杜公爲作《世德傳》。

徐　淇　字湛之。爲邑諸生,從楓山先生遊,好古博文。所著有《學庸解》。

徐　鸞　字廷揚。少爲邑諸生,任俠不羈。一日忽自悔悟,閉門靜養,言動率師古人。事母以孝聞。

周　瑩　字德純。受學陽明先生之門,先生爲文贈之。鄉人高其行誼。

朱世遠　貲甲於鄉，歉歲輒濟貧乏，鄉里稱之。元季，處寇侵縣，散資募衆，同呂元明禦之方巖下，與官兵夾擊殲之，境賴以安。

周　桐　字鳳鳴。以貢歷任撫州教授。身先作人，士咸歸之。聞母病，即日棄官歸。

陳　泗　由歲貢授福安知縣。鋤強摘奸，民甚德之。每食惟薯一豆，人呼曰薯公。及改漳平，廉謹愈勵。甫五月，卒於官。民爲立碑志思云。

應本泉　安遠主簿，歷永縣丞，陞兵部典牧所提領。所至皆稱其官，在安遠尤多功績，民祝之。

應　召　璋之子。嘗從父宦遊新安，受業於甘泉湛公。母疾，侍湯藥，不解衣帶，比終。返襯，值洪水泛漲，柩爲激流所漂。召抱柩呼天，已而風息水平，柩免漂没，人以爲孝感云。

應克信　廉訪副使仕珪之裔。性敦厚孝友，嗜儒耽吟，而精於醫。扣門者無虛月，投以劑即愈，未嘗責報。且好施子，待人接物，始終一致云。

俞　聞　博極群書，能通天文地理占數之學，著有《照天寶鑑》、《量地玉尺》、《握奇經注圖釋》等書。

王　京　侍郎王崇弟。恬淡朴茂，深自韜晦，歷有善行，難泯衆口。

吳辰賜　字克恭。宋少師芾之裔。業儒，精醫理。

姚守仲　割股救父，廬墓三載，歷經旌表。

徐士洪　性至孝。髫歲父病危，爲文籲天願代，號呼七日，父蘇，洪死。包世杰爲之傳。

陳明光　邑庠生。事親愛敬備至，當抱病，事之俞謹，以是人無間言。

國　朝

呂邦俊　歲饑，命孫正先捐穀濟貧。年今九十一歲。

周惟忠　性醇赴義。曾於蘇州客邸還金。常捐米賑饑,善行孚乎輿情。

胡希洪　年二十,父母病疫,晝夜哀籲,封左右股,一和藥奉父,一和粥奉母。二人立愈。縣詳上臺,准入憲綱,旌表其門。

徐懋簡　性至孝。孩年喪母,家貧,父思聖狂疾,不識水火。懋簡行坐持護,起溺必俱。垂二十餘年,父病劇,乃自墮危樓,以乞代。合邑公舉,縣府轉詳,載入憲綱。

胡以澄　格天純孝,感愈沉疴。養志承懽,瑞延壽考。世德作求,不匱根心,至行可風。

徐于祥　性本孝義。父晚邁癘疾,躬親饘粥,十有餘年。父歿,祭葬不遺餘力。捐資重修聖廟并十哲四配廚几等項,助建明倫堂梁柱,砌造橋路,還金瘞骨,賑饑濟貧。合邑公舉,守道梁給匾"仁孝天植"。學道陸□批"樂善好施,種種盛德,嘖嘖口碑,白衣中白眉也"。給匾獎勵,載入憲綱。

附義民

傳曰:"未有上好仁而下不好義者。"夫古之君子恒求諸上之仁,而今之君子徒責諸下之義,亦少異矣。雖然,好義之名,表一以風百,是亦教化之一端也。

正統四年　出粟一千餘石助賑,敕旌為義民者六人:

王孟俊_{見人物}。　陳公署　陳積安　徐伯良　葉宗盛_{復金姓,名盛宗}。施茂盛

正統十四年　處寇猖獗。兵部尚書孫原貞奉敕勸諭,出粟三百石者賜冠帶。凡一十三人:

樓永達　周養中　施坦然　方大成　施孟高　呂仲玉　陳琦　黃季龍　黃養浩　胡伯中　朱仲南　朱叔文　陳孟昇

成化元年　奉詔勸民出粟二百五十石者,授七品散官,凡七名:

王良政　李希俊　朱以禮　朱孟積　徐孟達　施仲華　吕仲通

趙　錢　捐資造福梁橋,築溪灞。嘗於歉歲施粥食饑人。

王思退　家裕,急於濟人,所周急不可勝紀。嘗輸粟於官,朝廷璽書褒焉。

方叔和　捐資造朱鑑石橋二座。歲歉出粟賑濟。

王　綸　同弟綉、綵、山建縣廳。子淮、汾建譙樓、總鋪,又捐千金賑濟,有乃祖之遺風。

施孟達　捐貲建修仁政橋,後圮。孟通、孟進、孟安、孟綱重修。

應尚端　與子天成捐貲修學官。

林　槐　出粟濟貧,捐貲修學。

應　恩　出粟濟貧,善乎鄉族。

徐德美　捐貲築後清堰併郭坦溪壩,院司獎焉。

應崇德　與應佩之捐貲修府館。

朱　山　參政方之兄。嘗因水旱代納一都鹽糧,鄉人德之。

盧　珮　盧琳建縣廳、譙樓,甃明倫堂、月臺。

李世翶　尚義好施,柏臺屢獎,耆年考終。子姓蕃衍,人多稱之。

吕國元　行善。遇荒,同男庠生一森散穀賑饑。

黃一正　急公趨義,鄉評推重。

王世忠　侍郎王世德弟。嘗捐粟賑饑。助田入祠,修宗譜,創追遠祠,建聖廟東廡。

周邦義　生平好善,克己周急。年八十餘卒。

節　婦

既旌表者列"女貞",未旌表者列"節婦",非有所軒輊也。

明

朱氏　吕元明妻。元明舉兵討賊有功,時臺官受賊賂,令宣差,召而殺之。子堪亦被害。朱乃借助於東陽陳顯道，追至途中，擒宣差還，就夫靈生取其心以祭。

徐氏　吳珪妻，同知和之女。年二十二，珪亡，嚙指自誓，守節終身。

陳氏　李寶妻。年二十四，夫亡，守節，七十而終。

陳氏　周傑妻。歸七年，傑亡。居貧守節，年逾八十而終。

王氏　呂培妻。年二十七，夫亡，矢志守節終身。

林氏　朱桓妻。年二十七，夫亡，守節，年逾八十而終。

丁氏　胡璽妻。年二十三，夫亡，守節，年逾七十而終。

應氏　王璉妻。年二十三，夫亡，守節。家厄於火，居貧自給，終不易志。

胡氏　施昂妻。年二十六，夫亡，守節終身。

方氏　姚世玉妻。年二十六，夫亡，守節終身。

李氏　趙勝妻。歸五年，夫亡，守節終身。

李氏　陳秀妻。年二十五，夫亡，年逾八十終。

陳氏　朱良存妻。年二十四，夫亡，守節，至八十六而終。

王氏　李璁妻。年二十七，夫亡，守節，至八十而終。

馬氏　應鎮妻。年二十四，夫亡，一子甫三月。撫孤成立，守節無改。應石門典傳其事。

童氏　朱曄妻。年二十四，夫亡，而姑亦寡。朝夕同寢，守節而終。

應氏　李泰妻。年二十八，夫亡，守節終身。

胡氏　應寶妻。年二十八，夫亡，守節，年逾八十終。

陳氏　李趨妻。年二十七，夫亡，父母欲令改適，堅拒不從，守節終身。

丁氏　呂克堅妻。年二十三，夫亡，一子甫五月。勵志撫養，終不改節。

李氏　應大恩妻。年二十一，夫亡，紡績自給，守節終身。

趙氏　徐鳳富妻。年二十二，夫亡，遺腹生子。家貧，紡績而食，終不易心。六十三卒。

潘氏　王洪範妻，按察使潘徽女。夫亡無子，剪髮毀容，操刃臥內，死不可奪。

金氏　樓思妻。年二十二，夫亡，嘗抱一子臥棺側，蔬食三十年，終無二志。

程氏　徐秩妻。年一十九，夫亡，守節。雖家貧子愚，終不易志。

陳氏　倪瑄妻。年十九，夫亡，守節，誓不再適。有司旌其門曰"貞節"。

斯氏　徐啟陽妻。年十九適啟陽，未幾，啟陽病。或云人肉可療，遂割股食之。夫亡，誓不再嫁。前令張公表其閭。

盛氏　童芝妻。年二十四而寡，遺腹生一子。伯叔逼之改適，終不易志。

李氏　胡塞妻。年二十三，塞死，一子甫十月，守節不改。

徐氏　應八十五妻。年二十一，夫亡，勵志守節，七十而終。

周氏　呂文鰲妻。甫嫁三月，姑病，割左股食之，姑疾竟愈。人稱其孝。

池氏　俞培妻。年二十六歲，夫亡，守節，壽八十五卒。

李氏　徐戀學妻。年二十歲，夫亡，號慟，誓以身殉。舅姑慰諭，灑淚撫孤，盡孝課子四十餘年，六十有一歲卒。

應氏　王世慶妻。年一十寡居，避寇青山口，聞警赴水沒。女覓其屍，衣袴皆結不可開。

胡氏　王宗琰妻。年十九，夫亡，無子，苦節七十年，至八十六歲卒。

陳氏　徐勗妻。二十一歲夫亡，一子周歲。守節。遺腹一子。今年七十，見曾孫。孀節矯然。

應氏　徐宗畫妻。年二十四歲,夫亡,家貧,無子。矢志不二,苦節足稱。

黃氏　梁大秦妻。年十九,夫亡,無子,守節。七十九歲終。

孫氏　廩生呂應相妻。笄年適應相,相死,年十八,遺孤宗簡。姑嬋諷之他適,氏剪髮自矢。戊子,崇簡以明經授垣曲令,奉養於署。年七十五卒。

陳氏　徐守良妻。年二十四歲,夫亡,守遺腹一子。七十五歲終。

施氏　馬崇儀妻。年十八,無子,守節,七十歲終。

程氏　朱以武妻。二十歲,夫亡,家貧,無子。其父生員程國棟給田膳養,終身母家四十餘年。

朱氏　呂國正妻。年十六,夫亡,守志。胞弟朱之卓妻徐氏,年二十六,夫故,亦不易其操。

陳氏　應一進妻。年二十六,夫亡,家貧,矢志守節,五十年如一日,操節可嘉。

周氏　應子聖妻。年二十三,夫亡,撫子惟介,娶妻朱氏。年十九歲,惟介亡,遺腹子君發,娶妻朱氏。君發殀亡,時朱氏年二十一歲。姑媳三代守節,壽俱九十餘。邑人周鳳岐爲之作《三節婦傳》。

李氏　應明理妻。年二十,夫亡,守節,抱伯子一貞成人。年逾八十。金華姜應甲爲之傳。

周氏　庠生王師憲妻。年二十四歲,夫亡,守柩前,目不窺牖。性至孝,舅宗烇患病,割股療之,延壽三紀。猶子王世德欲陳乞旌表,涕泣以辭,後爲立傳。

王氏　庠生徐起相妻。年二十六歲,夫亡,抱遺腹子苦守。今年逾八十。

朱氏　陳嘉謨妻。年二十四歲,夫亡於京師。誓不再嫁,有《柏舟》自矢之操。近年□□七,現請詳司道,轉請兩院具題,奉旨□□□□給銀□拾兩建坊旌表於本族祠前。

陳氏　翁仲道妻。年今九十七歲。

仙　釋

此異教也，何以書？書之，正以別於吾儒之教也。夫其離形去智，翛然委化，若有足多者。而至於滅絕天常，蕩人心而入於杳冥荒寂之地，此吾儒所以必辭而闢之也歟。

馬自然　名湘。有仙術，爲人若風狂狀。能治人病，不用藥，但以竹杖擊病處，或指即愈。唐建中元年八月十五日，自桐霍山回至延真睹，指庭前松曰："此松已三千年，當化爲石。"已而果然。

癡鈍穎和尚　少時遍歷叢林，嗣法於或庵體和尚。初住蔣山，道價盛行，後住天童，終於徑山。

淵叟元和尚　法名行元。受業金仙院，住平江萬壽寺。咸淳辛未年七月十六日，作偈云："來亦無所從，去亦無所至。來去既一如，春風滿天地。"放筆趺坐而逝。

平州從垣和尚　以詩名。有云："石泉天象轉，花月地痕虛。""習字帶秋收柿葉，吟詩和月嚥梅花。""作詩已得池塘句，學《易》獨明天地心。""杜宇一聲蒼樹遠，黃鸝三囀落花深。"皆妙得唐人家法，爲世所稱賞云。

本大真和尚　應純之子也。少有高致，飄然脫世，遊天目、台山，在天目禮和尚座下，作《寒衲頌》，天目奇之。追歸，脫化於里之靈巖洞，作辭世偈云："净智圓妙，體尚空寂。黃面瞿曇，何曾得力。且問得力者是誰？不識。"放筆而逝。

傳　疑

聖人不語怪。兹所記者，於文獻何裨乎？然有可以資談苑而備異聞者，姑仍舊志。

吳　時縣人入山遇一大龜，束之歸。龜曰："遊不逢時，爲君所得。"人甚怪之,上之吳王。夜泊越里,繫舟於大桑樹下。忽聞桑謂龜曰:"勞乎元緒?"龜曰:"我被拘縶,將見胹臞。雖盡南山之樵,不能潰我。"桑曰:"諸葛元遜博識,必致相苦。如求我輩,計將安出?"龜曰:"子明無多辭,禍將及爾。"寂然而止。既而烹之柴百車,語猶如故。諸葛恪曰:"然以老桑乃熟。"獻者仍述前語,即令伐桑烹之,立爛。

宋　景平中,永康大水,縣人蔡喜夫往南壟避之。夜有大鼠,形如㹠子,浮水而來,伏於喜夫奴之床角。奴憫而不犯,每以餘飯與之。水退,喜夫返故居,鼠以前脚捧青囊,囊有珠勛許,置奴前,啾啾欲語狀。自此去來不絕,亦能隱形,又知人禍福。後縣人呂慶祖以獵犬遇門,嚙殺之。

讚曰:事有巨細,理無精粗。糟粕煨燼,無非教也。夫詳說之每藉於勞搜,而紀載者多虞於挂漏。故必遺事述而後志可無憾也。雖然,孔子不云乎"吾猶及史之闕文也"?而左氏之《傳》,論者猶謂其失之誣。斯志也,信以傳信,疑以傳疑,庶其免於誣而已矣!

舊 跋 前序不全不刻

正德甲戌冬,吳尹宣濟注意增修邑志,以其事屬庠生趙懋功、徐訪、俞申、周桐、曹贊,而泗亦與焉。永康有縣始於吳。志則至宋嘉泰縣令陳昌年始爲之,元延祐邑人陳安可續爲之,俱過於略。明成化間續修於訓導歐陽汶,又多失實,識者不無遺憾。諸生乃據宋、元二志,稽之先輩文集,并采諸故老之所傳聞,務求得實,以備其所未備。而於人物一節,尤加慎重,不敢自是,復質之楓山章先生,去取惟命。及更明春,始脫稿。越七年,大尹胡先生楷欲梓行之,仍屬泗暨申重加校讎。主教劉君楫,司訓艾君瓊、劉君珊刪定之。而總裁之者則先生。鋟梓垂成,先生適去歸。會伯潤李公作縣,踵而成之。夫金華稱文獻邦,永康爲其屬邑,山川秀氣之所鍾,自昔人才之盛,不在他邑下,如胡子正之忠厚,陳同甫之激烈,林和叔、應仲實之正大光明,皆表表足稱。至於蒞官茲土,和理如何仕光,恩威兼著如黃紹欽,廉明勤恤如劉公珂、王公秩,亦皆不失爲烈烈聲名士。既表章之如右矣,使後之居於此者,仰先哲之遺矩,而闇然日修;官於此者,慕前者之芳聲,而一振其餘響。則賢才盛、世道隆,其於國家之風化,庶幾亦有補於萬一云。

嘉靖甲申八月望日,後學杜溪陳泗敬書。

舊　跋

　　邑侯吴公自慎陽更賢莅事兹土者二年,合前俸歷滿三載,將奏績赴天官。維時撫按諸公爲民疏留之,父老子弟舉手加額稱慶。公聞之,嘆曰:"是終將去爾。雖然,子豈能一日忘吾民哉!"於是出手編縣志一帙,屬以準生校之,壽諸梓。生受而讀之。竊惟志之爲言,識也。弗識,則墜。顧職是者無專門,往往托諸空言懸斷,類多失實。欲以竢來世於不惑,亦難矣。姑無遠喻,即是邑舊志,自宋、元以來,一修於成化初年,再修於正德辛巳。當其時,闢館開局,群儒生操觚翰以事事其間,非不慇焉稱慎,然卒失之舛謬不經。何者?文具飾而實不與存也。今去六十年,事以世殊,即使記載足憑,而猶未可按圖以索,矧猶未然乎?此晉庵應先生爲之增損撰次,殆有所感而續焉,非漫識也。公下車問俗,得其遺稿,遂藉以爲張本,乃明於沿革張弛淑慝之故,因之以出治道。朝試於政事堂,夕退而書之記室。即一事一物,皆經體驗,而又時其巡省,加之訪求,參之典故,至賦、役二者,尤注意裁訂,數易稿而後成編。先是載籍無稽,而取證於《全書》,乃豪猾利欺隱,并《全書》没之,竟貽不均,爲當事者累。公憾之,爲清理均派,以需上供、備軍國。一切浮泛不經之費,悉裁抑之,以蘇民困。會頒新例,尚節省,適與公合,由是即其所均而裁者,著爲成法,永永不令泯没。其他若人物、藝文、遺事之類,多親筆之,蓋驗諸行事,而非空言也;稽之輿論,而非懸斷也。是可以存既往,可以鑒方來,允矣夫稱一方信史也已。譬之創家業者,隨事經理充拓,而又籍記其所經理者以貽於後之人，用心亦弘遠哉！嗟嗟！夫士修於家，出而行之於天下，或郡或邑，孰不儼然臨之。顧其來也嘗試漫爲，而其去也若擲，無亦曰是傳舍而已耳，視公之用心爲何如？公姑蘇世家，弱冠舉進士，瑰意瑋行不及論，論其所以修志者如此，後之人亦可以深長思矣！

萬曆九年辛巳歲孟夏之吉，儒學教諭豫章胡以準書。

永康縣志跋

　　間嘗流觀山海輿圖所載,至婺之永康,得名賢如陳同甫、林和叔輩,文章風節,矯然自命,心嚮往之。兼得方巖、石城諸勝,咸稱仙靈窟宅。華溪一水,盈盈相望,勞我寤寐。至道士指庭松而化石,竊疑之矣。辛亥秋,布帆南來,旅寄華水之濱,每間步河梁,白鷺青鱗,浮翔上下,欣然樂之。甫越月,爲方巖遊,攀飛橋,凌絶巘,幾不知有身在塵世也。獨石城以稍近而失之。松化故蹟,在郭外里許,磊兀嶙皴,出地不盈尺,他山或有之,而佳者不可得,始信人間事有遠乎尋常意計之外者類如此。若先賢里墓所在,未遑展謁,兹爲良遊一憾。蓋名山大川,每多異人、藏異書,非足之所歷、目之所睹,其淪没於荒烟蔓草者不知凡幾矣!徐君罋源,出宰是邑將六載,政成化洽,歌頌聲洋洋盈耳也,乃繙繹舊志,手爲釐定,俾百十年來往事遺行,燦然大備。余浮鷗斷梗,品藻烟雲,獲從几研之間,共爲参校。梅破寒汀,柳繫春風,相與晨夕焉,數閱月而書成,上以佐興朝文治之盛,下以發名邑潛德之光,乞靈山川,願愜禽魚,仿佛先賢如在丹峰碧嶂間,似可揖之而出也。還問化松仙子,或別留片石,秘爲奇珍,終當怡然惠我,壓載歸舟,位置楚澤園亭,敬投袍笏之拜,庶不負山海流觀搜巖剔壑數千里,目追足涉之近踪也。快睹永志刻竣,而跋其後。

　　時康熙壬子春上巳後五日之吉,楚人尚登岸未庵氏謹跋。